Frank Jackson
Hunde züchten

Hunde züchten

Ein praktischer Ratgeber

Von Frank Jackson

Verlagshaus Reutlingen · Oertel + Spörer

Aus dem Englischen von Dr. Gabriele Lehari

Haftungsausschluss

Die Hinweise in diesem Buch stammen von dem Autor.
Es können jedoch keinerlei Garantien übernommen werden.
Eine Haftung des Autors bzw. des Verlages und seiner Beauftragten für Personen-,
Sach- und Vermögensschäden ist ausgeschlossen.

First Published in Great Britain as **Dog Breeding**
by: The Crowood Press Ltd
The Stable Block
Crowood Lane,
Ramsbury, Wiltshire, SN8 2HR
ENGLAND
© **Frank Jackson 1994**

Die Deutsche Bibliothek – CIP-Einheitsaufnahme

Jackson, Frank:
Hunde züchten : ein praktischer Ratgeber / von Frank Jackson. –
[Übers. der 1. Aufl. 1994/1996 von Gabriele Lehari]. –
Reutlingen : Verl.-Haus Reutlingen Oertel und Spörer, 1998
Einheitssacht.: Dog breeding <dt.>
ISBN 3-88627-204-4

© Verlagshaus Reutlingen · Oertel + Spörer · 1998
Postfach 16 42 · 72706 Reutlingen
Alle Rechte vorbehalten
Übersetzung und Lektorat: Dr. Gabriele Lehari, Reutlingen
Schrift: 10/12 p StoneSerif
Satz: typoscript GmbH, Kirchentellinsfurt
Reproduktionen: Oertel + Spörer, Reutlingen
Druck: Oertel + Spörer, Reutlingen
Einband: Heinrich Koch, Tübingen
Printed in Germany
ISBN 3-88627-204-4

Vorwort

Dieses Buch soll hauptsächlich drei Zwecke erfüllen: aufzuzeigen, inwiefern sich die Einstellung zur Zucht verändert hat und sich noch verändert; die Methoden zu beleuchten, die zurzeit als die besten angesehen werden; und vielleicht zum ersten Mal in einem Buch wie diesem die neuen Techniken vorzustellen, die erst seit kurzem für Hundezüchter anwendbar sind oder in den nächsten paar Jahren möglich werden. Die Einstellungen und Methoden der Hundezüchter in der Vergangenheit werden auch kurz angerissen ebenso wie deren Überzeugung, auf welcher ihre Methoden basierten.

Dieses Buch wurde nach einem Zeitraum geschrieben, in welchem sich die Techniken für Hundezüchter auf einen bisher unvorstellbaren Umfang ausgeweitet haben, aber Hundezüchter nutzen nicht immer alle Vorteile dieser neuen Methoden. Gelegentlich werden sie von der restriktiven Politik der Züchtervereinigungen davon abgehalten, die sich manchmal sogar den Veränderungen entgegenzusetzen scheinen, die notwendig waren, um die Bemühungen der Züchter zu unterstützen, hervorragende, gesunde Rassehunde hervorzubringen. Manchmal liegt der Fehler bei den Züchtern selbst, die offensichtlich eine Abneigung dagegen haben, Gesundheit und Temperament als ebenso wichtig zu erachten wie Zuchttyp und Erscheinungsbild.

Heute weiß man viel mehr als jemals zuvor über die Übertragung und Bekämpfung von Krankheiten, sei es aufgrund von Infektionen, mangelnder Pflege oder Erbgutschäden. Obwohl die Bedrohung durch Infektionskrankheiten angesichts der Fortschritte in der Tiermedizin zurückgeht, stehen bisher unerkannte genetische Probleme im Vordergrund. Da das Wissen auf diesem Gebiet zunimmt, lassen sich auch wirksame Methoden zur Bekämpfung entwickeln. Strenge Kontrolle der Qualität von Zuchttieren gekoppelt mit weiser Anwendung von genetischen Grundsätzen bietet schon Möglichkeiten, um das Auftreten von vielen genetisch übertragenen Schäden drastisch zu reduzieren. Die zunehmenden Kenntnisse über Hundegenetik ermöglichen, die Träger von einigen Erbkrankheiten zu identifizieren, so dass der Züchter das Auftreten dieser Krankheiten vermeiden kann.

Die Mehrheit der Hundezüchter beabsichtigt wahrscheinlich, Hunde hervorzubringen, die Begleithunde werden, obwohl einige von ihnen auch an Ausstellungen und anderen Wettbewerben teilnehmen, an denen Millionen von Hundebesitzern auf der ganzen Welt viel Freude haben. Trotzdem wäre es gänzlich falsch, den Eindruck zu erwecken, dass das Züchten von Hunden außerhalb des Heimes oder von Ausstellungen wenig oder keine Bedeutung hätte. Hunde werden immer noch für traditionelle Aufgaben wie Hüten, Suchen und Retten und beim Sport eingesetzt. Sie werden auch für eine Reihe von neuen Aufgaben verwendet, als Blindenhunde, als Hilfe für Gehörlose, für Therapien von Menschen, die am Rande der Gesellschaft leben, und sogar als Warnung für den Ausbruch von Krankheiten. Die in diesem Buch beschriebenen Methoden sind von großer Wichtigkeit, wenn sie bei Hunden, die für solche Aufgaben bestimmt sind, angewandt werden. Tatsächlich wurden einige der Techniken ursprünglich für den einen oder anderen dieser Zwecke entwickelt und haben erst später eine allgemeine Anwendung gefunden.

In Großbritannien unterstützt die Gesellschaft „Guide Dogs for the Blind" die Erforschung vieler Probleme, mit denen Züchter konfrontiert werden. Anderswo auf der Welt stehen andere Organisationen an der Front dieser Forschungen. Im Jahr 1977 führte ein Forschungsprojekt am „Yarraview Veterinary Hospital", Victoria in Australien zu der Entwicklung eines Systems zum Einfrieren von Hundesperma. In den nachfolgenden Jahren wurden diese Leistungen so verbessert, dass künstliche Besamung, Diagnose und Behandlung von Unfruchtbarkeit, DNA-Analyse, Genforschung und kontrollierte Zuchtmethoden möglich wurden. Die Erfahrung der In-vitro-Befruchtung beim Menschen wurde später kombiniert mit den Methoden von Yarraview, um ein Forschungsprogramm zu starten, das eine weitere Ausdehnung von Leistungen für Hundezüchter zum Ziel hat.

Die Ausgabe vom Mai 1992 der „Victorian Canine Association Inc. Gazette" berichtet:

In der Beziehung zwischen Mensch und Hund sind Vertrauen und gegenseitiger Respekt von größter Bedeutung.

Die Ziele dieses Projektes sind die Verbesserung von Qualität und Arbeitsleistung der Hunde, welche Schafe, Rinder und Ziegen hüten. Der effizientere Einsatz dieser Arbeitshunde soll dem Bauern bei einer effektiveren Bewirtschaftung seines Betriebes helfen.

Die Identifizierung und Auswahl besonders guter Zuchttiere bietet den Züchtern die Möglichkeit, das Erbgut der Hütehunde im gesamten ländlichen Australien schnell zu verbessern und diese Tiere auf dem zunehmendem Markt in ähnlichen landwirtschaftlich orientierten Ländern in Übersee anzubieten.

Neue Diagnose- und Zuchtmethoden, neue Einblicke in das Verhalten und die Entwicklung von Hunden, die Verfügbarkeit von nach wissenschaftlichen Erkenntnissen zusammengesetztem, ausgewogenem Futter und die Möglichkeit, Parasiten zu bekämpfen und vielen Krankheiten vorzubeugen, dies alles unterstützt die Bemühungen der Züchter. Diese Kombination bedeutet, dass Züchter heute weit besser ausgerüstet sind, um gute Hunde zu züchten, als je zuvor. Wenn Züchter, Vereine und Zuchtvereine, welche Kontrolle über die Zucht von Rassehunden ausüben, nicht voll und begeistert die Vorteile der neuen Erkenntnisse nutzen, ist jede Behauptung, dass sie die Hunde verbessern wollen, nur wenig überzeugend.

Es würde den Rahmen dieses Buches und gewiss die Möglichkeit des Autors überschreiten, einen umfassenden Text über Genetik, Anatomie, Hundeernährung, Verhalten, Fortpflanzung, Erbkrankheiten und Tiermedizin in Bezug auf die Zucht zu bieten. Außerdem war es nicht möglich, jede der etwa 500 auf der ganzen Welt existierenden Rassen auf Details zu untersuchen, mit denen sich deren Züchter vertraut machen müssen.

Dieses Buch bietet dagegen eine Einführung in ein komplexes, sich schnell veränderndes und äußerst faszinierendes Thema und enthält hoffentlich sowohl für Anfänger als auch Experten, ob sie Züchter sind oder jemand, der Züchtern mit fachmännischem Rat zur Seite steht, interessante und wertvolle Neuigkeiten.

Die Nachforschungen zu diesem Buch haben bestätigt, was schon zu erwarten war. Es gibt sehr wenige verlässliche Informationen über viele der Unterschiede zwischen den einzelnen Rassen. Informationen über Aufnahmerate, aktuelle Wurfgröße, Überlebensrate, Geburts- und Erwachsenengewicht, Wachstumsrate, Entwicklung des Verhaltens, Lebenserwartung, Todesursachen und vieles mehr beziehen sich gewöhnlich auf Hunde allgemein, ohne Rücksicht auf die Tatsache, dass es signifikante Unterschiede zwischen Rassen und dann noch zwischen verschiedenen Ländern gibt. Dies ist ein praktisch unberührtes Forschungsgebiet.

Obwohl die Hundezüchter es offensichtlich bitter nötig hätten, von höherer Ebene mehr Unterstützung zu erhalten, als die Wissenschaft und die Erfahrung durch harte Tiefschläge bieten können, scheinen sie bisher noch keinen Schutzpatron erhalten zu haben. Dieses Buch – mit den Erkenntnissen aus über 30 Jahren

Bemühungen, gute Hunde zu züchten – ist deshalb dem Mann gewidmet, der die besten Referenzen zu haben scheint, um Schutzpatron der Hundezüchter zu werden: Sisyphus.

Frank Jackson, 1994

Inhalt

1 Verantwortungsvolles Züchten

Der Mensch ist so von sich überzeugt, dass er glauben möchte, der erste Kontakt mit Wölfen – den Vorfahren der Haushunde – kam zustande, als Wölfe die Reste der von den Menschen erbeuteten Tiere fraßen. Wenn man aber weitere Überlegungen etwas bescheidener anstellt, erscheint es viel wahrscheinlicher, dass Menschen von Aas gegessen haben, das von den Wölfen, den wesentlicher effizienteren Jägern, erbeutet worden war.

Was immer auch den ersten Kontakt ausgelöst hat, die sehr frühe Beziehung des Menschen zu den Wölfen begann vor etwa 20 000 Jahren. Anfänglich war die Verbindung vermutlich sehr locker und nur wenig mehr als ein Ausnutzen verschiedener Fähigkeiten und Bedürfnisse. Das Aufrechtgehen des Menschen befähigte ihn, Beute gegen den Wind zu entdecken, die der Wolf niemals sehen oder riechen könnte. Wölfe konnten jedoch große Tiere besser jagen und überfallen, wogegen der Mensch, wenn die Tiere erst einmal in die Enge getrieben waren, sie mit seinen zur Verfügung stehenden verschiedenen Geräten und Waffen besser erlegen konnte. Wenn die Beute von einem Menschen erlegt worden war, mussten die Wölfe warten, bis die Menschen ihren Hunger gestillt hatten; ihre mächtigen Kiefern und Zähne ermöglichten den Wölfen aber, Teile der Beutetiere zu verwerten, die der Mensch nicht ohne weiteres nutzen konnte.

Domestizierte Hunde entwickelten sich während der nächsten 12–15 000 Jahre und vor etwa 12 000 Jahren war der Mensch ein vielseitiger Züchter einer Reihe von Hunderassen, von denen nicht alle – selbst zu diesem frühen Stadium in der Geschichte der Zivilisation – ausschließlich zum Jagen oder Hüten verwendet wurden. Es gab schon kleine Hunde, die vielleicht als Spielgefährten und Begleiter ebenso wie als Wachhunde, Aasvertilger und Nahrungsquelle in Notzeiten dienten.

Die Beliebtheit von Hunden in all ihrer Vielfalt hat im Laufe der Geschichte zugenommen und nimmt weiter zu trotz gelegentlicher, kurzlebiger Anfälle von Anti-Hunde-Hysterien. Es stimmt jedoch vermutlich, dass die Hundebestände in mehreren Ländern heute niedriger sind als vor 50 Jahren, als die menschliche Bevölkerung wesentlich geringer war. 1982 lebte in 42 Prozent aller Haushalte in den USA mindestens ein Hund. In Australien lag die Zahl bei 39 Prozent, in Frankreich bei 35 Prozent, in Kanada bei 35 Prozent, in Belgien bei 30 Prozent, in Dänemark und den Niederlanden bei 26 Prozent und in Großbritannien bei 23 Prozent. In nur diesen acht Ländern teilten sich 410 Millionen Menschen ihr Heim mit einem Hund. Die Annahme, dass es verwerflich ist, einen Hund zu halten – wie es einige törichte Personen behaupten – wäre äußerst arrogant.

Wirtschaftliche Bedeutung der Hundehaltung

Der Besitz von Hunden ist aus mehreren Gründen wichtig, die jeweils auch von der Rasse abhängen. Hundezucht ist häufiger ein Hobby oder Nebenerwerb, aber unterstützt eine Reihe von großen, internationalen Industriezweigen, deren wirtschaftliche Bedeutung nicht völlig ignoriert werden kann.

1988 gab die RSPCA (Royal Society of the Prevention of Cruelty to Animals = Königliche Gesellschaft zur Vermeidung von Grausamkeit gegenüber Tieren) einen Bericht von der „London School of Economics" (LSE) in Auftrag, in dem behauptet wurde, die Hundehaltung in Großbritannien würde der Öffentlichkeit Kosten – durch angeblich von Hunden verursachte Unfälle, Verluste von Bauern, Behandlung von durch Hunde verletzten Menschen und die Versorgung von streunenden und ausgesetzten Hunden – von etwa 70 Million Pfund jährlich bereiten, das entspräche etwa 1,25 Pfund pro Person und etwa 11 Pfund pro Hund im Land. Der Bericht ignorierte völlig all die erheblichen Vorteile für Wirtschaft, Gesundheit und Sozialwesen, die sich – direkt oder indirekt – von der Hundezucht und -haltung ableiten.

Zunächst bietet einmal der Verkauf der Hunde selbst Handelsquellen und Arbeitsplätze. Der Kennel Club registriert jährlich etwa 200 000 Hunde, wahrscheinlich nicht viel mehr als ein Drittel der Gesamtproduktion, obwohl viele der restlichen Tiere das

Ergebnis von ungewollten und unerwarteten Verbindungen sind oder von gefühllosen Versuchen, aus dem allgemeinen Interesse an Hunden Profit zu schlagen, ein Hauptgrund für viele der Probleme, für welche den Hunden selber ungerechtfertigterweise die Schuld gegeben wird. Trotzdem erwirtschaftet der kleinere Anteil des Handels, der durch die beim Kennel Club registrierten Hunde repräsentiert wird, jährlich über 20 Millionen Pfund. Wenn man den erhöhten Wert der Hunde, die für Ausstellungen oder andere Wettbewerbe exportiert oder im Land belassen werden, berücksichtigt, liegt der Handelswert vermutlich bei über 40 Millionen Pfund im Jahr.

Eine ausgezeichnete Veröffentlichung vom RSPCA – „Dogs and Puppies" – die mehr Verantwortung bei der Hundehaltung durch Erziehung und Anregung fördern soll, behauptet, einen Hund zu füttern, koste „von 25 Pence pro Tag für einen kleinen Hund bis zu 1,20 Pfund pro Tag für reinen sehr großen Hund". Auf dieser Basis liegt der Umsatz bei der Fütterung von 7,25 Millionen Hunden irgendwo zwischen 662 und 3175 Millionen Pfund. Es gibt eine Reihe von internationalen Heimtiernahrungsherstellern, deren Produkte die Nachfrage ausgezeichnet decken.

Zusätzlich erfordert die Haltung von Hunden den Einsatz von Tierärzten. Zahlen von „Anval Limited", dem englischen Beratungsservice für praktisches Management und Finanzen, zeigen, dass etwa 63 Prozent des Umsatzes aus der Behandlung von Hunden stammten. Das bedeutet einen jährlichen Umsatz von über 300 Millionen Pfund allein in Großbritannien.

Zu diesen Faktoren muss noch der Verlagssektor, der vom Interesse an Hunden lebt, die Hundehaftpflichtversicherung – ein kleiner, aber schnell anwachsender Zweig der Versicherungen – und die Einnahmen durch die Werbung für Hundefutter und andere Bedarfsartikel hinzugerechnet werden.

Es gibt auch noch den wirtschaftlichen Vorteil für Hundehalter ebenso wie für die Gemeinde, der von der altbekannten Tatsache herrührt, dass in Haushalte, in denen Hunde leben, weniger oft eingebrochen wird als in solche, bei denen die Abschreckung und die Alarmierung durch Hunde fehlt. Sicherlich liegt auch ein wirtschaftlicher Vorteil darin, dass Hunde blinde Menschen führen, für taube Menschen hören, bei der Drogensuche mithelfen und vermisste Menschen finden und retten können. Ein erheblicher Nutzen bringt die Verwendung von Hunden zum Hüten von Schafen und Rindern, zum Schutz von industriellen und häuslichen Grundstücken und in Krankenhäusern, Spezialschulen und Gefängnissen, um einigen der verwirrten und unglücklichen Menschen in unserer Gesellschaft zu helfen.

Man könnte die Liste der wirtschaftlichen Vorteile weiterführen, aber es ist schon ganz klar zu erkennen: weit davon entfernt, ein Loch in den öffentlichen Geldbeutel zu reißen, unterstützt allein in Großbritannien die Hundehaltung eine Reihe von miteinander verbundenen Industriezweigen, die – sehr vorsichtig geschätzt – einen jährlichen Umsatz von weit über 1 Milliarde Pfund machen. Diese Angaben können stellvetretend für die Verhältnisse in den anderen Industrieländern angesehen werden. Diese o. a. Industriezweige sind eine wichtige Quelle für Arbeitsplätze im ganzen Land, häufig in Gebieten, wo es nicht viele alternative Arbeitsmöglichkeiten gibt. Diese Arbeit bietet Einzelnen, den Gemeinden und der kommunalen und zentralen Regierung wirtschaftlichen Gewinn. Es gibt keinen Grund für Hundezüchter, sich wegen der wirtschaftlichen Auswirkungen ihrer Aktivitäten schuldig zu fühlen.

Es gibt jedoch allen Grund sich schuldig zu fühlen, wenn die Hunde, die von den Züchtern hervorgebracht werden, nicht die bestmöglichen Eigenschaften aufweisen. Hundezucht ist nicht und sollte nicht bloß die Produktion einer Vielzahl an Hunden sein, um einen anscheinend unersättlichen und unkritischen Markt abzudecken.

Während der letzten 12 000 Jahre hat sich die Verwendung von Hunden geändert. Ursprünglich wurden Hunde für die Jagd, als Wächter und Hütehunde und wie heute als Begleiter genutzt. Der Mensch ist jedoch ein vergleichendes Wesen mit der bemerkenswerten Fähigkeit, Spiele zu entwickeln, welche seinen Bedarf nach Wettkampf ebenso wie für alles andere befriedigen. Es wäre überraschend, wenn Hunde nicht schon seit einem sehr frühen Stadium ihre Verbindung mit dem Menschen zu Wettkämpfen herangezogen worden wären. Es kann gut sein, dass die Notwendigkeit, Hunde auf ihre jagdliche Tauglichkeit oder ihre Hüteeigenschaften zu prüfen, zu den ersten Wettbewerben mit Hunden geführt hat. Die Welpen der Hunde, die am besten abgeschnitten haben, waren am begehrtesten. Es ist fraglich, ob die Existenz von Wettbewerben – Wettkämpfe für Hütehunde, Arbeitshunde und Jagdhunde, Agility und sogar Hundeausstellungen – aus dem Bedürfnis, wenn nicht der tatsächlichen Notwendigkeit heraus von Züchtern entstanden ist, ihren Erfolg zu zeigen, oder ob der Hauptzweck dieser Aktivitäten war, die Züchter mit Informationen zu versorgen, auf welche der Erfolg aufgebaut wird.

Warum habe ich die defensive Formulierung „sogar Hundeausstellungen" benutzt? Hundeausstellungen sind auf der ganzen Welt wegen der Wettbewerbe und zur Unterhaltung beliebt. Die allgemein akzeptierte, aber völlig falsche Ansicht ist, dass Hundewettbewerbe ihren Ursprung vor nicht allzu langer Zeit hatten, nämlich bei einer Ausstellung von Setter- und Retrieverhündinnen in Newcastle im Jahr 1859. John Warde, einer der rastlosen Weidmänner im 18. Jahrhundert, hat sicherlich schon seit Mitte der 1770er Jahre Hundeausstellungen abgehalten. Im Jahr 1603 brachte die 17-jährige Tochter des Herzogs von Bayern ihren Vater in Verlegenheit, indem sie es ablehnte, Rudolf II., den 51 Jahre alten König von Österreich, Kaiser des heiligen römischen Reiches und Sohn von Maximilian II. zu heiraten. Um den verständlicherweise enttäuschten Kaiser zu versöhnen, sandte der Herzog zwölf Jagdhunde Rudolf als Geschenk. Der Kaiser war von den Hunden so begeistert, dass er sie gegen die Hunde seiner Freunde antreten lassen wollte. Ein Wettkampf wurde organisiert. Er fand über einen Zeitraum von acht Tagen in den großen Ländereien von Schloss Hradcany in Prag statt. Es nahmen 480 Hunde teil. Einige kamen sogar bis aus Spanien. Nach dem Wettkampf gründete der Kaiser die „Gesellschaft für erfahrene Jäger", die aktiv blieb, bis der Kaiser 1611 von seinem jüngeren Bruder entthront wurde.

Hundewettkämpfe und Organisationen für deren Kontrolle haben seit mindestens 400 Jahren eine Geschichte. Es ist aber nur wenig mehr als hundert Jahre her, dass die industrielle Entwicklung den Menschen gezwungen hat, einen urbanisierten Lebensstil anzunehmen, der ihm die Möglichkeit nahm, täglich engen Kontakt mit Tieren zu haben. Dadurch begann sich die Einstellung gegenüber Tieren als Begleiter zu ändern. Der tägliche Kontakt des Menschen mit Tieren über die Jahrtausende, während er sich vom Jäger zum Bauer, vom Bauer zum Händler und dann zu einem Industriellen entwickelt hat, hat sich fest im Innern des Menschen verankert. Die Verstädterung führte dazu, dass viele Menschen den Kontakt mit anderen Arten als ihrer selbst verloren haben, obwohl das instinktive Bedürfnis danach erhalten geblieben ist und weiterhin seinen Einfluss ausübt. Es hat sich nicht nur die Einstellung gegenüber Tieren verändert, als die Gesellschaft weiter industrialisiert wurde, sondern die Haustierhaltung und die Zucht von Haustieren, geschätzt wegen ihres Aussehens und als treue Begleiter, breitete sich viel weiter aus.

Noch zu Beginn des 19. Jahrhunderts bildeten sich Clubs, in denen sich Hundezüchter zusammenschließen konnten, um ihre Erfahrungen zu teilen und die Ergebnisse ihrer Bemühungen zu vergleichen. Durch diese Clubs entstanden die Hundeausstellungen in den Städten. Charles Darwin nahm reges Interesse an dieser schnell zunehmenden Mode. In Verbindung mit seiner Erfahrung bei der Zucht von exotischen Haustauben half sie ihm, die Theorien zu entwickeln und auszuweiten, deren Grundstein während seiner Reise auf der „Beagle" gelegt worden war.

Frühe britische Hundeausstellungen haben vermutlich nicht mehr als eine Handvoll Meldungen bekommen. Ein Gemälde, das dem Kennel Club gehört, stellt eine Show dar, die ein paar Jahre vor 1855, als das Gemälde fertig gestellt wurde, stattgefunden hatte. Es zeigt nur 17 Hunde. Die Ausstellung von Newcastle wies 60 Meldungen auf. Die erste Show des Kennel Clubs 1873 hatte schon 975 Meldungen. Bei der „Crufts Centenary Show", die 1991 stattfand, waren 25 000 Hunde gemeldet, was sie zur größten Hundeausstellung der Welt, die je stattgefunden hat, machte – und das trotz der Tatsache, dass hier nur Hunde gemeldet werden durften, die schon vorher einen Championship-Wettkampf gewonnen hatten. „Crufts" ist nur eine von über 500 Championship-Shows. 5000 Veranstaltungen werden jährlich vom Kennel Club genehmigt. Hundeausstellungen sind nicht nur in Großbritannien, sondern auf der ganzen Welt sehr beliebt.

Der Kennel Club in Großbritannien registriert jedes Jahr ungefähr 200 000 Hunde. Diese tragen zu etwa einem Drittel der gesamten Hundepopulation (7 Millionen) in Großbritannien bei. Der VDH in Deutschland hat in den letzten Jahren jeweils jährlich

Das Ziel eines jeden Züchters ist es, kräftige und erbgesunde Hunde hervorzubringen.

etwa 120 000 Welpen registriert, wobei hier die Zahl der nicht registrierten Tiere vermutlich wesentlich höher ist. Die Gesamtzahl der in Deutschland gehaltenen Hunde wird auf 4,5 bis 5 Millionen geschätzt. Damit liegt der Anteil der Haushalte mit Hund in Deutschland mit 13 Prozent relativ gering. Zum Vergleich: In Frankreich lebt in 38 Prozent aller Haushalte ein Hund. Nur in Griechenland und in der Schweiz werden weniger Hunde gehalten als in Deutschland. Der „American Kennel Club", der anders als der britische Kennel Club kein Monopol für die Registrierung in USA besitzt, registriert jedes Jahr fast 1,5 Millionen Hunde. Es gibt fast 50 Millionen Hunde in den USA. In Japan sind über eine Viertel Million insgesamt registriert und die gesamte Population liegt bei fast 5 Millionen. Es gibt nur wenige Länder irgendwo auf der Welt, die keine Hundevereine besitzen, um das zunehmende Interesse an der Hundezucht und Aktivitäten, die mit Hunden zu tun haben, zu regeln.

Wissenschaft oder Kunst?

Die Hundezucht ist weniger eine Wissenschaft als das Züchten von Nutztieren. Die bei landwirtschaftlichen Nutztieren geforderten Qualitäten und die Fähigkeit, unter bestimmten Bedingungen zu gedeihen, schnell zu wachsen und einen maximalen Profit zu produzieren, können einfach und präzise definiert werden. Die Zucht kann auf gänzlich wissenschaftlicher Basis geplant werden. Haustiere werden dagegen wegen Eigenschaften geschätzt, die weit weniger wissenschaftlich analysiert werden können. Daher sind die regelmäßigen Versuche, Computer mit den Daten des idealen Begleithundes zu füttern in der Hoffnung, die Komponenten für den perfekten Hund zu erhalten, zwangsläufig zum Scheitern verurteilt. Sogar die etwa 500 Hunderassen können in all ihrer Vielfalt mit ihren verschiedenen Historien und Verbänden nicht alle Hundebesitzer zufrieden stellen. Es werden ständig Versuche unternommen, neue Züchtungen zu erschaffen oder alte an neue Ansprüche anzupassen. Den Bedürfnissen von Hundebesitzern kann weder durch Computeranalysen entsprochen werden noch kann die Hundezucht vollständig auf wissenschaftlichen

Zuchtmethoden basieren. Das Züchten von Hunden bleibt eine Kunst, bei welcher aber der Einfluss der Wissenschaft als wichtiger Bestandteil nicht ignoriert werden darf.

Die Einstellungen des Einzelnen oder auch offizielle Meinungen über die Zucht, besonders über einige damit verbundenen Vorgänge und Techniken – Inzucht und Linienzucht, künstliche Besamung, Lagerung von Sperma und Embryos, Embryoübertragung, Anregung der Fruchtbarkeit, genetische Manipulation, Genkartierung u. Ä., wodurch neuere, wissenschaftliche Fortschritte ermöglicht wurden – scheinen häufig von Vorurteilen statt von durchdachten Überlegungen herzurühren. Dieses Buch soll auch den Zweck erfüllen, neue Methoden für Züchter, die möglich sind oder sein könnten, zu untersuchen in der Hoffnung, mit diesen Vorurteilen aufzuräumen.

Züchter müssen nicht länger glauben, dass pränatale Einflüsse und mentale Eindrücke auf das Erscheinungsbild von Welpen Auswirkungen haben können. Jakob glaubte, dass das Anpflanzen von bunten Stangen auf einem Feld die Geburt von bunten Lämmchen bewirken würde. So wird die bunte Färbung der Schafe von Jakob erklärt. Es glaubt wohl auch kaum jemand mehr an die sogenannte Sättigung, den Vorgang, bei welchem eine Hündin wiederholt mit demselben Rüden gepaart wird im Glauben, dass ihr Blut mit der Zeit immer mehr durch sein Blut gesättigt wird und die nachfolgenden Würfe dem Rüden immer ähnlicher werden. Der Theorie der Telegonie – die besagt, dass ein reinrassiges Weibchen, welches sich mit einem Mischling gepaart hat, niemals mehr reinrassige Welpen hervorbringen kann – wird wohl auch kein Glauben mehr geschenkt ebenso wie der Annahme, dass erworbene Eigenschaften vererbt werden können. (Darwin selber glaubte, dass der riesige Bizeps, der sich beim Hufschmied entwickelt, an die Kinder weitervererbt wird, wobei er vermutlich nicht berücksichtigte, wie sich dies auf die Töchter des Hufschmieds auswirken könnte!) Rassen, die seit Hunderten von Jahren kupiert werden, bringen ebensowenig von Natur aus kurzschwänzige Welpen hervor, wie das Rasieren der Männer nicht zu einer bartlosen Rasse geführt hat.

Jener rückständige Glaube, dass das Männchen der dominante Partner und hauptsächlich für die Übertragung von Eigenschaften verantwortlich ist, entbehrt jeder Grundlage. Grundkenntnisse in Biologie reichen aus, um aufzuzeigen, dass ein Männchen nicht die totale Kontrolle über die Anzahl der vom Weibchen empfangenen Welpen ausübt. Obwohl diese und andere Glauben nicht länger unter den Hundezüchtern verbreitet sind, werden die Einstellungen gegenüber einigen Aspekten der Zucht – besonders solchen Aspekten, die in unserer eigenen Rasse gemissbilligt werden – wahrscheinlich noch eher von Aberglaube, Tradition und religiösen Tabus als von durchdachten Urteilen geprägt.

Populäre Einstellungen zu Inzucht und Linienzucht, die Paarung zwischen mehr oder weniger eng verwandten Individuen, stellen ein anschauliches Beispiel dafür dar, wie sich moralische Haltungen über wissenschaftlich begründete Prinzipien hinwegsetzen. Leviticus, Kapitel 20, beinhaltet eine Reihe von Bestrafungen für verschiedene Verbindungen zwischen Menschen, die vielleicht, aber nicht unbedingt, blutsverwandt sind. Die Auswirkung dieser Erlasse sollte für genetische Vielfalt in der Bevölkerung, wo sie angewandt wurden, sorgen. An sich waren sie in kleinen und ziemlich statischen Populationen ganz vernünftig. Die Verbindung zwischen einem Mann und der Frau seines Vaters, einem Mann und seiner Tochter und einem Mann und seiner Schwiegermutter wurden mit dem Tod bestraft. Verbindungen zwischen einem Mann und seiner Schwester oder der Tochter seines Vaters oder seiner Mutter wurden mit Verbannung bestraft. Verbindungen zwischen einem Mann und der Schwester seines Vaters oder seiner Mutter schienen nicht mehr als Verdammung nach sich zu ziehen, wogegen die Verbindung zwischen einem Mann und der Frau seines Onkels eine kinderlose Ehe blieb. Die Verhinderung von Inzestverbindungen in kleinen Gemeinden sichert genetische Vielfalt und verhindert die Ausbreitung von schädlichen Genen.

Auf der anderen Seite bietet das Alte Testament auch ein Beispiel für extreme Inzucht. Angeblich stammt die Menschheit von Adam und einer Frau, Eva, ab, welche aus Adams Rippe erschaffen wurde. Dieses frühe Beispiel von Gentechnik hätte ein mit Adam genetisch identisches Individuum hervorgebracht. Ihre Kinder, Kain, Abel und Seth entstanden in der Tat durch sehr enge Inzucht und hätten genetisch mit ihren beiden Eltern identisch sein müssen. Da es offensichtlich Gottes Absicht war, eine bestimmte

24

Noch sieht man den Irish-Wolfhound-Welpen nicht an, wie groß sie einmal werden.

menschliche Rasse zu erschaffen, war es äußerst sinnvoll, den Vorgang mit Inzucht zu beginnen, so dass die gewünschten menschlichen Eigenschaften homozygot vorhanden waren. Unerwünschte Eigenschaften fanden aber unglücklicherweise ihren Weg in die ersten Individuen und da diese durch enge Inzucht entstanden waren, konnten sie nicht aus der menschlichen Rasse eliminiert werden. Darin liegt die grundsätzliche Gefahr der Inzucht.

In der Praxis ist es unmöglich für Hundezüchter, einen gewissen Grad an Inzucht oder Linienzucht, egal wie gering er sein mag, zu vermeiden. Wenn der Stammbaum jeden Hundes durch zwanzig Generationen auf vielleicht nicht mehr als vierzig Jahre zurückverfolgt würde, würde die zwanzigste Generation im Stammbaum 1 048 576 Individuen umfassen. Vor vierzig Jahren umfasste aber keine Rasse mehr als ein paar hundert Individuen und bei den meisten waren es sicherlich weniger als hundert, aus denen die nächsten Generationen hervorgingen. In der Tat hatten 28 der damals vom Kennel Club anerkannten Rassen weniger als hundert Registrierungen jährlich. Die nächsten Generationen dieser Rassen entstanden vermutlich aus nicht mehr als zehn oder einem Dutzend Individuen, deren Namen immer wieder in der zwanzigsten und den nachfolgenden Generationen der Stammbäume der modernen Hunde auftauchen. Jede Rasse hat mindestens einen, aber gewöhnliche mehrere genetische Engpässe durchschritten, was zu einem Inzuchtgrad geführt hat, der bei einigen Rassen höher als gewünscht ist.

Der sehr hohe Grad an Inzucht kam teilweise durch hintereinander eintretende Engpässe zustande, wobei die Bestände verschiedener Rassen auf eine gefährlich niedrige Anzahl sanken. Sogar die beliebtesten Rassen würden von einem Zoologen als selten eingestuft werden. Zuchtbestände von Haustieren sollten sorgfältig behandelt werden, um die genetische Vielfalt zu schützen.

Die ursprünglichen Register bei den Zuchtverbänden erlaubten und, man kann sogar sagen, förderten ein gewisses Maß an Kreuzungen. Heute werden die Registrierstellen für die einzelnen Rassen hermetisch abgeriegelt ungeachtet dessen, ob die Rasse in ausreichender Anzahl existiert, um einen gesunden Bestand erhalten zu können. Weit davon entfernt, die Verbesserung der Rasse zu fördern, haben sie unabsichtlich Bedingungen erschaffen, unter welchen Erbschäden verstärkt auftreten und deren Eindämmung zunehmend schwieriger wird.

Warum überhaupt Hunde züchten?

Abgesehen von den stichhaltigen wirtschaftlichen Argumenten gibt es noch eine Reihe anderer triftiger Gründe, die Hundezucht zu fördern. Sogar in dieser technisierten, computerisierten und industrialisierten Zeit werden Hunde noch zum Hüten von Herden, als Wächter und Abschreckung für Bösewichter, für Such- und Rettungsaktionen, als Hilfe für Behinderte, für Sport und Erholung und als Gesellschaft sowie für Komfort, Sicherheit und aus Interesse gehalten.

Unsere ureigensten Bedürfnisse werden langsam erfasst, da die Medizin erkannt hat, dass der Kontakt mit Tieren hilft, Stress abzubauen, Tiere für einsame Menschen die dringend benötigte Gesellschaft darstellen, sie träge Menschen dazu bringen, sich kör-

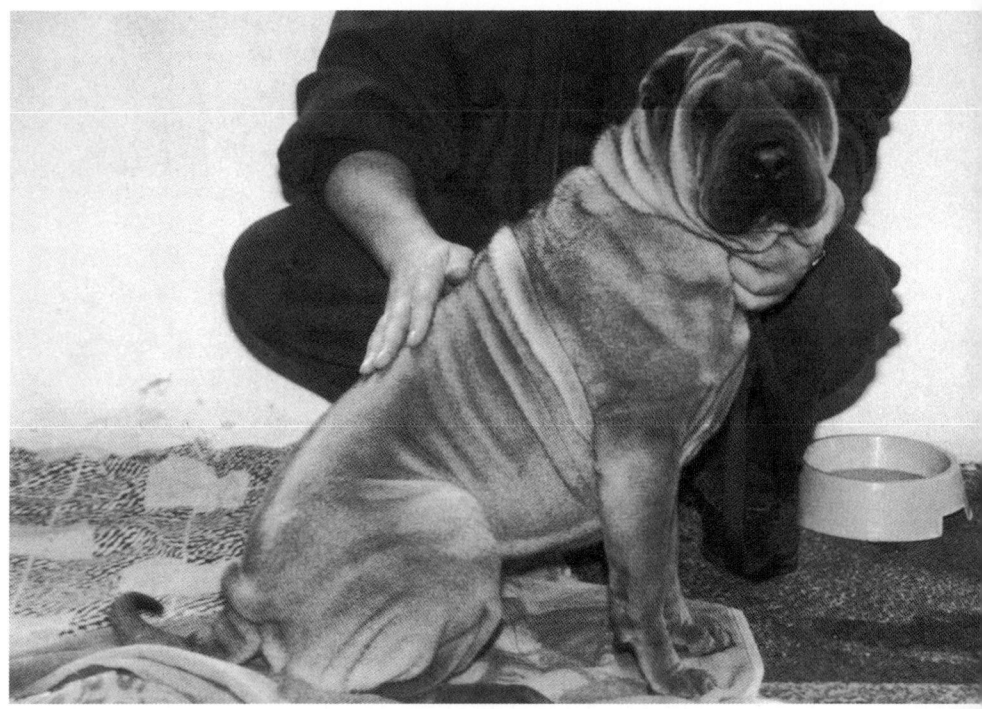

Eine weniger starke Betonung übertriebener Merkmale würde die Gesundheit des Shar Pei verbessern.

perlich zu betätigen, den Schwachen Sicherheit geben, bei unmotivierten Menschen Interesse wecken, solchen Menschen Stolz geben, die sich zurückgesetzt fühlen, und dabei helfen, mit vielen der mit dem modernen Leben zusammenhängenden Belastungen fertig zu werden.

Es hat sich gezeigt, dass Menschen mit Haustieren nicht nur länger leben als solche ohne, sondern sich auch eher und schneller von Krankheiten erholen als Menschen ohne Haustiere. Untersuchungen haben ergeben, dass der Kontakt mit einem Hund oder einer Katze eine blutdrucksenkende Wirkung hat, den Herzschlag verlangsamt und die Atmung verändert, alles Anzeichen für die Linderung von Stresssymptomen. Menschen, die dazu gezwungen sind, ihr Leben abgeschieden von der Gesellschaft zu verbringen, können durch die Anwesenheit von Tieren wieder mehr Sinn in

27

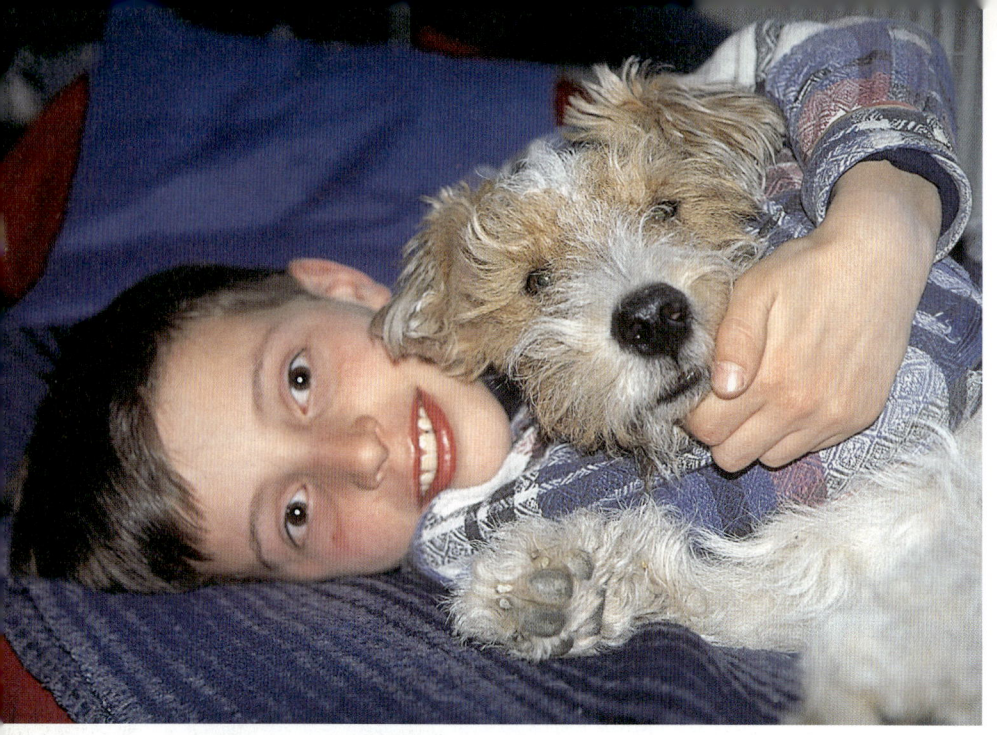

Gegenseitige Gesellschaft ist eine der vielen Vorzüge, die sich durch den engen Zusammenschluss zwischen Mensch und Hund ergeben.

ihrem Leben sehen. Ronald Stroud, der berühmte Vogelmann von Alcatraz, ist nicht das einzige Beispiel dafür, wie das Interesse an Tieren dabei geholfen, unter schwierigen Bedingungen zu überleben. Dieses Phänomen wird heute zunehmend genutzt, um Menschen in Gefängnissen, Nervenheilanstalten, Altenheimen und Krankenhäusern beim Überleben zu helfen. Ärzte kennen die Vorteile, die sich aus dem Kontakt mit Tieren ergeben und die Nachteile weit übersteigen. Weit davon entfernt, eine Bedrohung für die Gesundheit zu sein, sind Hunde in unserer Gesellschaft die Quelle von positiven Einflüssen, die nicht nur eine gute Gesundheit fördern, sondern dadurch auch die allgemeinen Kosten für das Gesundheitswesen deutlich mindern.

Diese Vorteile sind noch nicht vollständig untersucht worden. 1993 berichtete Dr. Andrew Edney über eine Versuchsreihe, die gezeigt hat, dass einige Hunde in der Lage sind, epileptische Anfälle ihrer Besitzer vorher zu erkennen und davor zu warnen. Vorher hatte Dr. Edney behauptet, dass *es auch möglich sein kann,*

Foxhounds sind wohl ein Beispiel für die Kunst eines Züchters.

Tiere zu identifizieren, die andere akute Krankheitsanfälle bei Menschen vorhersehen können wie Hypoglykämischen Schock, Herkranzerkrankungen, Synkope (plötzlicher Herzstillstand) oder sogar Migränenfälle". Er führte weiterhin aus: *„Es gibt eine Möglichkeit, diese bei Hunden vorhandene Eigenschaft zu fördern."* Die Hundezucht hat also noch unerforschte Gebiete zu untersuchen.

Wie schon seit Jahrhunderten werden Hunde auch weiterhin zu Versuchszwecken benutzt. Das Züchten von Hunden für solche Zwecke ist ein hoch spezialisiertes Geschäft mit einer Reihe von Anforderungen, die sich grundlegend von denen unterscheiden, die bei der Zucht der Hunde gestellt werden, die beim Sport, als Arbeits- und Begleithunde sowie als Hilfe für Behinderte eingesetzt werden.

Sorgfältig gezüchtete Hunde der verschiedensten Typen sind für viele Zwecke erforderlich. Einige Hunde – beispielsweise Schutz-

und Polizeihunde – werden zunehmend in sorgfältig kontrollierten Anlagen gezüchtet. Die meisten Hunde werden aber nach wie vor von Einzelpersonen gezüchtet, deren Kenntnisse, Fähigkeiten und Motive sehr unterschiedlich sein können. Für die meisten dieser Menschen ist das Züchten von Hunden einfach die Möglichkeit, die Freude und das Interesse an der Hundehaltung auszuweiten. Einige züchten, um Gewinn zu machen oder mindestens die Kosten des eigenen Hundes und seines Nachwuchses wieder hereinzubringen. Einige tun es einfach, um die Eigenschaften eines bevorzugten Begleiters zu bewahren, und einige, um ihren Kinder anschaulich Sexualität und die Aufzucht von Jungen nahe zu bringen. Andere züchten, um ständig aktiv etwas mit den Hunden zu tun. Häufig werden Züchter von mehreren dieser Faktoren motiviert. Die Erhaltung der Eigenschaften einer bevorzugten oder in Wettbewerben erfolgreichen Hündin führt zu dem Profit, der zur Finanzierung der Ausstellungen eines ihrer Welpen genutzt wird. Es gibt keinen Grund, an einem dieser Motive herumzukritisieren, vorausgesetzt, dass sich alle in einem Punkt einig sind: dem Wunsch und der Absicht, gute Hunde zu züchten und aufzuziehen.

Was ist ein guter Hund?

Ein guter Hund zeigt die Eigenschaften seiner Rasse und kann die Aufgaben erfüllen, für die er vorgesehen ist. Er kann sich ohne Mühe bewegen, fressen und atmen, kann sehen und hören und sich von alleine fortpflanzen, ist widerstandsfähig gegen Krankheiten, leidet nicht an unbegründeter Angst oder Nervosität und man kann vernünftigerweise annehmen, dass er diese Eigenschaften über den größten Teil seiner natürlichen Lebensspanne erhält. Kein guter Züchter ist auch nur annähernd mit seinen Bemühungen zufrieden, bis er überzeugt ist, dass seine Welpen alle diese Qualitäten besitzen, wobei die besten Züchter noch höher gesteckte Ziele verfolgen. Sie sind ständig bestrebt, eine ausgezeichnete Qualität zu erreichen, die – außer in seltenen Fällen – wahrscheinlich unerreichbar bleibt.

Züchter sehen sich mit dem Problem konfrontiert, dass die Erfordernisse, einem bestimmten Rassestandard zu entsprechen, der,

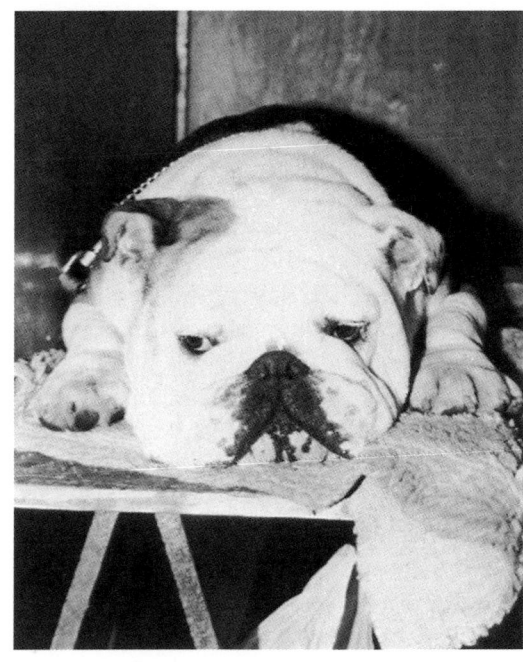

Kurzköpfige (brachycephalische) Rassen stellen Probleme für Züchter dar.

seit er vor vielen Jahren festgelegt wurde, vermutlich verbessert und damit seine Bedeutung geschmälert worden ist, sie zu Uniformität zwingt, wogegen Gesundheit und Vitalität am besten durch Vielfältigkeit erhalten bleibt. Es ist kein Zufall, dass die Rassen, deren Standard am meisten spezifiziert ist, häufig auch diejenigen sind, die an Erbschäden leiden. Vermutlich waren sich die Züchter im Streben nach exotischen Rassemerkmalen dessen nicht bewusst oder haben die Existenz von Erbkrankheiten einfach ignoriert. Als Folge wurden manche Rassen auf Kosten der Gesundheit geschaffen.

Man darf jedoch nicht allein den Züchtern die Schuld geben. Zuchtvereine waren und sind immer noch mehr darauf bedacht, durch getrennte Zuchtbücher Rassen zu erhalten und zu entwickeln, als Rassen vor der Weitergabe von Erbschäden zu bewahren. Es kann kein Zufall sein, dass das Auftreten von Erbschäden dramatisch zunahm, als die Registrierung in Zuchtvereinen zunehmend selektiv erfolgte und Hunde völlig diskriminiert wurden, die keine Vorfahren aus einem engen Genpool nachweisen konnten.

31

Auch die Tierärzte dürfen nicht von ihrer Verantwortung entbunden werden. Verbesserte tiermedizinische Kenntnisse ermöglichen heute Tieren sich fortzupflanzen, die früher entweder gestorben oder zur Fortpflanzung unfähig gewesen wären. Weiterhin verdeckt der richtige Einsatz veterinärmedizinischer Mittel bei durch vererbte Defekte hervorgerufene Schmerzen oder Unwohlsein die Existenz solcher Beschwerden. Unwissende oder skrupellose Züchter züchten dann mit Hunden, die solche Erbschäden besitzen. In Großbritannien kamen 1991 das „Royal College of Veterinary Surgeons" und der Kennel Club zu einer Abmachung, dass der Kennel Club seine Tätigkeiten nur solchen zugänglich machen würde, die ihrem Tierarzt genehmigen würden, alle Eingriffe zu melden, die zur Behandlung von vererbten Defekten durchgeführt wurden. Exakt dieselbe Bedingung wurde in den Ethik-Kodex des Kennel Clubs mit aufgenommen, wobei von jedem Züchter erwartet wird, dass er sich danach richtet.

Von ihrer Schweigepflicht entbunden, könnten Tierärzte eine wichtige Rolle bei der Kontrolle einiger ernster Erbschäden spielen. Trotz der offensichtlichen Fehler, die gemacht wurden, könnten Tierärzte einen wertvollen Beitrag zur Gesundheit der Hunde beitragen. Leider haben bisher nach fast zwei Jahren nur eine Handvoll von Tierärzten Berichte an den Kennel Club abgegeben.

Der verantwortungsvolle Züchter

Die Verantwortung für das Wohlergehen der Hunde liegt bei den Tierärzten, den Rasseclubs und Zuchtvereinen, aber es lässt sich die Tatsache nicht leugnen, dass die Hauptverantwortung bei den Züchtern selbst verbleiben muss. Die Aktivitäten von Massenzwingern und deren gefühllosen Besitzern und die ebenso herzlosen Händler haben in den letzten Jahren die Aufmerksamkeit auf einige der nicht akzeptablen Aspekte der Hundezucht gelenkt. Versuche, diejenigen, deren Standards viel zu wünschen übrig lassen, aufzudecken und von da an zu kontrollieren, haben bisher nur begrenzten Erfolg gehabt. Aber in den nächsten Jahren werden die Praktiken skrupelloser Hundezüchter hoffentlich genauer unter die Lupe genommen. Schlechte Züchter können schnell alleine dastehen, wenn die Vereine nach und nach strengere Richtlinien festlegen und die schlimmsten Züchter sich wahrscheinlich vor Gericht verantworten müssen.

Es gibt schon nationale und kommunale Gesetze, welche Mindestrichtlinien auferlegen, einige speziell für Züchter und andere, die allgemeiner anwendbar sind. Viele Zucht- und Rassevereine haben schon einen Ethik-Kodex festgelegt, nach welchem sich die Mitglieder und solche, die den Service der Clubs in Anspruch nehmen, richten müssen. Zusammenarbeit zwischen Tierärzten und Hundevereinen, die Zunahme und Analyse von Computerdaten und ein zunehmendes öffentliches Interesse werden Züchtern neue Pflichten auferlegen. Einige werden wie in der Vergangenheit problematisch oder sogar undurchführbar sein. Andere haben nur Auswirkungen auf Kosten der Züchter, deren Standards keiner solchen Kontrolle bedürfen. Es wird für die Züchter notwendig sein, sich all dieser Kontrollmaßnahmen bewusst zu sein, mit denen sie sich abfinden müssen, wenn sie nicht in Ungnade fallen möchten.

Die an einen Richter gestellten Anforderungen sind einfach zu definieren: Man sagt – vielleicht nicht ganz nett, aber mit einem Fünkchen Wahrheit – dass er schlau genug sein muss, um seine Aufgabe in einem Streitfall zu erledigen, und dumm genug, um zu glauben, dass seine Tätigkeit wichtig ist. Die von einem guten Züchter erwarteten Eigenschaften sind weniger einfach zu definieren. Charles Darwin hat in seinem „Origin of Species" („Entstehung der Arten") einen beherzten Versuch unternommen:

Nicht ein Mensch unter tausend besitzt ein so genaues Auge und ein Urteilsvermögen, das ausreicht, um ein herausragender Züchter zu werden. Wenn er mit diesen Eigenschaften gesegnet ist, er sein Objekt über Jahre studiert und ihm sein Leben mit unerschütterlicher Beharrlichkeit widmet, wird er Erfolg haben und kann große Verbesserungen erreichen. Wenn es ihm an diesen Qualitäten mangelt, wird er mit Sicherheit scheitern.

Er nimmt diese Thematik nochmals auf in „The Variation of Animals and Plants Under Domestication" („Die Vielfalt der Tiere und Pflanzen im Zustande der Domestikation").

Unerschütterliche Geduld, ein feines Unterscheidungs- und gründliches Urteilsvermögen müssen über viele Jahre hinweg geübt werden. Ein klar vorher festgelegtes Objekt muss immer im Blickfeld sein. Nur wenige Menschen sind mit allen diesen Eigenschaften gesegnet, besonders das Unterscheiden kann sehr leicht verschieden ausfallen. Urteilsvermögen kann nur durch lange Erfahrung erworben werden. Aber wenn eine dieser Eigenschaften fehlt, kann die Arbeit eines ganzen Lebens umsonst sein.

Es ist kein Wunder, dass es nur so wenige wirklich gute Züchter gibt.

2 Grundlagen der Genetik

Das Wort Genetik stammt aus dem Griechischen und bedeutet „produzieren", was wiederum von einem Wort abgeleitet wird, das „Rasse oder Familie" bedeutet. Es ist das Studium der Vorgänge, durch welche Eigenschaften vererbt werden, und verdankt seine Eingliederung in die Wissenschaft den Bemühungen des österreichischen Mönchs Gregor Johann Mendel aus dem Augustinerkloster in Brünn, wo er 1860 die grundlegenden Gesetzmäßigkeiten der Vererbung entdeckte. Mendels Ergebnisse wurden 1866 veröffentlicht, aber bis 1900 nicht beachtet, als dann schließlich ihre Bedeutung von den unabhängigen Forschungsergebnissen dreier Biologen – de Vries, Correns und von Tschermak – bestätigt wurde.

In den darauf folgenden Jahren haben Wissenschaftler viele weitere Gesetze entdeckt, welche die Art der Vererbung von physischen und geistigen Merkmalen regeln. Die Forschung konzentrierte ihr Hauptinteresse auf diejenigen wirtschaftlich bedeutenden Tiere und Pflanzen, welche durch die hauptsächliche Anwendung der Genetik profitabler werden. Das Studium der Hundegenetik wurde dabei ziemlich ignoriert. Trotzdem ermöglichen heute die Veröffentlichungen über Genetik bei Hunden den Züchtern, weit mehr Einfluss auf die Qualität der Welpen nehmen zu können als früher. Wenn diese Fähigkeit manchmal ignoriert oder missbraucht wurde, ist dies nicht der Fehler der Wissenschaft, sondern der Züchter und ihrer Berater.

Während eines Symposiums über „Vererbung und Krankheit bei Hunden und Katzen", das 1988 in London stattfand, verkündete Dr. Donald Patterson, dass Forschung und die Verfügbarkeit neuer Diagnostizierungstechniken vermutlich mehr zu der Identifizierung einer großen Anzahl von Krankheiten genetischen Ursprungs geführt hat, als eine momentane Zunahme beim Auftreten von Erbschäden. Dr. Patterson warnte die Züchter auch, dass sich durch Inzucht genetische Störungen am schnellsten innerhalb einer Gruppe von Zuchttieren verbreiten, sei es innerhalb einer Zuchtlinie oder einer Rasse.

Züchter müssen natürlich Zugriff auf die bestmögliche Beratung haben. Ein Artikel verfasst von Professor B. Denis von der Tiermedizinischen Hochschule in Nantes behandelt die Rolle des Tierarztes als Berater:

Heute hat die eigentliche Genetik einen festen Platz bei Symposien über Erbkrankheiten und in Veröffentlichungen mit der Absicht, ständig zu informieren. In Wirklichkeit sind die praktischen Tierärzte aber vor allem klinische Mediziner und nur sehr wenige beherrschen diese Materie.

Aber trotzdem erkennt Professor Denis die Tatsache, dass klinische Ärzte *„sehr interessiert an Genetik sind und dies auf indirekte Weise die zunehmende Bedeutung der Lehre von den Erbkrankheiten aufzeigt."*

Wie Tierärzte beherrschen nur wenige Züchter die zunehmend komplexere wissenschaftliche Seite der Genetik. Viele, abgeschreckt von dieser Komplexität, unternehmen noch nicht einmal den Versuch. Da es aber für einen Züchter unmöglich ist, die Auswirkungen der Vererbung zu vermeiden, ist es sicherlich äußerst wichtig, zumindest grundlegende Kenntnisse in dieser Thematik zu besitzen.

Die Grundeinheit jedes Lebewesens ist die Zelle. Bakterien, Hefen und Amöben können aus einer Zelle bestehen. Komplexer aufgebaute Lebewesen enthalten viele Millionen von Zellen, von denen einige besondere Funktionen besitzen, aber trotzdem alle aus einem Zellkern und dem umgebenden Zytoplasma bestehen. Der Kern enthält die Chromosomen, die wiederum aus den Genen bestehen, in welchen alle Informationen, die zur Reproduktion des Individuums notwendig sind, gespeichert sind. Weil die Chromosomen paarweise vorkommen, ist die Gesamtzahl weniger von Bedeutung als die Anzahl der Paare. Der einfache Chromosomensatz wird als haploid, der doppelte als diploid bezeichnet. Der Mensch besitzt 23 Chromosomenpaare, das Schaf 27, die Kuh 30, der Esel 31 und der Hund (sowohl Wildarten als auch Haushunde) 39. Man könnten deshalb sagen, der Hund sei in genetischer Hinsicht komplexer als Mensch, Schaf, Kuh und Esel.

Zellteilung

Bei der sexuellen Vermehrung teilen sich die Zellen, welche die Chromosomen enthalten, in den Hoden und Eierstöcken während eines als Meiose bezeichneten Vorgangs, wodurch Zellen entstehen, die jeweils nur einen einfachen Chromosomensatz enthalten. Bei der Befruchtung vereinigt sich die Spermazelle, welche die genetische Information des Vaters enthält, mit der Eizelle, die die genetische Information der Mutter besitzt, um wieder Zellen zu bilden, welche erneut den normalen doppelten Chromosomensatz enthalten, der je zur Hälfte vom männlichen und weiblichen Elternteil stammt.

Dominante und rezessive Vererbung

Um mögliche Konflikte zwischen den Genen, die unterschiedliche Informationen enthalten, zu vermeiden, hat die Natur die dominante bzw. rezessive Vererbung entwickelt, welche von Mendel als Erstem erkannt wurde.

Der Platz, den einzelne Gene auf dem Chromosom einnehmen, wird als Genort oder Locus bezeichnet. Gene, welche die gleichen Prozesse – wenn auch auf unterschiedliche Weise – beeinflussen und oft auch denselben Genort besetzen, werden Allele genannt. Ein Gen, das in der Lage ist, die Auswirkung seines Allels zu unterdrücken, wird als dominant bezeichnet. Gene, deren Wirkung von ihrem allelen Partner unterdrückt wird, werden rezessiv genannt. Diese einfache Beziehung wird kompliziert, weil einige Gene nicht vollständig dominant oder rezessiv sind, da die Information, die gewisse Merkmale hervorruft, nicht von einem Gen allein bestimmt wird (Polygenie) und weil einige Eigenschaften genetisch an andere gekoppelt sind, so dass alle als eine Art Paket vererbt werden.

Wenn ein Allelpaar dieselbe genetische Information enthält, wird das Tier in Bezug auf dieses Merkmal homozygot (reinerbig) genannt (bei solchen Tieren tritt dieses Merkmal auch in Erscheinung und wird nicht bloß weitervererbt). Wenn sich die Allele unterscheiden, ist das Tier bezüglich des entsprechenden Merk-

Die ungewöhnliche Fell-
färbung der Weimaraner-
Welpen verblasst
mit zunehmendem Alter.

mals heterozygot (mischerbig). Bei diesen Tieren kann das Merkmal entweder in Erscheinung treten oder nur weitergegeben werden.

Nehmen wir ein einfaches Beispiel: Ein schwarz gefleckter und
ein braun gefleckter Dalmatiner tragen beide das Gen für geflec-
tes Fell. Bei einer Paarung wären alle Welpen gefleckte Dalmatiner.
Da aber Schwarz gegenüber Braun dominiert, ist zu erwarten, dass
alle Welpen schwarze Flecken hätten. Braun ist gegenüber Schwarz
rezessiv, daher muss der braun gefleckte Elternteil bezüglich der
braunen Flecken homozygot sein, da er, wenn er ein Gen für
schwarze Flecken besitzen würde, auch tatsächlich schwarz gefleckt wäre. Der schwarze Elternteil dagegen kann bezüglich der
Schwarzfleckigkeit entweder homozygot oder heterozygot sein.
Wenn das schwarz gefleckte Tier homozygot ist, wären alle Nachkommen schwarz gefleckt, da Schwarz die vom braun gefleckten
Elternteil vererbte Information für Braunfärbung unterdrückt. Die
Welpen aus solch einer Verbindung wären jedoch alle in Bezug auf

38

die schwarzen Flecken heterozygot, da sie ein Gen für die braunen Flecken geerbt haben. Wenn der schwarz gefleckte Elternteil heterozygot wäre, würden die Welpen sowohl ein Gen für schwarze als auch ein Gen für braune Flecken besitzen. In diesem Fall würden einige der Welpen, etwa ein Viertel, schwarz gefleckt, aber heterozygot sein und der Rest bezüglich der braunen Flecken homozygot.

Nehmen wir weiter an, zwei heterozygote, schwarz gefleckte Dalmatiner werden gepaart. Im Durchschnitt würden die Welpen zu einem Viertel homozygote, schwarz gefleckte Dalmatiner sein, zu einem Viertel homozygote, braun gefleckte (also auch im Erscheinungsbild) Dalmatiner und zur Hälfte heterozygote, schwarz gefleckte Dalmatiner.

Bei der Selektion des rezessiven Merkmals, in diesem Fall der braunen Flecken, wäre es einfach, das dominante Merkmal, die schwarzen Flecken, auszuschalten. Die Selektion der schwarzen Flecken, das dominante Merkmal, bewirkt nicht mehr, als immer weiter das Auftreten von braunen Flecken zu vermindern, aber würde dieses Gen niemals völlig eliminieren. Durch Auswahl nach phänotypischen Merkmalen kann aber trotzdem die Häufigkeit von 20 Prozent auf unter 3 Prozent im Laufe von dreißig Generationen gesenkt werden. Wenn ganze Würfe, bei denen dieses Merkmal auftritt, von der Zucht ausgeschlossen werden, kann das Auftreten in der Zucht auf weniger als 2 Prozent verringert werden.

Unglücklicherweise werden die meisten unerwünschten Merkmale und Erbschäden bei Hunden durch rezessive Gene weitergegeben. Ihre völlige Eliminierung ist praktisch unmöglich, aber es gibt einfache Methoden, um ihr Auftreten erheblich zu vermindern, wenn die Züchter sich dafür entscheiden.

Geschlecht

Bestimmung des Geschlechts

Ein Paar von Chromosomen trägt die Information, die darüber entscheidet, ob der Nachkomme weiblich oder männlich wird, ebenso wie Informationen, die geschlechtsgebunden vererbt werden. Männliche Zellen besitzen jeweils ein X- und ein Y-Chromosom. Weibliche Zellen enthalten zwei X-Chromosomen.

Wenn sich diese Chromosomen teilen, produzieren sie vier Chromatiden: X, X, X und Y. Wenn eine Befruchtung stattfindet, schließen sie sich zusammen und bilden die Paarung XX (weiblich) oder die Paarung XY (männlich). Genetisch gesehen ist daher der männliche Elternteil gänzlich für das Geschlecht der Nachkommen verantwortlich, aber die Bedingungen während der Schwangerschaft haben einen erheblichen Einfluss darauf, welche Nachkommen überleben. Es ist durchaus möglich, dass eine Hündin, ob immer oder von Zeit zu Zeit, äußere Bedingungen schafft, die für das eine oder andere Geschlecht mehr oder weniger günstig sind, und somit eine Mehrzahl an Rüden oder Hündinnen hervorbringt.

Geschlechtsgebundene und geschlechtsspezifische Vererbung

Jedes Gen, das sich auf dem X- oder Y-Chromosom befindet, kann nur bei dem entsprechenden Geschlecht auftreten und wird als geschlechtsgebunden bezeichnet. Das Gen für die beim Menschen vorkommende Bluterkrankheit ist rezessiv und befindet sich auf dem X-Chromosom. Daher erkranken normalerweise nur Männer, die ja nur ein X-Chromosom besitzen, wogegen Frauen mit zwei X-Chromosomen Träger des Krankheitsgens sein können, ohne dass sie Symptome zeigen, wenn das Gen nicht homozygot auftritt.

Geschlechtsspezifische Merkmale unterscheiden sich dahingehend, dass sie nicht auf den Geschlechtschromosomen lokalisiert sind und daher von beiden Geschlechtern vererbt werden, obwohl sie aufgrund ihrer Eigenschaften nur bei dem einen oder anderen Geschlecht zum Ausdruck kommen. Am deutlichsten sind solche Merkmale wie weibliche Fruchtbarkeit, Muttertrieb und Milchfluss, männliche Fruchtbarkeit, einschließlich der Auswirkungen von Mono- und Kryptorchismus (wenn ein oder beide Hoden in der Bauchhöhle verbleiben) und der männliche Sexualtrieb.

Epistase

Einige Gene können andere beeinflussen, ohne deren Allele zu sein (Genwechselwirkungen). Albinismus wird durch solche Gene vererbt, so dass unabhängig davon, welche Information für die Farbe andere Gene auch enthalten, deren Wirkung von den Albinogenen überlagert wird.

Mutation

Weitere Komplikationen treten auf, weil von Zeit zu Zeit die Wirkung eines Gens durch eine Mutation verändert werden kann. In der Natur ist die Mutation das Mittel, um neue Arten entstehen zu lassen. Da aber Mutationen zufällig auftreten, zeigen sie nicht die Richtung an, in welche eine Evolution abläuft. Die Richtung der Evolution wird von der natürlichen Selektion bestimmt.

Es ist wahrscheinlich, dass eine beträchtliche Anzahl von Merkmalen, die heute eine Rasse von der anderen unterscheiden, durch Mutationen entstanden sind. In der Wildnis überleben Mutanten bis zur Fortpflanzungsfähigkeit nur, wenn ihre Mutation einen Vorteil gegenüber der normalen Population darstellt. Natürliche Auswahl merzt unerwünschte Mutanten erbarmungslos aus. Die von den Hundezüchtern angewandte Selektion ist weit weniger unbarmherzig und kann einen langhaarigen oder haarlosen Mutanten, einen mit ungewöhnlich kurzen Beinen oder einen, der sich in der Größe oder auf andere Weise von seinen normalen Geschwistern unterscheidet, bevorzugen. Dieser Mutant kann dann als Grundlage für eine neue Rasse verwendet werden.

Es scheint auch wahrscheinlich, dass eine Reihe von unerwünschten vererbten Anomalien als Folge von mutierten Genen auftritt und dass diese einfach überlebt haben, weil der Vorgang der künstlichen Auswahl, der von Züchtern praktiziert wird, nicht annähernd so streng oder wirksam ist wie die natürliche Selektion.

Genwirkung

Eine Reihe von vererbten Anomalien verdanken ihre Existenz einer komplexen Wirkung mehrerer Gene, von denen alle oder einige für ein bestimmtes Merkmal verantwortlich sind. Wenn alle Gene zum Ausdruck kommen, tritt das Merkmal in der stärksten Form auf. Kommen nur einige Gene zum Tragen, so ist deren Wirkung milder. Und wenn nur sehr wenige wirken, ist das Merkmal so schwach, dass es selten erkennbar ist.

Kryptorchismus kommt vermutlich durch solch eine Zusammenwirkung von Genen zustande, indem die Auswirkung zwischen unbemerktem, zu spätem Absteigen eines der Hoden in den Hodensack bis hin zum dauerhaften Verbleiben der Hoden in der Bauchhöhle reichen kann.

Die Mehrheit der Hundevereine lässt Kryptorchiden im Ring nicht zu und einige weigern sich, diese oder deren Nachkommen, egal ob männlich oder weiblich, zu registrieren. Der Kennel Club in Großbritannien hat zurzeit eine völlig andere Einstellung: Kryptorchiden sind zur Zucht und zur Ausstellung zugelassen, wobei die Richter angehalten werden, dieses Merkmal als Fehler zu betrachten. Da jedoch kastrierte Rüden bei Wettbewerben erlaubt sind, wie soll ein Richter in Großbritannien zwischen einem Hund mit Kryptorchismus, der also fehlerhaft ist, von einem Hund, der vorher normal war und kastriert wurde und keine Fehler besitzt, unterscheiden? Und was noch schlimmer ist: Wie sollen Züchter Informationen, die zur Vermeidung dieses ernsthaften Fehlers notwendig sind, sammeln können, wenn dessen Existenz durch Operationen verschleiert werden kann und wenn die Vereine keine Schritte unternehmen, dessen Häufigkeit aufzuzeichnen?

Populationsgenetik

Obwohl die Genetik sich direkt damit beschäftigt, wie Eltern ihre Merkmale an die Nachkommen weitergeben, ist ein weiter reichender Effekt – innerhalb eines Zwingers, einer bestimmten Rasse und sogar aller Rassehunde in ihrer Gesamtheit – vielleicht von größerer Wichtigkeit und Tragweite. Leider haben erst in den

Trimmen ist wichtig – aber ist es nicht manchmal zu wichtig?

letzten Jahren einige Züchtervereinigungen zu zeigen begonnen, dass sie sich dieser weiteren Bedeutung bewusst sind.

Hellmuth Wachtel ist einer der immer mehr werdenden Visionäre, die ihre Befürchtungen über den Grad der unkontrollierten Inzucht, die bei Hunden stattfindet, zum Ausdruck bringt:

Bezüglich eines akzeptablen Inzuchtkoeffizienten habe ich in der Literatur einen Wert von 6 Prozent als wünschenswerte Grenze gefunden. Bis heute ist es unmöglich, den wahren Koeffizienten eines Hundes zu bestimmen, da meistens nur der Wert für diese Zucht ermittelt werden kann, nicht jedoch Reinerbigkeit aus früheren Inzuchten, genetischen Engpässen u. Ä. in der Rassegeschichte. Daher müssen wir auf DNA-Werte von verschiedenen Rassen warten. Eine Untersuchung bei sechs Rassen läuft gerade in Schweden . . . Auf diesem Gebiet (Reinerbigkeitsstudien bei wilden und Haustieren) wird gerade viel geforscht und die Menschen sind sehr besorgt über den genetischen Zustand sowohl von wilden als auch Haus- und Nutztieren. Ich denke, es ist eine Schande, dass sich fast niemand (mit den wenigen Ausnahmen, die ich vorher erwähnte) um den Haushund kümmert. Vor einiger Zeit erzählte mir der bekannte kanadische Tierarzt Dr. Mac Keown, er meine, der Haushund sei eine ‚bedrohte' Art. Er meinte die genetischen Defekte. Ich glaube, es sind drei Dinge zu bekämpfen: eine zunehmende, hysterische Anti-Hund-Bewegung und die zwei Sünden der Zucht – Inzucht und übertriebene Merkmale. Ich weiß nicht, welcher der drei Punkte am schlimmsten ist, sondern nur, dass zwei von Modeerscheinungen abhängen, die moderne wissenschaftliche Hilfsmittel wie Populationsgenetik und Molekularbiologie hartnäckig ignorieren.

Hundevereine auf der ganzen Welt erheben auf leicht unterschiedliche Weise den Anspruch, dafür da zu sein, um die Verbesserung von Hunden zu fördern. Das Ziel ist lobenswert, doch trotzdem scheint es so, dass die Vereine machtlos sind gegen die schamlosen Methoden von Hundefarmen und Massenzüchtern und sie auch nicht verhindern können, dass Erbkrankheiten bei immer mehr Rassen auftreten. Es ist zu hoffen, dass sie in Zukunft die Mittel und den Willen besitzen, um wirksame Maßnahmen in beiden Bereichen zu ergreifen, und den Züchtern die notwendige Unterstützung zukommen lassen können, die sie brauchen, um die Rassen, an denen sie ein besonderes Interesse haben, zu schützen.

In den frühen 90er Jahren wurde es zunehmend offensichtlich, dass ein Versagen von Seiten der Vereine, die genetische Gesundheit der einzelnen Rassen einzuschätzen und wirksam zu kontrollieren, an einem kritischen Punkt angelangt war, besonders in Bezug auf solche Rassen, die über viele Jahre nur auf der Basis eines gefährliche kleinen Zuchtbestandes existierten. Der kanadische Tierarzt, welcher Rassehunde als „bedrohte" Art bezeichnete, hat die Situation wahrscheinlich übertrieben – vielleicht mit Absicht – aber hat die Aufmerksamkeit auf ein echtes Problem gelenkt.

Einige Rassen haben über viele Jahre auf einem Zuchtbestand basiert, der sie, wären sie eine Wildart gewesen, gewiss auf die Rote Liste der bedrohten Tierarten gesetzt hätte. Als bedrohte Art eingestuft wären die Rassen analysiert und ihre Zucht sorgfältig durchgeführt worden, um die genetische Gesundheit und den Rassetyp zu erhalten und sie tatsächlich vor der akuten Gefahr des Aussterbens zu bewahren. Keine Hunderasse, ungeachtet dessen, wie gering auch der Zuchtbestand sein mag, ist jemals in den Genuss eines solch sorgfältig durchgeführten Zuchtprogramms gekommen.

Innerhalb einer Population von unbestimmter Größe, bei denen Paarungen zufällig erfolgen, würden keine signifikanten genetischen Unterschiede über die Generationen auftreten. Bei kleinen Populationen, besonders dann, wenn diese isoliert leben, oder in Untergruppen – wie sie innerhalb von Zwingern existieren – in welchen die Fortpflanzung selektiv erfolgt, ist die Häufigkeit bestimmter Gene recht unterschiedlich.

Beispielsweise bringen in einer großen Population Generation für Generation etwa gleich viele Männchen und Weibchen hervor. Aber angenommen, die Population wäre auf ein einzelnes Paar beschränkt, das nur weibliche Nachkommen hervorbringen würde – dann wäre der Vater das einzige Männchen und müsste mit seinen eigenen Töchtern männliche Nachkommen erzeugen, damit die Population überleben könnte. Das würde bedeuten, dass jedes schädliche Gen, dass er zufällig trägt, an den gesamten Bestand weitergegeben wird, was leicht zu einem Ende der Population führen könnte.

Nehmen wir an, der Rüde war ein Kryptorchid. Seine Töchter würden natürlich diesen Defekt nicht besitzen, aber sie würden das Gen übertragen, auch wenn die Mutter dieses Gen nicht hätte. Wenn sie nun mit ihrem Vater verpaart würden, wären alle männlichen Nachkommen Kryptorchiden. Die Rasse hätte die Fähigkeit verloren, normale männliche Nachkommen zu bilden. Bis zum Aussterben würde es nicht lange dauern.

Die Erkenntnisse der Populationsgenetik haben Zuchtprogramme entwickelt, welche die genetische Gesundheit von kleinen Zuchtbeständen von Tieren erhalten, die vom Aussterben bedroht waren, wie der Schreikranich und der Mauritius-Turmfalke. Es gibt sicherlich einige Hunderassen, die von ähnlichen Methoden profitieren würden.

Populationsgenetik ist die Wissenschaft, die sich damit beschäftigt, solchen Effekten entgegen zu wirken. Erst jetzt beginnt dieser Wissenschaftszweig, Einzug in die Hundezucht zu halten, und es ist zu befürchten, dass es für einige Hunderassen zu spät sein könnte, um wirksame Gegenmaßnahmen zu ergreifen.

Veränderungen

Veränderungen im Erscheinungsbild von Tieren, seien es wilde oder domestizierte, sind ohne vorteilige und festgelegte Bemühungen, sie zu verhindern, unvermeidlich. Verschiedene Rassen reagieren unterschiedlich auf Veränderungen: Manche bemühen sich, sie zu vemeiden, manche lassen sie geschehen und einige fördern sie aktiv. In der Natur sind Veränderungen das Produkt aus dem, was der verfügbare Genpool zu bieten hat, und aus Anpassungen, die für den Überlebenskampf notwendig sind. Bei domestizierten Tieren sind Veränderungen auch ein Produkt aus dem Inhalt des verfügbaren Genpools und aus dem Vorgang der künstlichen Auswahl, die von den Züchtern vorgenommen wird.

Veränderte Erscheinungsbilder als Ergebnis von äußerlichen Schönheitsidealen, besonders bei Techniken der Hundepflege, können weitgehend ignoriert werden. Ausgezeichnet getrimmte Terrier, Schweiß- oder Jagdhunde lassen sich vom Arbeiten nicht abhalten, obwohl ihre Frisuren den Angriffen von Dornenbüschen und Gestrüpp nicht standhalten können. Die Neigung, über äußere Modeerscheinungen bei Hundeschauen zu spotten, basiert ständig auf Vorurteilen und Ignoranz. Keiner dieser Kritiker zieht sich heute so an, wie es zur Zeit von Königin Victoria Mode war. Die Veränderungen sollten jedoch fortschrittlich sein und sorgfältig betrieben werden.

Abgesehen von der Mode ergibt sich das Erscheinungsbild aller Tiere aus einer Kombination von Umwelteinflüssen, von der Art der Aufzucht, der Bewegung und ihrem Alter. All dies zusammen bildet das, was als Phänotyp bezeichnet wird. Wenn sich die Umweltbedingungen ändern, verändert sich auch das Tier.

Mäuse, die in Kältehäusern leben, haben kleinere Ohren und längeres Fell, um Körperwärme zu erhalten, als ihre Brüder, die unter weniger unwirtlichen Bedingungen leben.

Kinder in westlichen Ländern sind heute etwa 2 cm größer als Kinder im selben Alter vor 30 Jahren. Sie sind mehrere Zentimeter größer als Kinder zur viktorianischen Zeit, die wiederum größer waren als die Kinder im 16. Jahrhundert. Diese Veränderung kam durch verbesserte Ernährung und medizinische Versorgung zustande. Genau dieselbe Tendenz ist bei Hunden festzu-

Die Englische Bulldogge ist eine der vielen Rassen, die sich verändern müssen.

stellen. Verbesserte Ernährung und wirksamere Bekämpfung von Endoparasiten führen zu größeren, kräftigeren und gesünderen Hunden. Würden Hunde aus der Vergangenheit heute geboren und mit den heute verfügbaren Methoden aufgezogen, würden sie als Erwachsene nicht so aussehen, wie sie ausgesehen hätten, wären sie mit den Methoden der 50er Jahre aufgezogen worden. Einige Züchter wehren sich jedoch gegen diese Veränderungen. Sie wollen keine Chihuahuas so groß wie Cocker Spaniel oder Terrier, die zu groß sind, einem Fuchs in den Bau zu folgen. Daher selektieren sie entgegen einer Größenzunahme, was in der Praxis bedeutet, die am wenigsten robusten Tiere für die Zucht auszuwählen.

Auf der anderen Seite kann damit die Selektion von längerem oder üppigerem Fell einhergehen, auch wenn die Bedeutung einer moderneren Betonung des Trimmens abgelehnt wurde, wodurch der Aussteller seine Fähigkeiten beim Trimmen demonstrieren kann. Ein üppigeres Fell verursacht keine Probleme, solange die Hunde regelmäßig gepflegt werden, ist aber eine Bedrohung für das Wohlergehen bei vernachlässigten Hunden. Züchter sollten unbedingt alle Konsequenzen von geplanten Veränderungen genau prüfen. Einige Rassen bilden heute weit mehr Haare als noch vor 30 Jahren. Diese Veränderung kam durch bewusste Selektion zustande.

In einer großen Population sind Veränderungen durch vererbte Merkmale meistens nicht dramatisch und können außer bei genauer Betrachtung unmerklich sein. Die Auswirkung auf ein einzelnes Individuum kann jedoch ziemlich drastisch sein, wenn sie auf ein kleines Gebiet begrenzt ist, besonders bei bestimmten Zuchten. In einer kleinen Population können gesamtheitliche Veränderungen sehr plötzlich und dramatisch erfolgen. Dagegen wird ein fruchtbarer Hund, der irgendwie anders ist und den die Züchter attraktiv finden, nur wenig Einfluss auf die Erscheinung einer zahlenmäßig großen Rasse ausüben. Bei einer Rasse mit wenigen Vertretern kann er jedoch innerhalb von einer Generation das Erscheinungsbild völlig verändern.

Verschiedene Rassen stehen unterschiedlich den Veränderungen gegenüber. Bulldoggen, Sealyham und Scottish Terrier gehören zu jenen Rassen, die sich absichtlich oder zufällig für eine Veränderung entschieden haben, welche sie attraktiver für die modernen Anhänger macht, sie aber dadurch ungeeignet für ihren ursprünglichen Zweck werden. Rassen wie Deerhounds, Manchester Terrier und Border Collies sollen dagegen so ursprünglich bewahrt werden. Züchter haben sich Veränderungen widersetzt mit der Auswirkung, dass bei einigen Rassen im letzten Jahrhundert Hunde geboren wurden, die mit den heute geborenen identisch sind. Zwischen diesen beiden Extremen gibt es viele Zwischenstufen. Es ist für die Züchter an der Zeit zu entscheiden, ob sie versuchen wollen, Veränderungen abzuwenden und ihre Rasse in der Form zu erhalten, wie sie zu einer bestimmten Zeit in der Geschichte bestand, ob sie Veränderungen zulassen und nur einen leichten Einfluss auf deren Richtung nehmen oder ob sie aktiv Veränderungen fördern. Keine Einstellung kann als richtig oder falsch angesehen werden.

Der Genpool

Der Genpool ist die Gesamtheit aller Gene, die einer Population zur Verfügung stehen. Ist der Genpool klein, ist die Variabilität mit Ausnahme durch Mutation begrenzt. Wenn die Bestandteile eines Genpools, den man hat schrumpfen lassen, atypische oder unnormale Tiere hervorbringen, gibt es keine Möglichkeit, die typischen oder normalen Merkmale zu bewahren.

Wenn der Pool groß ist, kann auch die Vielfältigkeit groß sein. Dann ist es möglich, zugunsten von typischen und normalen Tieren zu selektieren. Zufallspaarungen können den Umfang des vorhandenen Genpools erhalten, aber nicht vergrößern. Selektion, Inzucht und Linienzucht neigen dazu, die Größe des verfügbaren Genpools zu vermindern. Ein kleiner Genpool schränkt die Möglichkeit zur Auswahl und für züchterischen Fortschritt ein. Nur durch Einbringen nicht verwandter Zuchttiere kann der Genpool in einer bestimmten Population vergrößert werden.

Hundezüchter erhalten den für ihren Zwinger verfügbaren Genpool, indem sie sorgfältig Tiere aus anderen Zuchten verwenden. Der für eine bestimmte Rasse in einem bestimmten Land zur Verfügung stehende Genpool kann durch die Einfuhr von Zuchttieren aus anderen Ländern vergrößert werden. Wenn der international verfügbare Genpool für eine Rasse erschreckend klein wird, lässt sich die Gefahr nur durch Einkreuzung von anderen Rassen abwenden – eine Strategie, die modernen Zuchtvereinen ein Gräuel ist und daher für die Züchter weitgehend unzugänglich. Diese Strategie wurde von alten Züchtern mit Bedacht und ohne Schuldgefühle angewendet und war sicherlich einer der Gründe, warum die Hunde früher relativ frei von Erbschäden waren.

Vielfalt

Richard Jeffries war vielleicht der erste Naturforscher, der sich mit dem Vorgang beschäftigte, wie durch wahllose Paarungen unter Straßenkötern, bei denen fast alle Merkmale zu finden sind, die bei Haushunden vorkommen, schließlich Hunde von gleichbleibendem Typ und Erscheinungsbild entstehen. Jeffries bezeichnete diesen universellen, überall vorkommenden Hund als „The Little Red Dog".

Er ist ein häufiger Typ, weit verbreitet auf der Erde. Ich bezweifle, dass es viele Länder gibt, wo man ihn nicht antrifft – eine degenerierte oder Zwergform des universellen Hundes, kleiner als ein Fox Terrier und kurzbeiniger. Die niedrige Statur, der lange Körper, die kleinen Ohren und die stumpfe Nase verleihen ihm eine etwas wiesel- oder reptilienähnliche Erscheinung. Seine Farbe ist in der Tat die häufigste, die bei den üblichen Hunden oder Kötern vorkommt. Es ist selten ein leuchtendes Rot wie beim Irish Setter oder eine ähnlich hübsche Rottönung wie beim Dingo, Fuchs und südamerikanischen Mähnenwolf. Es ist gedämpft, häufig ins Gelb gehend, manchmal mit Grau vermischt wie beim Schakal, manchmal mit einem Hauch Kupferrot.

Eine wahllose und vielfältige Genmischung fördert die Herausbildung eines allgemeinen Wildhundtyps so ähnlich, wie die wahllose und vielfältige Mischung von Farben unweigerlich dieselbe Farbe erzeugt. Andererseits werden Unterschiede bei Rassen durch Einschränkung der Genvielfalt erhalten, um unerwünschte Merkmale zu eliminieren und gewünschte zu fördern.

So entsteht durch genetische Vielfalt eine einheitliche Erscheinung, während vielfältige Erscheinungsformen unter Rassehunden das Ergebnis bewusster Einschränkung der genetischen Vielfalt ist. Es kann einen grundlegenden Widerspruch zwischen der Erhaltung eines Rassetyps und den Erfordernissen für die Erhaltung der genetischen Gesundheit geben. Jeder genetische Defekt bei Rassehunden wäre, wenn jeder darauf achten würde, bei Mischlingen zu entdecken. Aber weil Mischlinge das Produkt von Zufallspaarungen sind, verbreiten sich diese Defekte kaum in der gesamten Population oder noch nicht einmal in einem bestimmten Teil davon. Die Erhaltung und Verbesserung von Rassen und Rassetypen schränkt die geneti-

Der allgegenwärtige von Jeffries als „little red dog" bezeichnete Hundetyp ist für viele ein liebenswerter Hausgenosse.

sche Vielfalt ein. Für Gesundheit und Vitalität innerhalb der Rassen müssen die Züchter versuchen, die Vielfalt beim Phänotyp zu vermindern, während die genotypische Vielfalt erhalten wird.

Keine andere Art zeigt eine so große Vielfalt im Phänotyp wie der Haushund. Sogar wenn wir die Vielfalt in Bezug auf Körperform, Fellfarbe, Struktur und Beinlänge ignorieren und stattdessen nur das Gewicht in Betracht ziehen, reicht die Bandbreite bei den Rassestandards von 1 kg beim Chihuahua bis zu 70 kg beim Mastino Napolitano. Das durchschnittliche Gewicht liegt bei Hunden um 10 kg, beim Menschen um 64 kg. Wenn dieselbe Bandbreite bei unserer eigenen Art existieren würde, wäre es nicht überraschend, wenn normale, gesunde Erwachsene nur etwas über 5 kg und andere fast 400 kg wiegen würden.

Wenn das Konzept der Zucht von Bedeutung bleiben soll, muss ein erkennbarer Rassetyp innerhalb eines ziemlich eng fest gelegten Varianzbereiches existieren. Zuchttypen, die eine noch stärker eingeschränkte Varianz aufweisen, findet man bei alt eingesessenen Zuchtzwingern.

Durch enge Zucht wird die Vielfalt verringert und ein verändertes Erscheinungsbild erschaffen. Mit der Zeit würden innerhalb eines kleinen Zuchtbestandes alle Tiere genetisch und physisch identisch. Bevor dieses Stadium jedoch erreicht wird, hat die Natur vermutlich eingegriffen und die Population ist aus dem einen oder anderen Grunde ausgestorben. Es wird allgemein von Zoologen anerkannt, dass, wenn eine Population einen Punkt erreicht, bei dem irgendwo zwischen einem Drittel und der Hälfte der Tiere in diesem Bestand von einem bestimmten Individuum abstammen, die Population gefährdet ist. Mehrere Hunderassen haben sich in diesem Stadium über viele Jahre befunden und einige haben vielleicht den Punkt erreicht, bei dem es unmöglich ist, einen bestimmten Vorfahren zu meiden.

Diese Tendenz zur verringerten Vielfalt führt zu veränderten Erscheinungsbildern der gleichen Rassen in verschiedenen Ländern. Dasselbe Phänomen ist auch verantwortlich dafür, was Züchter als Zuchtlinientyp bezeichnen, die Familienähnlichkeit zwischen Hunden, die aus kleinen Zuchtzwingern stammen.

Obwohl die Populationsgenetik noch in den Kinderschuhen steckt, könnte man argumentieren, dass die Regeln, wie sie bei Leviticus 20 stehen und die schon vorher erwähnt wurden, ein früher Beitrag zu diesem Thema sind. Erst kürzlich haben einige Zucht- und Rassevereine begonnen Regeln aufzustellen, um die genetische Gesundheit einer ganzen Rasse zu schützen.

Genetische Engpässe

Einige Hunderassen existieren seit vielen Jahre auf der Basis eines Zuchtbestandes, der viel zu klein ist, um die genetische Gesundheit zu erhalten, und sogar deren Existenz bedrohen kann,

Erst kürzlich eingeführte Rassen
leiden unter der plötzlichen
Popularität, der übermäßigen
Zucht und dem begrenzten
Gen-Pool.

wenn nicht Maßnahmen unternommen werden, um die Zucht innerhalb der Population in ihrer Gesamtheit zu kontrollieren.

Die meisten Rassen durchlaufen periodisch Engpässe, welche die Anzahl der Tiere begrenzen und ohne geeignete Kontrolle zu einer zu engen Verwandtschaft innerhalb des Bestandes führen, so dass die Auswirkung von schädlichen Genen unmöglich zu vermeiden ist. Der erste Engpass kann entstehen, wenn eine Rasse neu gezüchtet wird: Count Hamilton, Louis Dobermann und all die anderen verwendeten wahrscheinlich eng verwandte Zuchtstämme mit relativ wenigen Individuen, um die Basis für die Rassen zu bilden, die heute ihre Namen tragen. Der nächste Engpass kann auftreten, wenn die Rasse offiziell anerkannt wird, ein Vorgang, der mit einem Mal gewöhnlich nicht registrierte Tiere von der Zucht ausschließt und somit eine ohnehin potentiell gefährliche Situation noch verschärft.

Vor der offiziellen Anerkennung ist es möglich, die genetische Gesundheit durch umsichtiges Einkreuzen von anderen Rassen zu erhalten. Bei Rassen, deren Zuchtbestand für einige Zeit gering gehalten wurde und bei denen es keine Möglichkeit gibt, die Situation durch den Import von Zuchttieren zu verbessern, ist die einzige Möglichkeit, die genetische Gesundheit zu erhalten, das Einkreuzen von anderen Rassen.

Andere Engpässe entstanden während der Kriege, als die Zucht begrenzt war. In Europa hat das zweimal in diesem Jahrhundert stattgefunden und beide Male war die Auswirkung auf die Registrierungen bei den Zuchtvereinen dramatisch.

Engpässe entstehen auch, wenn die Rasse erstmalig in ein Land eingeführt wird. Einige Individuen bilden dann den Grundstock für die Rasse in ihrer neuen Heimat und obwohl sie mit Sorgfalt ausgewählt wurden, können sie unmöglich die gesamte genetische Vielfalt bieten, wie sie im Hauptbestand der Rasse existiert. Weitere sorgfältige ausgewählte Importe und die Verwendung von importiertem und gelagertem Sperma hilft, das Risiko zu vermindern. Aber ohne genau entwickelte Kontrollsysteme, welche Zuchtvereine und Rasseclubs nur widerwillig in Erwägung zu ziehen scheinen, ist die genetische Gesundheit der neuen Population gefährdet.

Überleben

Sogar in jüngster Vergangenheit ist eine Reihe von Rassen ausgestorben. In Großbritannien gehören dazu Blue Pauls, Drover Dogs, Old English White Terrier, Clydesdale Terrier und Welsh Greys. Andere Rassen, die um die Gunst der Öffentlichkeit kämpfen, scheinen ihnen folgen zu müssen. Dieselbe Tendenz wiederholt sich zweifellos in anderen Teilen der Welt, aber in den Vereinigten Staaten besteht ein starkes Interesse, alte Rassen wieder aufleben zu lassen oder neue zu entwickeln, vielleicht als eine Art Ausgleich. Es gibt zielgerichtete Bestrebungen, um neue Rassen zu fördern oder alte aufleben zu lassen wie Alapaha Blue Blood Bulldog, American Bulldog, American Pit Bull Terrier, American Staffordshire Terrier*, Australian Shepherd*, English Sheepdog, Louisiana Catahoula Leopard Dog, Miniatur Shar Pei, Rat Terrier und Toy Fox Terrier (die mit * bezeichneten Rassen sind heute von der FCI anerkannt).

Die jüngsten politischen Ereignisse in den Ostblockstaaten scheinen zu neuen, bislang im Westen unbekannten Rassen zu

Der Fox Terrier hat im Vergleich zu früher an Popularität verloren und ist heute eher seltener anzutreffen.

führen, die ihr Debüt auf Ausstellungen geben. Engere Zusammenarbeit zwischen dem American Kennel Club, dem Kennel Club von Großbritannien und der Fédération Cynologique Internationale (FCI) würde bedeuten, dass auf dem europäischen Festland bekannte Rassen ihren Weg zu britischen und amerikanischen Ausstellungen finden würden.

Rassen können nicht überleben, wenn die Züchter kein Interesse an ihnen haben, und es ist gewiss richtig, dass man den Rassen, die für so viele Jahre ein Bestandteil des menschlichen Lebens waren, die Gelegenheit zum Überleben geben sollte.

Untersuchung auf genetische Abnormitäten

Obwohl genetische Defekte spontan aufzutreten scheinen, was sie auch gelegentlich als Folge mutierte Gene tun, lauerten sie gewöhnlich schon zwischen rezessiven Genen, die durch enge Inzucht zusammengebracht wurden und dann den Defekt zum Vorschein bringen und verbreiten. In diesem Stadium müssen die Züchter wissen, wie weit das Problem verbreitet ist, um eine Strategie für die Bekämpfung entwickeln zu können.

Die FCI hat kürzlich verkündet, dass die Anzahl der von ihr anerkannten Rassen schon zu groß und schwer zu überschauen sei. Zahlreiche Länder beantragen weiterhin bei der FCI die Anerkennung neuer Rassen, von denen die meisten nur von regionaler Bedeutung sind. Zu den in den letzten Jahren von der FCI neu anerkannten Rassen gehören der Korea Jindo Dog aus Korea, der brasilianische Terrier Brasileiro, der Cao Fila de Sao Miguel aus Portugal, der Lagotto Romagnolo und der Cane Corso, beide aus Italien, und der trotz seines Namens aus den USA stammende Australian Shepherd.

Um festzustellen, wie häufig ein Problem vorkommt, muss man Informationen sammeln und auswerten, die man von Clubmitgliedern, Züchtervereinigungen und anderen Einrichtungen wie z. B. einem Informationssystem für genetisch bedingte Krankheiten erhält. Die Verfügbarkeit von Programmen und der zunehmende Einsatz von Computern ermöglicht jedem Zuchtverein mit der richtigen Anleitung, diese Informationen sinnvoll zu nutzen, um die Gesundheit der Rasse zu schützen und zu verbessern. Man kann wirklich sagen, dass alle Zuchtvereine die größte Verantwortung bei der Kontrolle des vererbten Gesundheitszustandes einer Rasse tragen.

Jedes Kontrollschema muss auf sorgfältig gesammelten und analysierten Informationen basieren. Je mehr Informationen verfügbar sind und je detaillierter sie analysiert sind, umso wirkungsvoller kann die Kontrolle sein. Leider behindern die Hysterien und „Hexenjagden", welche allzu oft die Bemühungen der Zuchtvereine begleiten, das ernsthafte Sammeln von Informationen. Tiermediziner können auch unbeabsichtigt das Vorkommen von genetischen Defekten verschleiern, wenn sie Eingriffe durchführen, um die Auswirkungen zu beseitigen. Wenn das dazu führt, dass Informationen vorenthalten werden oder unrichtig sind, können die Bemühungen, Erbkrankheiten zu bekämpfen, frustrierend sein.

Eine empirische Methode, das Vorkommen eines bestimmten vererbten Defektes zu berechnen, welche aber ausreichend genaue Ergebnisse erzielt, um als fundierte Grundlage für Kontrollmaßnahmen zu dienen, erfordert die Untersuchung von den Nachkommen bestimmter Hunde. Um ein Vorkommen eines bestimmten vererbten Defektes von 2 Prozent nachzuweisen, ist es notwendig, fast 600 Nachkommen zu untersuchen. Um ein Auftreten von 10 Prozent nachzuweisen, müssen 59 Welpen untersucht werden und für 20 Prozent ist lediglich die Untersuchung von 29 Welpen erforderlich. Es kann sein, dass ein Auftreten von 2 Prozent als unbedeutend anzusehen ist, aber ein Vorkommen bei 20 Prozent der Tiere ist in der Tat gewiss sehr ernst.

Wenn nur ein Hund bei jeder Stichprobe gefunden wird, der den Defekt trägt, kann man annehmen, dass die ganze Rasse betroffen ist. Es gibt sicherlich Rassen, von denen allgemein angenommen wird, dass sie frei von erblichen Defekten sind, bei denen man aber denselben Erbschaden bei einem von 60 oder vielleicht sogar 30 Tieren findet.

Gen-Screening

Viele Krankheiten genetischen Ursprungs bilden eine erkennbare biochemische Anomalie, die es ermöglicht, klinisch gesunde Heterozygote zu identifizieren. Dies ist wichtig beim Erstellen eines wirkungsvollen Kontrollsystems für Krankheiten, die rezessiv vererbt werden. Testpaarungen sind verschwenderisch und das Ergebnis kann betrüblich sein, wenn die aus dieser Verbindung entstandenen Welpen getötet, kastriert oder auf andere Weise von der Zucht ausgeschlossen werden müssen. Das biochemische Screening ist ein Mittel, um Kontrolle auszuüben ohne Verschwendung und Leid für Tiere und Züchter.

Zur Notwendigkeit der Zusammenarbeit bei der Auswertung der Testergebnisse meinen R. D. Jolly und P. J. Healy:

Genetisches Screening wird gewöhnlich von einem Team durchgeführt, dem zumindest ein Züchter, ein Tierarzt und ein Labor angehören. Die Verantwortung für die Diagnose sollte dem Biochemiker, der die Laboruntersuchungen durchführt, nicht entzogen werden, es sei denn, er ist mit den damit verbundenen Problemen nicht vertraut und hat keinen Zugriff auf Informationen, welche die Entscheidung beeinflussen könnten. Ebenso haben Tierärzte meist nicht genügend Information, um den genetischen Zustand eines Individuums aufgrund von Laborergebnissen und dem Umgang mit dem Patienten einzuschätzen. Ein spezieller Diagnostiker ist gewöhnlich erforderlich, um alle Untersuchungsergebnisse zu interpretieren und eine einheitliche Diagnose innerhalb vorgegebener Wahrscheinlichkeitsbereiche zu stellen.

Kontrollvorgänge werden am besten auf ein umfangreiches Screening-Programm aufgebaut, wenn auch nur, weil dies wirkungsvollere Maßnahmen innerhalb der gesamten Population ermöglicht. Der Mangel an wirksamen Kontrollen hat schon dazu geführt, das in Übersee bei einigen Rassen, die als besonders gefährdet angesehen werden, Registrierungen mit Vorbehalt erfolgen aufgrund der Ergebnisse von obligatorischen Screenings. Die Notwendigkeit solcher Prozeduren kann nicht dazu beitragen, den internationalen Ruf der Rasse, der Züchter oder der nationalen Kontrollorgane zu verbessern.

Wenn ein nationales Screening-Programm fehlt, ist es dem einzelnen Züchter möglich, seine eigenes Testprogramm durchzuführen, obwohl der Wert dieser Ergebnisse erheblich vermindert wird,

Auch die Umwelt beeinflusst die Entwicklung eines Welpen.

wenn der Zwinger nicht weitgehend unabhängig ist oder sich auf die Kooperation mit anderen verlassen kann.

Genkartierung

Eine relativ neue Technik basierend auf der Untersuchung molekularer genetischer Verbindungen ist heute verfügbar und ermöglicht es, anhand von Blutproben genetische Defekt aufzuzeigen, die sich in Form von Erbkrankheiten auswirken können. Hierzu zählen Progressive Retina-Atrophie, Hüftgelenksdysplasie, Retina-Dysplasie, Von-Willebrand-Krankheit, vererbter Grauer Star und Fukosidose.

Die Anwendung dieser Methoden würde Züchtervereinen und anderen, die Registrierungssysteme besitzen, ebenso wie einzelnen Züchtern ermöglichen, die genetische Gesundheit eines Zuchtstammes aufzudecken. Eine Genkarte könnte eine Möglichkeit darstellen, wie die Ergebnisse dieser Tests festgehalten und für die Züchter zugänglich gemacht werden können. Es sollte dann möglich sein, eine erhebliche und schnelle Verringerung beim Auftreten von vielen Erbkrankheiten zu erreichen.

Wenn Zuchtvereine nachgewiesene genetische Gesundheit auch als ein Kriterium bei der Bewertung für die wichtigsten Titel wie bei Championship-Wettbewerben einführen würden oder die genetische Gesundheit sogar eine Voraussetzung für die Registrierung von Welpen wäre, könnte die endgültige Eliminierung einiger Erbkrankheiten tatsächlich möglich sein.

Umwelteinflüsse

Die Gesamtheit der vererbten Merkmale wird als Genotyp bezeichnet. Eigenschaften, die durch Umwelteinflüsse zustande kommen, werden Phänotyp genannt. Die kombinierte Wirkung von beiden schafft Probleme, mit denen alle Züchter konfrontiert werden.

Angenommen, ein Hund wird wegen einer bestimmten Eigenschaft bewundert. Wie weiß ein Züchter, ob dieses Merkmal vererbt ist und somit wahrscheinlich an die Nachkommen weitergegeben wird oder ob es das Produkt von Umweltfaktoren ist und somit nicht an die nächste Generation weitergegeben wird. In der Vergangenheit glaubte man, dass Umweltbedingungen solche Dinge wie Fellfarbe beeinflussen könnten und dass erworbene Eigenschaften weiter vererbt würden. Solchen Überlegungen wurde lange Zeit kein Glauben geschenkt, aber die Art und Weise, wie ein Welpe aufgezogen und später versorgt wird, hat zweifellos einen erheblichen Einfluss auf sein Temperament und seine physischen Eigenschaften.

Um die Dinge noch komplizierter zu machen, werden Wurfgröße, Geburtsgewicht, Wachstumsgewicht, Endgewicht, Temperament, Fell- und Hautbeschaffenheit, Muskulatur, Skelettbau, Lebenserwartung und viele weitere Eigenschaften sowohl durch Erbgut als auch durch Umweltbedingungen bestimmt.

3 Zuchtsysteme und -methoden

Sogar der schlimmste Hundeerzeuger oder Massenzüchter muss sich eines bestimmten Systems bedienen, um Welpen von der gewünschten Rasse zu erhalten. Bulldoggen-Welpen können nur von Bulldoggen hervorgebracht werden. Aber die meisten Züchter wollen etwas mehr, als nur das Produzieren von Welpen einer bestimmten Rasse.

Parson Jack Russel war dafür ein Beispiel. Er war nicht nur ein sehr talentierter Züchter, er erfreute sich auch einer ungewöhnlich langen Karriere.

Unter mehreren Deckrüden außerhalb von Devon, die er verwendete, war ein berühmter Ausstellungs- und Arbeits-Fox-Terrier mit Namen Old Jock. Jock passte mehr als jeder andere Terrier in das Idealbild von Parson.

Ich habe niemals ein hübscheres Tier als Jock gesehen, so perfekt in der Form, von so guter Qualität. Er ist fast so perfekt, wie wir arme Bastarde sind – für uns eine Augenweide. Sein Wesen ist so gut und sein Mut unbestreitbar.

Parson, ein Züchter von Arbeitsterriern, führte Aussehen, Temperament und Mut in dieser Reihenfolge auf und obwohl es ganz falsch wäre anzunehmen, dass er Mut für weniger wichtig hielt als die Erscheinung, ist unbestritten, dass er das Aussehen als sehr wichtig betrachtete. Er hat sich gewiss nicht der Philosophie verschrieben "Edel ist, wer edel handelt", die mehreren Sport- und Arbeitsrassen geschadet hat. Es war das Idealbild kombiniert mit seinem beachtlichen Talent als Züchter, was ihn dazu befähigte, einen unverwechselbaren Typ von Fox Terriern zu züchten, der von Gleichgesinnten anerkannt und gefeiert wurde. Jeder gute Züchter hat vor seinem geistigen Auge ein Bild, so schlecht es auch sein mag, das er anstrebt. Das Bild wird klarer und genauer mit zunehmenden Kenntnissen und Erfahrungen. Es kann sich sogar dramatisch verändern, beeinflusst aber immer die Bemühungen des Züchters.

Das Bild muss natürlich realistisch sein. Für einen Züchter, der Greyhounds für die Rennen züchtet, ist das Aussehen von geringerer Bedeutung (obwohl es selten ignoriert wird) als die Bereitschaft zum Hetzen und der Fähigkeit, schnell zu rennen. Wenn er jedoch Greyhounds für Ausstellungen oder als Begleithunde züchten will, besitzen Aussehen und Temperament eine hohe Priorität, wobei zu hoffen ist, dass die Bereitschaft zur Jagd und die Fähigkeit, schnell zu rennen, nicht völlig ignoriert werden.

Leider beginnen nur wenige Züchter ihre Laufbahn mit einem klar definierten Bild von dem, was sie erreichen wollen. Häufiger kaufen sie eine Hündin und werden dann zunehmend von der Zucht vereinnahmt. Ehrgeiz entwickelt sich und sie beginnen mir ihrer Karriere als Züchter. Erst später entdecken sie, dass ihre erste Hündin eine ungeeignete Basis für ihre wachsenden Ambitionen ist.

Züchter müssen ihre Bedürfnisse und Ambitionen so genau wie möglich definieren. Sie müssen sich Tiere von der besten verfügbaren Quelle beschaffen, nach Perfektion streben, alle aussortieren, die nicht den erforderlichen Standard erreichen, die besten Paarungspartner auswählen und Durchhaltevermögen zeigen. Dies alles kann mit einem Wort zusammengefasst werden: Selektion.

Selektion

Selektion ist unvermeidlich. Nur etwa 10 Prozent aller registrierten Hunde bringen jemals registrierte Nachkommen hervor. 90 Prozent werden von Züchtern tatsächlich ausgesondert. Zu Beginn ihrer Karriere, wenn die Züchter vielleicht noch nicht erfahren genug für solche Entscheidungen sind, wählen sie den Grundstock für ihre Zucht aus. Schließlich wird ein Rüde für die Zuchthündin gewählt. Eine weitere Auswahl wurde getroffen. Ein Wurf wird geboren und nach aller Wahrscheinlichkeit werden ein oder mehrere Welpen ausgesucht, um das Zuchtpotential des Zwingers zu vergrößern. Schon hat der neue Züchter Entscheidungen getroffen, welche auf die kommenden Jahre einen erheblichen Einfluss ausüben können.

Selektion ist daher für den Züchter von größter Bedeutung. Es ist erforderlich, dass die Kriterien, auf denen sie basiert, richtig festgelegt werden. Sie müssen den Zielvorstellungen des Zwingers entsprechen. Es hat keinen Zweck, Hunde mit einer bestimmten Eigenschaft auszuwählen, wenn diese Eigenschaft nicht für das Ziel der Zucht wichtig ist.

Die Selektionskriterien müssen auch einfach, schnell, genau und preiswert bestimmt werden können. Es wäre beispielsweise schwierig – aber nicht unmöglich – Langlebigkeit als Grundlage für die Selektion auszuwählen, einfach weil zu der Zeit, wann dieses Kriterium erfüllt würde, die Hunde zur Zucht nicht mehr geeignet wären.

Wenn die Selektionskriterien festgestellt werden können, solange die Hunde jung sind, kann nicht nur der wirtschaftliche Verlust bei der Haltung von Hunden, die für das Zuchtprogramm nicht geeignet sind, vermieden werden, sondern der Fortschritt in Richtung der gesteckten Ziele kann auch viel schneller erfolgen. Bei den meisten Rassen ändert sich die Farbe eines Welpen bei der Geburt nicht, bis der Welpe erwachsen geworden ist. Es ist deshalb gewöhnlich einfach, bei der Geburt nach der Farbe auszuwählen. In diesem Alter ist es nicht möglich, nach der richtigen Zahnstellung auszuwählen und sogar wenn die Milchzähne durchbrechen, sind sie kein verlässlicher Hinweis für die endgültige Zahnstellung. Daher kann die Selektion nach der richtigen Zahnstellung erst erfolgen, wenn die bleibenden Zähne erschienen sind. Wenn sich der Züchter darauf verlassen kann, dass jeder Welpe die korrekte Zahnstellung besitzt, könnte ein aufwendiger und teurer Bereich der Selektion gespart werden.

Selektion ist weiterhin der Vorgang, bei dem die Eltern der nächsten Generation ausgewählt werden. Es ist dieser Prozess, der den verschiedenen Rassen mit ihren typischen Unterschieden Aufschwung verliehen hat und den Züchtern ermöglicht, ihre eigenen Vorlieben zu verwirklichen.

Ursprünglich hat sich die Selektion auf nicht viel mehr bezogen als auf das Tolerieren der menschlichen Gesellschaft, wobei es umstritten ist, ob Mensch oder Wolf für diese Auswahl verantwortlich waren. Als domestizierte Wölfe begannen, an der Jagd teilzunehmen, wurden jene, die am bereitwilligsten kooperierten, auf Kommandos hörten oder am schnellsten waren, die beste Nase oder die schärfsten Augen hatten, ausgewählt. Mit der Zeit, als der Mensch nicht mehr nur damit beschäftigt war, ums nackte Überleben zu kämpfen – obwohl funktionale Zweckmäßigkeit sein Denken weitgehend bestimmte – erlaubte er sich den Luxus der Selektion von Hunden, deren Aussehen ihm gefiel.

In diesem Stadium, als Menschen Hunde mit enormen Köpfen oder sehr kurzen, krummen Beinen oder einigen anderen unnatürlichen Merkmalen züchten wollten, konnten sie das vermutlich tun, aber das Ausmaß dieser unnatürlichen Eigenschaften wurde von der Natur selbst streng überwacht. Hunde mussten noch auf natürlichem Wege gezeugt und geboren werden. Dann mussten sie bis zur Geschlechtsreife überleben, um wiederum Nachkommen hervorbringen zu können. Wenn die von den Züchtern produzierten Merkmale eines dieser Dinge verhindert hätten, hätten sie nicht bestehen können. Die Natur behält die Oberhand. Sogar wenn die Standards einiger Rassen übertriebene Merkmale fordern, werden sie dadurch unter Kontrolle gehalten, dass sie praktisch unerreichbar sind.

Die Fortschritte in der Veterinärmedizin, die seit etwa 1900 gemacht wurden, haben es ermöglicht, dass Hunde, die früher nicht überlebt hätten, empfangen, gebären und leben, um ihre Rasse zu vermehren.

Die Büchse der Pandora, die eine Fülle von übertriebenen Eigenschaften enthält, wurde geöffnet und der Inhalt freigesetzt. Die Rassen bekamen Probleme, als die Tiermedizin den Züchtern ermöglichte, die übertriebenen Eigenschaften, die in den Rassestandards beschrieben sind, zu erreichen und manchmal noch darüber hinaus zu gehen.

Die „Conference of World Kennel Clubs" reagierte auf diesen nicht akzeptablen Grad der übertriebenen Eigenschaften, indem sie die Zuchtvereine aufforderte, alle Rassestandards neu zu untersuchen und – wo immer notwendig – sie zu überarbeiten, damit solche extremen Merkmale nicht mehr gefordert würden. Nur der Kennel Club von Großbritannien reagierte auf diese Forderung. Die Durchführung war lang und schwierig und obwohl sie schließlich 1988 abgeschlossen wurde, müssen die erwarteten Vorteile erst noch zum Tragen kommen.

Bowman stellt als anschauliches Beispiel für die Auswirkung von Selektion ein Zuchtprogramm für White Plymouth Rock Hühner vor. Der Grundstock für die Zucht wurde nur nach dem Gewicht in zwei Gruppen eingeteilt. Die schwersten kamen in eine Gruppe, die leichtesten in die andere. Zufällige Paarungen wurden zugelassen, wobei nur enge Inzucht vermieden wurde. Die Selektion nach dem Gewicht wurde über vier Generationen weitergeführt. Als das Experiment abgeschlossen war, lag das Gewicht der Tiere in der schweren Gewichtsklasse 33 Prozent über dem Gewicht der Ausgangstiere, während die Tiere der anderen Gruppe 9 Prozent leichter als die Zuchttiere des Grundstocks waren. Hundezüchter können durch sorgfältige Zuchtwahl ähnliche Ergebnisse erzielen. Züchter machen sich aber lieber wirkungsvollere Methoden wie Inzucht und Linienzucht zunutze.

Rassen

Es ist die Selektion, die letztendlich zur Ausbildung verschiedener Rassen geführt hat. Die Vorstellung einer Rasse wurde im Laufe dieses Jahrhunderts und besonders in den letzten 25 Jahren immer enger gefasst. Nur wenige Züchter bringen absichtlich Kreuzungen hervor, deren Produktion in jedem Fall auf der Existenz von reingezüchteten Tieren für diese Kreuzungen basiert. Keiner produziert vorsätzlich Mischlinge, deren Existenz fast immer das Ergebnis unverantwortlicher, sorgloser und bis zu einem gewissen Maß herzloser Hundehaltung ist.

Züchter sind an Rassen und meistens an einer bestimmten Rasse interessiert. Aber was ist eine Rasse? Dieser Ausdruck besitzt keine biologische Bedeutung. Biologisch, physiologisch und genetisch gibt es keinen signifikanten Unterschied zwischen Haushunden und Wölfen oder zwischen zwei verschiedenen Haushunderassen. Alle können sich miteinander paaren und fruchtbare Nachkommen hervorbringen. Das Einzige, was verhindert, dass sich Chihuahuas mit Doggen paaren, ist die Größe. Der einzige Grund, warum sich der australische Dingo nicht mit dem arktischen Wolf paart, ist die geografische Entfernung.

Rasse bedeutet im Grunde nicht mehr als eine Gruppe von Hunden, die demselben Zweck dienen und innerhalb eines recht

Bei einigen Rassen führt die Trennung von Ausstellungs- und Arbeitstypen zu unnötigen Problemen.

großen Rahmens ein ähnliches Erscheinungsbild besitzen. Das gelegentliche Auftreten von Kreuzungen zerstört nicht die Vorstellung einer Rasse, wurde aber dazu benutzt, um einige bestimmte Aspekte zu verstärken. Sogar noch in den 70er Jahren war es möglich, dass Hunde von unbekannten Zuchtlinien in einem Zuchtregister eingetragen wurden, nur unter der Voraussetzung, dass eine unabhängige Jury bereit war, die Ähnlichkeit mit dieser Rasse zu bestätigen. Der Nachteil dieses Systems war, dass es sich nur auf die äußere Erscheinung bezog und die Leistung überhaupt nicht berücksichtigte. Davor war das Erscheinungsbild nur eines der zu berücksichtigenden Kriterien.

Schließlich wurde das Äußere gegenüber der Funktion zum Hauptkriterium. Solch relativ unbedeutenden Merkmale wie Farbe, Fellstruktur und geringe Unterschiede in der Größe waren ausreichend, um eine Rasse von der anderen zu unterscheiden. Dachshunde wurden in sechs verschiedene Rassen nur anhand von Größe und Fellstruktur unterteilt. Fox Terrier wurden nach Glatt- und Drahthaar unterschieden, Norfolk und Norwich Terrier aufgrund der Basis der Ohren differenziert.

Die Folge war, dass die Vielfalt an genetischem Material, das für einige Rassen zur Verfügung stand, unter einen Wert fiel, der zur Erhaltung einer gesunden Population notwendig war. Das wäre nicht unbedingt so schlimm gewesen, wenn nicht die Zuchtvereine Kreuzungen vermieden hätten, manchmal sogar zwischen verschiedenen Farben, Fellstrukturen oder Größen innerhalb einer Rasse.

So verhinderten sie den Zugriff auf einen größeren und potentiell gesünderen Genpool. Als Kreuzungen verboten wurden, waren kleine Populationen gezwungen, auf ihre eigenen, häufig unzureichenden Ressourcen zurückzugreifen.

Der Rassebegriff scheint nur wenig Sinn zu machen, wenn die Vorstellungen nicht zu einem genauen Typ zusammengefasst werden, diesen unbestimmbaren Merkmalen, die eine Rasse von der anderen und Hunde aus einer Zuchtlinie von solchen, die anderswo gezüchtet werden, unterscheiden. Aber wenn Gesundheit und gute Verfassung auf dem Altar des Rassetyps geopfert werden, müssen die Prioritäten der Züchter und der Verbände in Frage gestellt werden.

Es kann nicht zuviel verlangt sein, dass Typ und Gesundheit als gleichbedeutend eingestuft werden, anstatt gegenseitig füreinander geopfert zu werden.

Rassenfertilität

Es gibt keine umfangreichen Untersuchungen über die Fruchtbarkeit bei verschiedenen Rassen, welche totgeborene Welpen und frühe postnatale Todesfälle berücksichtigen. Die durchgeführten Untersuchungen ergaben, dass die Welpensterblichkeit zurzeit zwischen 12 und 33 Prozent liegt, weit über dem akzeptablen Wert. 1988 und 1990 wurden jedoch Informationen vom Kennel Club und von Dr. Herm David veröffentlicht, die einen Vergleich der Rassenfertilität in Großbritannien und den Vereinigten Staaten zulassen. Die veröffentlichten Zahlen basieren auf der Anzahl

Kleine Rassen mit kurzem Rücken wie dieser Norfolk Terrier gehören nicht zu den fruchtbarsten Rassen.

der registrierten Welpen und schließen daher totgeborene und kurz nach der Geburt gestorbene Welpen aus.

Die Zahlen scheinen zu zeigen, dass die Fruchtbarkeit in den Vereinigten Staaten deutlich höher ist als in Großbritannien. Bei 93 Rassen sind die Würfe in den USA größer als in Großbritannien, wogegen nur 21 Rassen in Großbritannien mehr Welpen pro Wurf hervorbringen als in den USA. Für alle Rassen liegt die durchschnittliche Wurfgröße in Großbritannien bei 4,8 Welpen. Die Zahlen für die USA liegen bei 5,2 Welpen pro Wurf, was einen Unterschied von 8,3 Prozent zugunsten der USA bedeutet, wogegen bei einigen Rassen der Unterschied noch größer ist.

Bei dem Versuch, den Unterschied zu erklären, behauptete ein Züchter, der hoffentlich eine Ausnahme ist: „In Amerika wird die Genetik durch Vitamine aufgebaut." Der weltweite Einfluss von internationalen Heimtierfutterherstellern macht es unwahrscheinlich, dass verschiedene Ernährungsformen tatsächlich die-

Auch Mischlinge können sehr attraktiv sein.

sen Unterschied erklären könnten. Es ist möglich, dass in Amerika weniger Welpen in unbeheizten Häusern und Zwingern eingehen. Es ist auch möglich, dass die bessere Verfügbarkeit von Antibiotika, Impfstoffen, Wurmmitteln usw. in den USA deren Anwendung fördert und zu einer wesentlich höheren Überlebensrate bei den Welpen führt. Es gibt auch noch eine andere mögliche Erklärung: Die bei einigen Rassen besonders auffälligen kleineren britischen Zuchtbestände führen zu einem unvermeidbaren hohen Auftreten von Inzucht, was die Fruchtbarkeit vermindert und zu höherer Welpensterblichkeit führt.

Was auch immer der Grund für die Unterschiede zwischen der Fertilität britischer und amerikanischer Rassen ist, es ist auffällig, dass drei Faktoren immer wieder bei Rassen auftauchen, die eine geringe Fruchtbarkeit aufweisen: Sie besitzen ein niedriges Körpergewicht; sie haben übertriebene körperliche Eigenschaften; und sie kommen nur in kleinen Populationen vor. Kleine Rassen wie

Chihuahuas, Italienische Windspiele und Papillions können erwartungsgemäß nicht so viele Nachkommen produzieren wie größere. Rassen mit übertriebenen Merkmalen wie Pekinesen, Dandie Dinmont Terrier und Boston Terrier verlieren bei der Geburt mehr Welpen als Rassen mit weniger extremen Merkmalen. Bei Rassen, die nur in sehr kleinen Zahlen vorkommen wie Affenpinscher, English Toy Terrier und Chinesische Schopfhunde, kann Inzucht zu verminderter Fertilität führen.

Zufallspaarungen

Selektion und die Erhaltung eines Rassetyps erfordern, dass Paarungen geplant sein sollten. Zufallspaarungen finden am ehesten an der nächsten Straßenecke zwischen zwei umherstreunenden Hunden mit unbekannter Abstammung statt. Obwohl aber akzeptiert werden muss, dass die Auswahl für eine Paarung einer Hündin mit einem Rüden derselben Rasse dieses Zufallselement vermindert, kommen einige Züchter zweifellos mit ihrer Planung von Paarungen dem sehr nahe, was nur wenig mehr ist als eine Zufallswahl.

Menschen, die eine Hündin mit einem Rüden ihrer Rasse verpaaren, nur weil er in der Nähe bequem zu erreichen ist, weil die Deckgebühr gering ist oder weil er zufällig gerade in Mode ist, erreichen nicht viel mehr als eine Zufallspaarung.

Das soll nicht heißen, dass sie keine Chance haben, außergewöhnliche Welpen zu erhalten, aber wenn das der Fall ist, war es mehr Glück als gutes Urteilsvermögen. Die Chance, einen hochwertigen Welpen zu erhalten, ist genauso groß wie das Auswählen eines Gewinners, indem man blind eine Nadel in eine Liste mit Wettläufern steckt.

Züchter verwenden eher Methoden, die nichts dem Zufall überlassen und die einem bestimmten System entsprechen, auch wenn sie die Auswirkung genetischer Einflüsse unberücksichtigt lassen.

Zucht nach Ähnlichkeit

Züchter können die Genetik ebenso völlig ignorieren wie die unbestrittene Tatsache, dass Schönheit weit mehr als Felldicke ist. Sie können Paarungen einfach nach dem Erscheinungsbild planen, in der Annahme Gleiches erzeugt Gleiches. Dabei liegen sie nicht ganz falsch. Wenn zwei Hunde verpaart werden, sind die Nachkommen Hunde. Wenn zwei Greyhounds verpaart werden, sind die Nachkommen Greyhounds. Wenn jedoch zwei nicht verwandte Tiere mit identischem Äußeren verpaart werden, ist es wahrscheinlich, dass die Nachkommen, wenn das Aussehen nicht genetisch, sondern eher durch Umwelteinflüsse bestimmt ist, sich nicht ähneln.

Es gibt jedoch eine gewisse Wahrscheinlichkeit, dass ähnliche Individuen eine engere genetische Verwandtschaft aufweisen als sehr verschiedene. In diesen Fällen kann die Verpaarung nach Ähnlichkeit erfolgreich sein, es ist aber nicht möglich, sich darauf zu verlassen, den gewünschten Typ zu reproduzieren. Zucht nach Ähnlichkeit kann den erwünschten Phänotyp hervorbringen, aber ohne den Weg über die Inzucht kann er nicht als Genotyp etabliert werden.

Ausgleichende Paarungen

Ausgleichende Paarungen, ein System, das manchmal als Zucht nach Unähnlichkeit beschrieben wird, umfassen die Auswahl von Geschlechtspartnern in der Hoffnung, dass die besonders ausgebildeten Eigenschaften des einen die Fehler des anderen ausgleichen. Das kann zutreffen, aber die Wahrscheinlichkeit, dass die Welpen die Tugenden der Eltern erben, ist nicht höher als die Wahrscheinlichkeit, die Fehler zu erben.

Züchter, die diese Methode anwenden, wählen häufig Partner, die sich innerhalb eines gewünschten Rahmens unterscheiden. Eine Hündin mit kurzem Kopf wird mit einem langköpfigen Rüden verpaart in der Hoffnung, dass die Welpen Köpfe von mittlerer Länge bekommen. Eine Hündin mit einer zu geraden Hinterhand kann mit einem Rüden mit zu stark gewinkelten Hinterläu-

fen verpaart werden in der Hoffnung, Welpen mit richtig gewinkelter Hinterhand zu erhalten. Es ist aber unwahrscheinlich, dass
dies eintritt: Die Nachkommen werden eher eine Mischung aus
lang- und kurzköpfigen Welpen sowie aus solchen mit sehr gerader oder zu stark gewinkelter Hinterhand sein.

Kreuzungszucht

Kreuzungen sind das Ergebnis von Paarungen zwischen zwei
Tieren unterschiedlicher Rassen. Sie dürfen nicht mit Mischlingen
verwechselt werden, die ein Produkt von Paarungen zwischen
Hunden unbekannter Herkunft sind.

Als im Jahre 1814 Prinzessin Charlotte Charlie Aistrop einlud,
um dessen Terrier Billy (der berühmt war, weil er 100 Ratten in
fünfeinhalb Minuten getötet hatte) mit ihrem dreifarbigen Toy
Spaniel zu verpaaren, tat sie dies wahrscheinlich nicht, weil ihr
Zuhause vor Ratten wimmelte oder weil sie an einem Rattenjagd-
Wettkampf teilnehmen wollte, sondern einfach weil sie erkannte,
dass ihre Hunde eine Blutauffrischung benötigten. Eskimos verfahren genauso, wenn sie es arrangieren, dass ihre Zuchthündinnen der Schlittenhunde von Wölfen gedeckt werden.

Die Züchter von einigen nicht anerkannten Rassen kreuzen
regelmäßig ein, um die Qualität ihrer Rasse zu verbessern. Es gibt
keinen Zweifel, dass in Großbritannien der weiße Lakeland Terrier als Arbeitshund eingesetzt wurde, um die Erbschäden bei den
kurzbeinigen Jack Russell Terriern zu beseitigen, indem er ihnen
Qualität und Intelligenz verlieh und sie hochbeiniger wurden.
Züchter von nicht anerkannten Jack Russell Terriern nehmen
sich die Freiheit der gelegentlichen Einkreuzungen. Die Züchter
der anerkannten Parson Jack Russell Terrier können nicht länger
die damit verbundenen Vorteile nutzen. Die kräftige Konstitu-
tion der kürzlich anerkannten Rassen ist ein Beweis dafür, wie
wertvoll klug eingesetzte Kreuzungen sind. Diese Einkreuzungen
machen es den Rassen einfacher, ihre genetische Gesundheit
nach der Anerkennung zu behalten, welche eine ernsthafte Einschränkung von der Größe der verfügbaren Zuchttiere darstellt,
und erfordert ein sehr andersartiges System von Zuchtmanage-

Nicht immer sind die Welpen eines Wurfes in Zeichnung und Farbe einheitlich.

ment, wenn die Rassen auch künftig in einem gesunden Zustand überleben sollen.

Die offizielle Anerkennung als Rasse muss nicht die Möglichkeit zur Genehmigung von umsichtigen Einkreuzungen verhindern. In Großbritannien hat der Kennel Club sie zwischen Bull Terriern und ihren Zwergformen sowie zwischen lang- und kurzhaarigen Chihuahuas erlaubt. Erst kürzlich wurde sogar die Vermischung der vier belgischen Schäferhundrassen erlaubt, was Kreuzungen zwischen Malinois, Tervueren, Groenendael und Laekenois ermöglicht, wogegen sich die meisten Züchter vehement ausgesprochen haben. Es muss jedoch akzeptiert werden, dass dies seltene Ausnahmen von der Regel sind. Offizielle Anerkennung beendet oder erschwert im besten Fall das Einkreuzen.

Der Lurcher ist wahrscheinlich einzigartig, weil er eine Rasse ist, die seit Hunderten von Jahren auf der Basis von Kreuzungen existiert. Züchter verwenden Greyhounds, Whippets und Salukis für Schnelligkeit und jagdliche Fähigkeiten; sie nutzen verschiedene Collies und andere Arbeitshunde, welche der Rasse Intelligenz verleihen; und verschiedene Terrier geben der Mischung noch zusätzliches Temperament. Das Ergebnis ist ein gesunder, intelligenter Hund mit großem Potential, den es in einer Vielfalt an Größen und Formen gibt, die aber zweifellos alle Lurcher sind.

Der Wert von Kreuzungen wird von Bauern genutzt, die häufig zwei Rassetiere miteinander kreuzen: Cheviot-Mutterschafe mit Suffolk-Widdern, Charolais-Bullen mit friesischen Kühen, um Nachkommen zu erhalten (bekannt als F1-Kreuzung), die aufgrund der Stärke von Hybriden oder dem sogenannten Heterosis-Effekt, der häufig bei der F1-Generation solcher Kreuzungen auftritt, besser gedeihen als jeder ihrer Eltern. Die Stärke der Hybriden überträgt sich selten bis in die zweite (F2) Generation (die durch Paarung von zwei F1-Hybriden entsteht) und tritt gar nicht mehr in den nachfolgenden Generationen auf. Der Heterosis-Effekt ist das Ergebnis einer Paarung von zwei völlig nicht verwandten, reingezüchteten Tieren, keinen Bastarden. Es ist ein Merkmal, das durch sorgfältig kontrollierte Zuchtprogramme erhalten werden kann.

Auszucht

Die Auszucht oder Fremdpaarung, die Verpaarung von zwei nicht verwandten Tieren derselben Rasse, darf nicht mit der Kreuzungszucht, der Verpaarung von Tieren unterschiedlicher Rassen, verwechselt werden.

Bei den Menschen gibt es eine sehr große Anzahl an Individuen, die sich etwa gleichmäßig auf die beiden Geschlechter verteilen. Viele besitzen die Möglichkeit, weite Entfernungen zurückzulegen, was bedeutet, dass fast jedes Individuum einen Partner in nahezu jedem Gebiet der Erde finden kann. Dies führt zu regelmäßigen Fremdpaarungen, die eine Vielfalt aufgrund einer großen Auswahl an genetischen Typen unterstützt und fördert. Es ist diese Vielfalt, die im Allgemeinen – nicht jedoch immer individuell – die genetische Kraft und Gesundheit erhält.

In der menschlichen Rasse kann die Fremdpaarung zu einem Genie mit einem schwächlichen Körper oder zu einem ausgezeichneten Athleten mit einem kläglichen Gehirn führen. Beide können wertvolle Bestandteile der menschlichen Gesellschaft darstellen. Wenn es aber das Ziel ist, ein Tier zu produzieren mit dem Durchhaltevermögen und der Intelligenz, um Schafe zu hüten, einen Blinden zu führen oder als Jagdhund zu arbeiten, hat keine dieser Eigenschaften den geringsten Wert. Daher muss die Hundezucht auf etwas gründen – obwohl das Risiko besteht, dass die genetische Variabilität gefährlich abnimmt – das zuverlässig etwas für einen vorgegebenen, streng definierten Zweck produziert.

Daher ist die Fremdpaarung ein nützliches und zu gegebener Zeit wertvolles Werkzeug, das einem Züchter ermöglicht, in seinen Bestand Eigenschaften einzuführen, die zuvor nicht vorhanden waren. Wenn ein Zwinger durch starke Inzucht die Fähigkeit verloren hat, Welpen mit beispielsweise dunklen Augen hervorzubringen, ist die einzige Möglichkeit, diese Fähigkeit zurückzugewinnen, Blut von einer Zuchtlinie mit dunklen Augen einzubringen. Und um sicherzustellen, dass diese Eigenschaft in Zukunft nicht wieder verloren geht, sollte mit den dunkeläugigen Welpen Inzucht oder Linienzucht betrieben werden.

Blutlinien

Wie bei dem Begriff „Rasse" gibt es keine wissenschaftlich präzise Definition von „Blutlinien", obwohl dieser Begriff häufig von Züchtern benutzt wird, um für die ausschließlich für seinen Zwinger typischen Eigenschaften zu werben. Es ist ein Wort, das in gewisser Weise ein Synonym für „Familie" ist, wobei aber „Stamm" oder „Clan" der Bedeutung näher kommt. Eine Familie kann aus nicht mehr als Eltern und ihren direkten Nachkommen bestehen. Eine Blutlinie kann nicht innerhalb von einer Generation entstehen, sondern bedeutet eine Beziehung, die sich über eine Reihe von Generationen erstreckt. Eine Blutlinie ist also eine Gruppe von Individuen, die enger miteinander verwandt sind als mit den restlichen Tieren einer Rasse.

Züchter, die leichthin von ihrer „Blutlinie" sprechen, nachdem sie ein oder zwei Generationen gezüchtet haben, betrügen sich gewiss selbst und versuchen wahrscheinlich, auch andere zu täuschen.

Selektion allein bildet keine Blutlinie. Es ist auch ein System notwendig, welches den Grad der Verwandtschaft zwischen den Individuen erhöht. Züchter haben sich dafür eine Reihe von Systemen ausgedacht, die alle unter den Sammelbegriff „Engzucht" fallen.

Inzucht und Linienzucht

Inzucht kann als Variante der Zucht nach Ähnlichkeit angesehen werden, die nicht auf dem Erscheinungsbild (Phänotyp) basiert, sondern auf dem Stammbaum (Genotyp).

„Inzucht" und „Linienzucht" sind keine wissenschaftlichen Begriffe mit anerkannter, genau definierter Bedeutung. Von Inzucht spricht man gewöhnlich, wenn eng verwandte Individuen miteinander verpaart werden wie Vater mit Tochter, Bruder mit Schwester usw. Linienzucht bezieht sich im Allgemeinen auf Verpaarungen zwischen weiter entfernt Verwandten wie Cousin und Cousine, Tante und Neffe usw.

Beide Begriffe werden als Bezeichnungen für sehr viele verschiedene Dinge verwendet. Sie bedeuten nur, dass ein einzelner Hund mehr als einmal in einem Stammbaum auftritt. Es vereinfacht die Sache, wenn man Inzucht als Auftauchen eines Elternteils in einer früheren Generation definiert und Linienzucht einfach als wiederholtes Erscheinen eines Individuums in anderen als der ersten Generation.

Veterinärmedizinische Vorurteile vermitteln manchmal den Eindruck, dass Inzucht und Linienzucht Praktiken sind, die erst seit kurzem von Hundezüchtern angewendet werden und besonders von denen in Anspruch genommen werden, die Tiere für Ausstellungen züchten. Zwei Beispiele verdeutlichen, dass dieser Eindruck falsch ist. Das erste ist Old Foiler: Nur bei wenigen modernen Hunde wird so stark Inzucht betrieben wie es bei diesem Glatthaar-Fox-Terrier stattfand, der vermutlich im Grove Hunt Zwinger im Jahr 1870 von einer Hündin geboren wurde, die

Stammbaum von Old Foiler

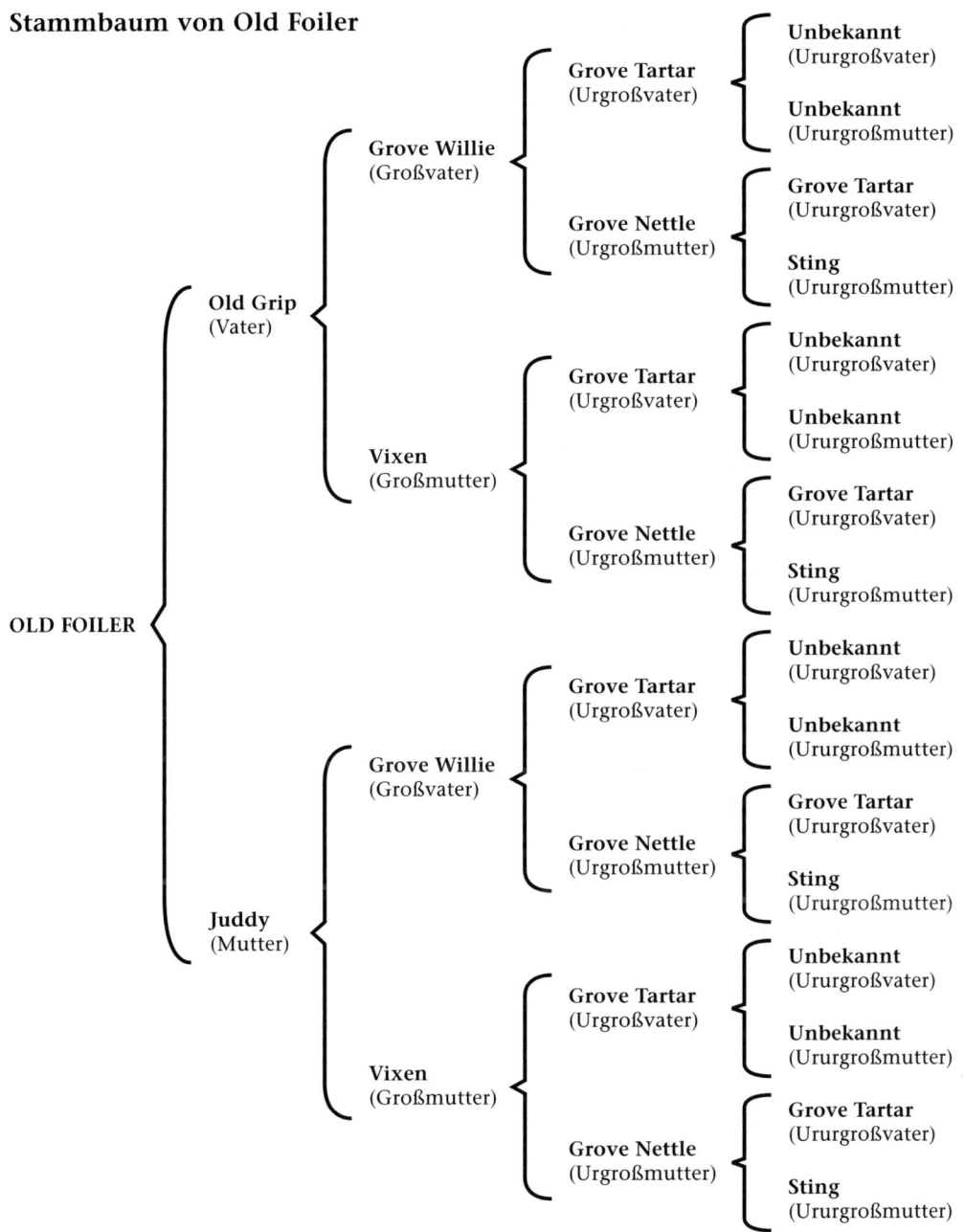

dem Eggsford Hunt Zwinger entstammte. Beim Studium seines Stammbaumes wurde offensichtlich, dass Züchter zur viktorianischen Zeit eine weit stärkere Inzucht – sei es zum Guten oder Schlechten – betrieben als heute üblich. Seine Eltern waren Bruder und Schwester ebenso wie seine Großeltern, während sein Urgroßvater der Vater seiner Urgroßmutter war.

Das zweite Beispiel findet sich beim Border Collie: nur wenige domestizierte Hunde besitzen so viel Durchhaltevermögen, Intelligenz oder die Fähigkeit zu lernen wie diese Hunderasse und bis heute ist jeder Arbeitshund, der einen Wettkampf gewinnt, ein Nachfahre von Old Hemp, dessen Großmutter Shotton's Pose auch die Großmutter von Turner's Cleg war, die mit einem Urenkel von Old Hemp verpaart wurde, woraus Snowdon's Old Kep hervorging, einer der wenigen Hunde, die den Internationalen Schäferhundwettbewerb in mehreren Jahren hintereinander gewonnen haben. Old Kep wurde mit seiner Mutter, Turner's Cleg, verpaart, woraus Scott's Ancrom Jed hervorging, der Wallace's Moss deckte, beides Gewinner von Internationalen Wettkämpfen.

Die alten Züchter, deren Ziel es war, gesunde, zähe und sensible Arbeitshunde zu züchten, nutzten die Vorteile, welche die Engzucht bieten kann, gut.

Sie vermieden Gefährdungen durch ihre Fähigkeit, außergewöhnliche Tiere zu erkennen, durch rigorose Selektion und falls nötig durch umsichtige Einkreuzen, manchmal sogar mit anderen Rassen.

Man sollte nicht meinen, dass Inzucht nur von Züchtern von domestizierten Tieren angewendet wird. In der Tat neigen eine Reihe von Wildtieren und Insekten, die sich in Kolonien fortpflanzen, zur Inzucht. Ein starkes Männchen versammelt einen Harem um sich und verteidigt ihn gegen alle anderen Männchen. Im nächsten Jahr gehören zu dem Harem einige seiner eigenen Töchter und das geht so weiter, bis er von einem jüngeren, stärkeren Männchen abgelöst wird, wahrscheinlich von einem seiner eigenen Söhne, der dann den Harem übernimmt und mit seiner Mutter, seinen Tanten und Schwestern Nachkommen hervorbringt. Was diesen eng miteinander verwandten Bestand gesund erhält, ist rigorose natürliche Selektion und das regelmäßige Integrieren von neuem Blut durch nicht verwandte männliche Opportunisten oder indem der Harem von einem Männchen übernommen wird, das aus einer anderen Gruppe stammt.

Sogar bei Tieren, die nicht in Kolonien leben, kann es zu enger Inzucht kommen. Durch DNA-Untersuchungen, die von Dr. Alec Jeffreys am Brackenhurst College of Agriculture in Nottingham durchgeführt wurden, stellte man einen überraschend hohen Grad an Inzucht bei nistenden Haussperlingen fest, wobei einige Nestlinge aus Paarungen zwischen Vater und Tochter hervorgingen.

Es ist wahrscheinlich, dass einige der am stärksten ingezüchteten Haushunde unter Populationen von Straßenkötern zu finden sind, in denen ein kräftiger Rüde alle ihm zur Verfügung stehenden Hündinnen deckt und sich daher auch mit seinen Töchtern paart, bis sein Rang von einem anderen Hund eingenommen wird, der vielleicht einer seiner Söhne ist.

Es gibt zwei Gründe für Inzucht. Der erste ist einfach der, dass in einer zahlenmäßig kleinen Population sie unmöglich zu vermeiden ist. Der zweite ist, dass sie die beste Möglichkeit ist, erwünschte Eigenschaften von bestimmten Hunden weiterzugeben.

Durch enge Zucht werden keine Eigenschaften in die Linie eingebracht, die sie nicht schon trägt, obwohl alle vorhandenen Merkmale nicht immer in Erscheinung treten, bis sie durch Inzucht zum Vorschein kommen. Aus diesem Grund sind gründliche Kenntnisse der Stammbäume wichtig für eine erfolgreiche Inzucht. Die Inzucht kann nicht zwischen wünschenswerten und nicht erwünschten Eigenschaften unterscheiden. Das ist Aufgabe des Züchters. Der Züchter, der seine Fehler im eigenen Zwinger oder Qualitäten von anderen Zuchtlinien nicht sehen will, wird wahrscheinlich zu dem Schluss kommen, dass Inzucht nichts weiter als ein schneller Weg in den Ruin ist.

Der Züchter, der die Inzucht klug und sorgfältig anwendet, kann verwandte Hunde hervorbringen, die eine starke Familienähnlichkeit besitzen und die Fähigkeit haben, diese zu vererben. Das hat aber seinen Preis. Zu lange Inzucht führt zu einer Inzucht-Depression, wobei das erste Symptom eine verminderte Fertilität ist: Hündinnen nehmen nicht auf, gebären weniger Welpen und die Zahl der Todesfälle nach der Geburt nimmt zu. Das nächste Symptom ist eine Reduzierung der Größe, was vermutlich mit verminderter Widerstandskraft verbunden ist und zu geringerer Lebenserwartung sowie zu einer höheren Anfälligkeit gegen Infektionen führt. Wenn weiterhin bei der ursprünglichen Selektion nicht richtig der Hang zu einem bestimmten Erbschaden berücksichtigt wird, breitet sich der Defekt durch Inzucht innerhalb der Population schneller aus als jede andere Eigenschaft. Der kluge Züchter schützt seinen Bestand dagegen durch ständige Wachsamkeit, rigorose Kontrolle über den Grad der Inzucht und sorgfältige Kontrolle bei der Selektion des Zuchtbestandes.

Inzucht ist ein scharfes und wirkungsvolles Werkzeug und es ist wichtig, dass sein Gebrauch sowohl kontrolliert als auch gemessen wird. Seine Auswirkungen, seien sie gut oder schlecht, werden durch eine verstärkte Homozygotie innerhalb der Zuchtgruppe erlangt. Weil ein Rüde weit mehr Nachkommen als eine Hündin hervorbringen kann und weil er vermutlich viel länger in der Zucht eingesetzt wird, beruht die Inzucht häufig auf dem wiederholten Einsatz eines bestimmten Deckrüden. Daraus folgt, dass alle erlangten Vorteile auf die Fähigkeit des Hundes beschränkt sind, seine Merkmale an die Nachkommen weiterzugeben, und da kein Hund perfekt ist, darf nicht vergessen werden, dass unerwünschte Eigenschaften ebenso wie die erwünschten weitervererbt werden.

Geschwisterpaarungen

Wie der Name besagt, basiert dieses System auf wiederholten Paarungen zwischen Brüdern und Schwestern. Geschwisterpaarungen sind deshalb eine begrenzte und ungewöhnlich enge Form der Inzucht. Dieses System wird von Züchtern nur selten für mehr als eine Generation eingesetzt.

Bei dem Stammbaum von Old Foiler (siehe oben) waren Grove Willie und Vixen echte Geschwister, ebenso wie Old Grip und Juddy. Der Vorteil von Geschwisterpaarungen ist, dass ihre Auswirkungen sehr schnell auftreten. Der Nachteil ist, dass, wenn dieser Effekt einmal aufgetreten ist, keine weitere Verbesserung möglich ist und die weiter hervorgebrachten Tiere an Kraft verlieren. Geschwisterpaarungen sollten deshalb nur angewendet werden, um möglichst schnell ein bestimmtes Endprodukt zu erhalten.

Hintergrund-Inzuchtbelastung

Berechnet auf der Basis eines Stammbaums über vier Generationen liegt der Inzuchtkoeffizient von Old Foiler (siehe Anhang IV) bei 28,1 Prozent gegenüber Grove Tartar. Aber angenommen, Sting wäre auch eine Tochter von Grove Tartar gewesen oder noch schlimmer, dass die unbekannten Eltern von Grove Tartar und Sting einen oder sogar beide Elternteile gemeinsam gehabt hätten – der tatsächliche Grad der Inzucht wäre noch weit höher gewesen, als die Berechnungen aufgrund von vier Generationen ergeben haben. Es ist diese Hintergrund-Inzuchtbelastung, die Anlass zu sehr ernster Sorge in einigen zahlenmäßig kleinen und auch in einigen stärker vertretenen Rassen gibt.

Die Hintergrund-Inzuchtbelastung ist ein Maß für die Möglichkeit des Züchters, die Übertragung von vererbten Eigenschaften, sowohl gewünschten als auch unerwünschten, zu kontrollieren.

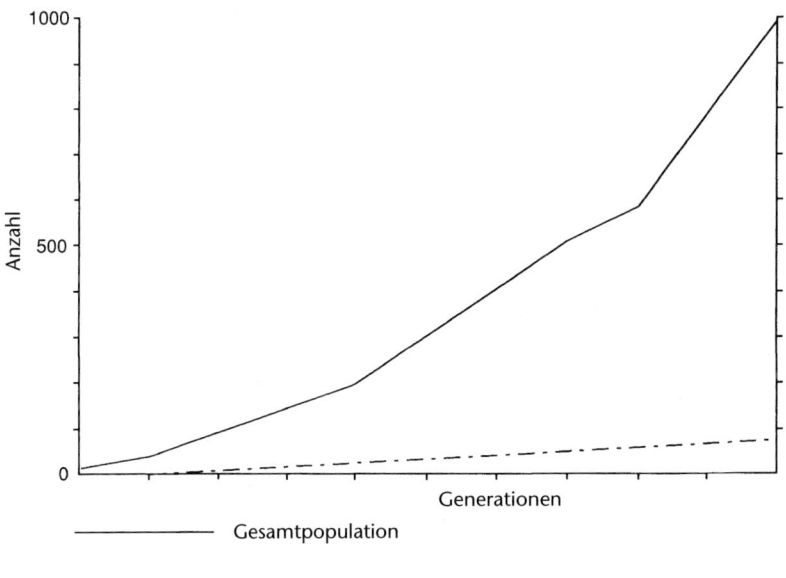

Gesamtpopulation

– · — · — · — Genetisch wirksame Population

Wenn eine Rasse auf zehn Zuchttiere reduziert wird oder mit dieser Anzahl von Zuchttieren beginnt und der Bestand innerhalb von zehn Generationen auf 1000 anwächst, entspricht diese Population einem Äquivalent von etwa 70 genetisch wirksamen Individuen und der Inzuchtkoeffizient nimmt mit jeder Generation zu (Copyright: Kyonics).

Wenn der Inzuchtgrad im Hintergrund einmal die 6 Prozent über-schritten hat, kann diese Möglichkeit soweit eingeschränkt sein, dass innerhalb der Rasse eine unkontrollierte Ausbreitung von genetisch übertragenen Defekten stattfindet.

Es wird immer offensichtlicher, dass einige zahlenmäßig kleine und isolierte Zuchtbestände aussterben oder einer zunehmend ungesunden Zukunft entgegensehen, wenn nicht die Zuchtver-eine und Rasseclubs Schritte unternehmen, um den Grad der Hin-tergrund-Inzuchtbelastung zu kontrollieren.

Championzucht

Ob durch Zufall oder absichtlich wird in vielen Zuchten ebenso wie bei Wildarten, die sich innerhalb von Harems fortpflanzen, mit Varianten der sogenannten Championzucht gearbeitet. Sie machen häufig Gebrauch von einem bestimmten Deckrüden, der mit mehreren, vielleicht nicht verwandten, Hündinnen ver-paart wird. Der Effekt ist, dass die nächste Generation hauptsäch-lich aus Halbbrüdern und Halbschwestern besteht. Einige von ih-nen können mit ihrem eigenen Vater verpaart werden, um den Grad der Inzucht dramatisch zu erhöhen, aber üblicherweise wer-den die Halbgeschwister miteinander verpaart, um den Grad der Inzucht etwas weniger drastisch anzuheben.

Ein Vorteil solch eines Systems ist der, dass der Grad der In-zucht durch die Verpaarung von mehr oder weniger eng verwand-ten Tieren kontrolliert werden kann. Ein weiterer Vorteil ist die Flexibilität, die das System bietet. Vergleichsweise große Zwinger sind in der Lage, alle Tiere zu halten, um nach diesem System vorgehen zu können. Der Züchter hat alles völlig unter Kontrolle. Kleinere Zwinger können auch nach dem System arbeiten, müssen aber einen gewissen Kontrollverlust hinnehmen. Sie müssen sich darauf verlassen, Hunde zu verwenden, die von ihrem ausgewähl-ten Rüden gezeugt wurden und gelegentlich Welpen dazukaufen, die von ihm oder seinen Söhnen gezeugt wurden. Es ist sogar möglich, dieses System mit einem Rüden aus einem anderen Zwinger einzuhalten, und einige Züchter arbeiten danach, ohne einen eigenen Deckrüden zu besitzen. Sie müssen sich auf die ständige Verfügbarkeit ihres ausgewählten Rüden und seinen

Züchter von zahlenmäßig kleinen Rassen müssen kooperieren, wenn Probleme vermieden werden sollen.

von geeigneten Hündinnen hervorgebrachten Söhnen verlassen. Wenn durch ungünstige Umstände die Rüden nicht für den Züchter verfügbar sind, hat er keine andere Wahl, als einen anderen Hund auszuwählen, und der Prozess beginnt von vorne.

Enges Züchten innerhalb eines Zwingers wirkt sich wahrscheinlich nicht auf die gesamte Rasse aus und – natürlich vorausgesetzt, dass das Wohlbefinden der Welpen nicht beeinträchtigt wird – geht die Sorge darüber nur den Züchter selber an. Es gibt jedoch Umstände, unter denen die Methoden eines bestimmten Züchters weite Auswirkungen haben. Wenn die Zucht von einer zahlenmäßig kleinen Rassen stammt, können die hervorgebrachten Tiere einen erheblichen Effekt auf die gesamte Rasse haben. Ein berühmter Hund aus enger Inzucht kann innerhalb von wenigen Jahren so häufig eingesetzt werden, dass er praktisch jede Hündin dieser Rasse gedeckt hat. Wenn dieses Stadium erreicht ist, wird es

83

für den Züchter schwierig, seinen Einfluss zu vermeiden. Bei zahlenmäßig kleinen Rassen muss daher auf die weitgreifenden Auswirkungen der Bemühungen einzelner Züchter besonders geachtet werden.

In Schweden und in der Schweiz ist der Einsatz von Deckrüden in einigen zahlenmäßig kleinen Rassen beschränkt, um das Entstehen einer Population zu vermeiden, die einen gefährlich hohen Grad an Hintergrund-Inzuchtbelastung besitzt. Es ist anzunehmen, dass auch andere Zuchtvereine ähnliche Beschränkungen einführen, wenn einige Rassen vor den Auswirkungen unkoordinierter Zucht geschützt werden müssen.

Wiederholungspaarungen

Zu den von Raymond Oppenheimer, dem talentiertesten Züchter von Bull Terriern, geprägten Aussprüchen gehört, dass die Bemühungen der Züchter meistens dadurch ruiniert werden, dass sie zu lange in ihrem eigenen Stall bleiben, als durch irgendeinen anderen Grund.

Diese Aussage enthält eine allgemeine Warnung vor der Gefahr von zu langer Inzucht und vor der Blindheit in der eigenen Zucht, aber es ist auch eine Warnung vor der Gefahr der wiederholten Paarungen.

Es ist umstritten, ob wiederholte Paarungen zu den schädlichsten Praktiken gehören, bei denen die Züchter dazu neigen nachsichtig zu sein. Sie vermindern den verfügbaren Genpool auf eine Weise, die für zahlenmäßig kleine Rassen gefährlich sein könnte und bei kleinen, grundsätzlich engen Zuchteinheiten unweigerlich in eine Sackgasse führen, in der weitere Fortschritte unmöglich sind und aus der es kein Entrinnen gibt, außer wieder, falls möglich, von vorne zu beginnen und einen anderen Weg einzuschlagen.

Wiederholungspaarungen werden ausnahmslos vorgenommen, um die Qualität, die bei einem vorherigen außergewöhnlichen Wurf erreicht wurde, wieder zu erhalten. Paarungen, die enttäuschende Ergebnisse hervorbrachten, werden selten wiederholt, außer von den am meisten überzeugten und optimistischen Züchtern. Etwas Außergewöhnliches, sei es außergewöhnlich gut oder schlecht, lässt sich definitionsgemäß wahrscheinlich nicht wiederholen. Es würde daher mehr Sinn machen, vernünftig fundierte Paarungen zu wiederholen, die enttäuschende Ergebnisse hervorbrachten, als solche zu wiederholen, die aus unerfindlichen Gründen außergewöhnlich erfolgreich waren.

Aus der Sicht einer kleinen Zucht bewirken wiederholte Paarungen eher Blockaden als einen Weg zum Fortschritt.

Blindheit in der eigenen Zucht

Die Unfähigkeit, Fehler im eigenen Zwinger zu erkennen, und nur Fehler bei anderen Zuchten zu sehen, ist eine der schädlichsten Krankheiten, an denen Züchter leiden. Die Krankheit zerstört vollständig die Fähigkeit, die Art von objektiven Entscheidungen zu treffen, von denen der Erfolg als Züchter abhängt.

4 Erbschäden

Hundezüchter sind, häufig zu Recht, tief besorgt über das Auftreten von Erbschäden in einer Reihe von Rassen und es sollte allen klar sein, dass die Reduzierung solcher Erbschäden bei allen Züchtern, Zuchtvereinen und Tierärzten höchste Priorität besitzen sollte. Trotz der Wichtigkeit sollte dieses Thema aber nicht übertrieben oder überdramatisiert dargestellt werden.

Die Begriffe an sich, die diese Probleme bezeichnen, neigen schon dazu, das Thema zu dramatisieren. Erbkrankheit, Anomalie oder genetischer Defekt vermitteln den Eindruck eines Dr. Frankenstein, was keineswegs den Tatsachen entspricht. Viele der Erbschäden bei Hunden sind geringfügig und werden von den Menschen ohne Besorgnis oder sogar kommentarlos akzeptiert. Viele, ja in der Tat die meisten bei Hunden auftretenden Erbkrankheiten findet man auch beim Menschen und anderen Tieren, sowohl wilden als auch domestizierten.

Nutztiere und – in geringerem Ausmaße – für Sportzwecke verwendete Tiere leben nicht in enger Gemeinschaft mit dem Menschen. Ihr Zweck ist erfüllt, wenn sie geschlachtet werden, häufig wenn sie noch recht jung sind oder aufgrund ihres fortgeschrittenen Alters am Ende ihrer sportlichen Karriere stehen. Defekte, die diesen Zweck nicht beeinträchtigen, sind für den Züchter von wenig Interesse. Haustiere dagegen leben in enger Gemeinschaft mit dem Menschen. Jeder Atemzug und jedes Zittern wird genau beobachtet und es wird erwartet, dass sie lange und ohne Krankheiten leben. Ist das nicht der Fall, machen sich die Besitzer große Sorgen. Aus diesen Gründen sind viele Erbschäden, die bei anderen domestizierten Tieren vielleicht ignoriert werden, von solcher Bedeutung. Die Krankheit selber verursacht beim Patienten vielleicht nur wenig oder gar keine Beschwerden, kann aber für den Besitzer Anlass zu großer Sorge sein. Nichtsdestoweniger darf die Bedeutung aller Erbschäden nicht unterschätzt werden. Züchter streben nach Perfektion und das Tolerieren auch des kleinsten Erbfehlers ist schwierig, da es das perfekte Bild schmälert.

Einige Anomalien, die keine schädliche Wirkung auf das Individuum besitzen, sind bei einigen Rassen äußerst unerwünscht, wogegen sie bei anderen völlig akzeptiert oder sogar erwünscht werden. Andere Veränderungen, von denen, wie gesagt, viele sowohl bei Hunden als auch Menschen vorkommen, bedrohen die Gesundheit des Individuums und einige sind letal (tödlich). Das ist es, wogegen Züchter und alle, denen das Wohlergehen der Hunde am Herzen liegt, einen ständigen Krieg führen müssen.

Etwa 3000 vererbte Anomalien wurden bei Menschen nachgewiesen. Einige davon sind so häufig, dass man annehmen kann, sobald die meisten Menschen in den Spiegel schauen, würden sie wahrscheinlich mindestens eine vererbte Anomalie entdecken. Bei Menschen gibt es auch schwere Erbschäden, die entweder tödlich sind oder zu einem erheblich verkürzten und schmerzvollen Leben führen. Hundezüchter sind ernsthaft betroffen, weil ähnliche Beschwerden auch bei Hunden nachgewiesen wurden.

Im Jahre 1928 waren nur fünf Erbkrankheiten bei Hunden bekannt. 1958 war die Zahl auf 55 angestiegen. Sie verdoppelte sich bis 1968 und noch einmal bis 1978 und ist seitdem auf über 300 gestiegen. Fast jeden Monat wird die Existenz einer Störung nachgewiesen. Abgesehen von der Tatsache, dass die zunehmende Wahrnehmung und das Interesse an vererbbaren Merkmalen zu umfassenderen Kenntnissen von Erbschäden geführt hat, wurden sie auch mehr von der Veterinärmedizin beachtet und verbesserte Haltungsbedingungen führten zu einer drastischen Verminderung der übermäßig auftretenden Krankheiten, die nicht genetischen Ursprungs sind. Die Auswirkungen dieser Krankheiten, die zuvor eine hohe Welpensterblichkeit verursacht und sich auf die am wenigsten widerstandsfähigen Tiere beschränkt hatten, verschleierten das Auftreten von Erbschäden. Vor dem weit verbreiteten Einsatz von wirksamen Impfungen gegen Staupe und ähnliche Krankheiten war die Sterblichkeit bei den Welpen sehr hoch und viele überlebende trugen dauerhafte Schäden davon. Wie viele Welpen, die an genetischen Anomalien litten, starben, bevor diese Schäden entdeckt werden konnten? Bei wie vielen geschädigten Welpen wurde die Schädigung der Krankheit anstatt einem

Erbdefekt zugeschrieben? In welchem Ausmaß führte eine unentdeckte Anomalie von Herz, Atemwegen oder Nervensystem zu einem frühen Tod, der anderweitig begründet wurde?

Während der letzten 70 Jahre müssen Mutationen auch die Anzahl an Erbkrankheiten erhöht haben, ebenso wie Mutationen die Anzahl von Krankheiten nicht genetischen Ursprungs erhöht haben. Man braucht nur zu betrachten, wie Parvovirose – die durch Mutation aus einer Krankheit entstand, die auf Katzen beschränkt war – sich weltweit unter den Hunden in den späten 70er und frühen 80er Jahren ausbreitete, um zu verstehen, wie mutierte Krankheiten einer bis dahin unbehelligten Spezies zum Verhängnis werden können.

Der Hauptanteil der erhöhten Anzahl identifizierter Erbschäden erscheint wahrscheinlich höher als er wirklich ist und ist vermutlich den verbesserten Überlebensraten, den vermehrten Kenntnissen und dem Interesse an Erbfehlern zu verdanken. Das bedeutet unweigerlich, dass die Anzahl von bei Hunden festgestellten Anomalien wie bei unserer eigenen Art weiterhin zunehmen wird. Wissen ist immer Ignoranz vorzuziehen, obwohl es weit weniger bequem sein kann. Es ist wichtig, dass jeder, der mit Rassehunden zu tun hat, möglichst alles unternimmt, um das Auftreten solcher Anomalien zu vermindern.

Die Veröffentlichung von Professor Denis, auf die schon im zweiten Kapitel Bezug genommen wurde, endet mit einem bewegenden Aufruf zur Aufrüstung:

Das Interesse von Züchtern, Tierärzten und Wissenschaftlern an Erbkrankheiten bei Hunden nimmt immer weiter zu. Züchter beginnen ernsthaft besorgt zu sein und fragen immer mehr nach Informationen und Ratschlägen. Zuchtvereine ebenso wie Tierärzte verspüren das Bedürfnis, die Situation genau einzuschätzen, damit geeignete Präventivmaßnahmen festgelegt und die Erfolgsaussichten erhöht werden können. Es ist äußerst wünschenswert, dass nationale und internationale Hunde-Autoritäten ihre ganze Energie dafür einsetzen, um sich diesem Trend anzuschließen.

Obwohl der Streit darum, ob Eigenschaften vererbt oder erworben sind, der die viktorianischen Biologen so beschäftigte, heute größtenteils beigelegt ist, gibt es noch immer keine klar definierte Grenze zwischen den erkennbaren Auswirkungen einiger vererbten und einiger erworbenen Eigenschaften. Der Phänotyp eines Hundes (seine physische Erscheinung) ist ein Produkt seines Genotyps (was vererbt wurde) und der Art, wie er aufgezogen und gehalten wurde.

Hüftgelenksdysplasie ist beispielsweise ein Erbschaden, bei dem die Gelenkpfannen der Hüfte flacher als normal ausgebildet sind. Das Ergebnis einer Verpaarung zweier Tiere, bei denen dieser Defekt bekannt ist, bleibt unvorhersehbar, nicht nur weil dieser Fehler ein Produkt eines komplizierten Erbgangs ist, sondern auch weil der Grad, in welchem sich dieser Schaden manifestiert, von der Art abhängt, wie die Welpen großgezogen werden. Daher können zwei Welpen, die genau denselben Grad dieses Erbschadens besitzen, ganz unterschiedliche Symptome zeigen, wenn sie unter verschiedenen Bedingungen aufwachsen. Jeder kann sogar genau dieselbe Erbinformation besitzen, die an die nächste Generation weitergegeben wird.

Die Kontrolle von vererbten Anomalien wird weiterhin durch die Tatsache erschwert, dass nicht alle bisher gründlich genug erforscht wurden, um die Art der Vererbung mit ziemlicher Gewissheit erklären zu können. Die Liste in Anhang I liefert den Beweis, dass die Art, wie einige Anomalien vererbt werden, unklar oder ungewiss bleibt. In der Tat ist es ungewiss, ob einige direkt oder als Folge einer bestimmten Neigung vererbt werden. Weiterhin kann, was als dieselbe Anomalie erscheint, auf unterschiedliche Weise bei verschiedenen Rassen vererbt werden oder kann in etwas unterschiedlicher Form bei verschiedenen Rassen zum Ausdruck kommen.

Es treten noch weitere Komplikationen auf, weil einige Krankheiten, die zweifellos nicht vererbt werden, bei einigen Rassen wegen bestimmter vererbter Merkmale häufiger auftreten oder ernster verlaufen können. Beispielsweise hat man festgestellt, dass Dobermänner und Rottweiler ein erheblich höheres Risiko besitzen, an Parvovirose, einer Virusinfektion, zu erkranken als andere Rassen. Sie vererben nicht Parvovirose, aber sie scheinen ungewöhnlich anfällig dafür zu sein, vielleicht wegen einer vererbbaren Schwäche ihres Immunsystems. Bei Basset Hounds verursacht ein geschlechtsgebundenes Merkmal eine Resistenz gegen die Wirkung von Staupeimpfungen, wodurch die betroffenen Welpen –

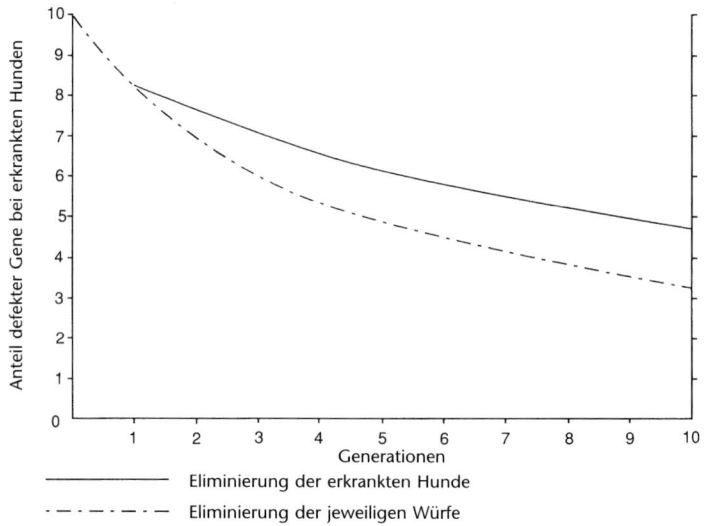

Eliminierung der erkrankten Hunde

— · — · — · — Eliminierung der jeweiligen Würfe

Die Auswirkung der Selektion auf erbkranke Hunde oder ganze Würfe, in denen kranke Hunde vorkommen. Sowohl die obere als auch die untere Grafik beziehen sich nur auf monogen autosomal rezessiv vererbte Defekte (Copyright: Kyonics).

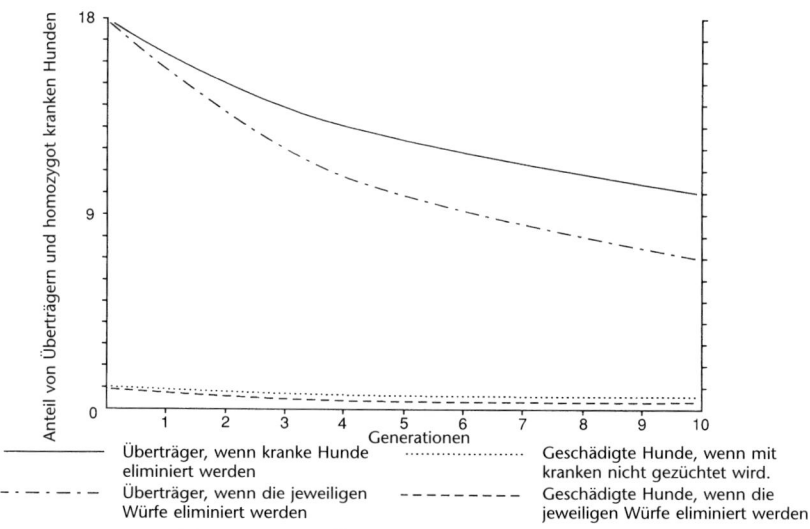

——————— Überträger, wenn kranke Hunde eliminiert werden ⋯⋯⋯⋯⋯ Geschädigte Hunde, wenn mit kranken nicht gezüchtet wird.

— · — · — · — Überträger, wenn die jeweiligen Würfe eliminiert werden – – – – – – – Geschädigte Hunde, wenn die jeweiligen Würfe eliminiert werden

Die Auswirkung auf die Anzahl der Überträger und homozygot kranker Hunde in einer Population, wenn betroffene Hunde oder ganze Würfe, in denen betroffene Tiere vorkommen, aus dem Zuchtbestand genommen werden. (Copyright: Kyonics)

90

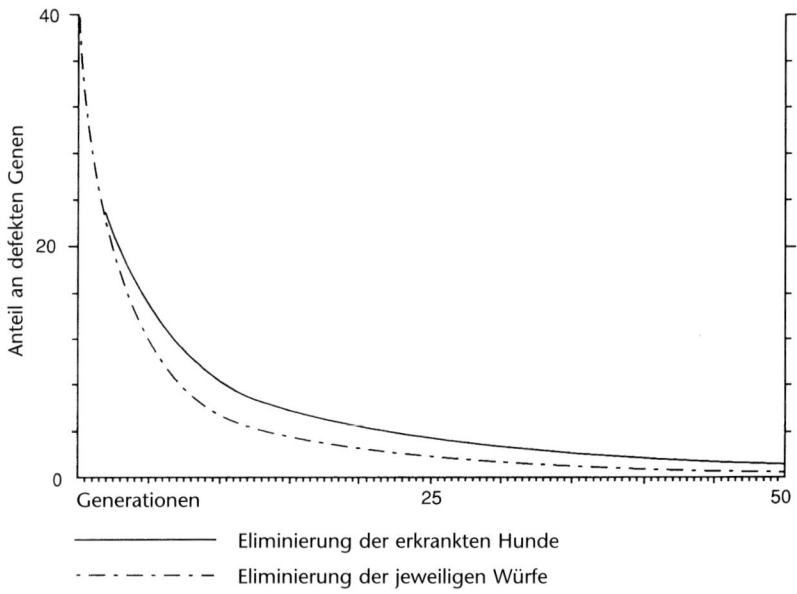

Die plötzliche Auswirkung durch den Ausschluss aus der Zucht einzelner Hunde oder ganzer Würfe mit rezessiven Defekten (Copyright: Kyonics).

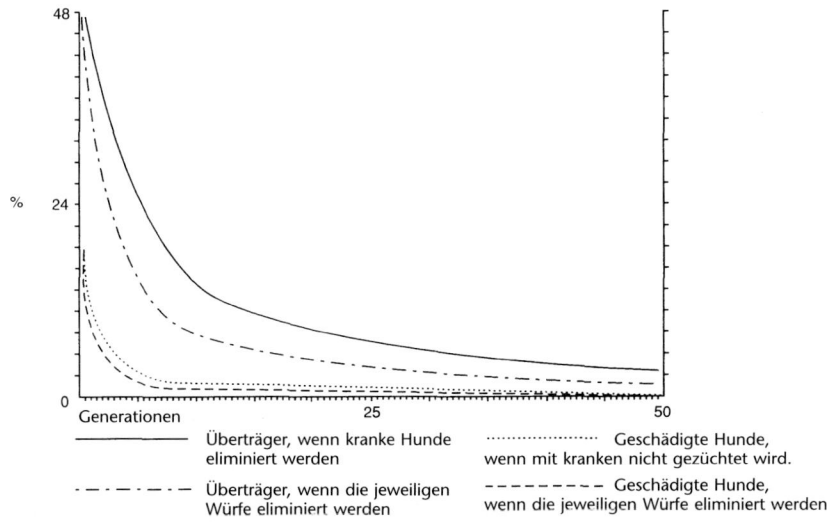

Verminderung der Anzahl von Überträgern und kranken Hunden, wenn solche Tiere aus der Zucht ausgeschlossen werden (Copyright: Kyonics).

immer Rüden – keine Immunität erhalten. Viele dieser Rassen wie Dobermann, Rottweiler und Basset Hound sterben an einer Krankheit, nicht weil diese vererbt wird, sondern wegen bestimmter vererbter Schwächen.

Das sind aber nicht alle Komplikationen. Einige Probleme entstehen als Folge von Verletzungen, können selbst vererbt werden oder werden von einem verwandten Defekt verursacht. Linsenluxation kann wie bei einem Fausthieb durch einen Schlag gegen den Kopf verursacht werden. Sie kann auch durch in einer Blutlinie vorkommende und vermutlich vererbte Defekte entstehen oder ist ein Nebeneffekt eines Glaukoms, das selbst entweder erblich oder durch eine Krankheit oder einen Unfall bedingt ist. Diese Schwäche kann auch vererbt werden.

Das Auftreten von einer vermutlich vererbbaren Anomalie muss nicht ein Signal für sofortige Bekämpfungsmaßnahmen sein, sollte aber die Alarmglocken läuten. Wenn Züchter im Zweifelsfall vorsichtig sind – obgleich diese Vorsicht sehr simpel ist und vielleicht viel von dem ignoriert, was uns die Wissenschaft der Genetik vermitteln kann – indem sie mit betroffenen Tieren nicht züchten und verwandte Tiere genau überwachen, muss das Problem nicht wieder auftauchen. Solche einfachen Ratschläge befriedigen den Genetiker vielleicht nicht, aber sie sind in der Praxis sinnvoll.

Züchter von zahlenmäßig kleinen oder ernsthaft belasteten Rassen können es sich eventuell nicht leisten, solche Ratschläge zu befolgen. Die Zukunft einiger zahlenmäßig kleiner Rassen kann abhängig von der Bereitschaft der Züchter sein, mit Tieren zu züchten, bei denen genetische Anomalien erwartet werden oder sogar bekannt sind. Bei Rassen, in denen bestimmte Erbschäden häufig vorkommen, kann es unmöglich werden, nicht betroffene Zuchtlinien zu finden. Bei Rassen, die eine größere Population besitzen oder bei denen nicht so viele genetische Defekte auftauchen, ist es sicherlich das Klügste, die Zucht mit verdächtigen Tieren zu vermeiden.

Wie kann dann ein Züchter entscheiden, ob eine zuvor nicht erkannte Schwäche, die in seinem Zwinger auftritt, genetischen Ursprungs ist? Unglücklicherweise ist die Geschwindigkeit, mit welcher das Wissen über genetische Defekte bei Hunden fortschreitet, so schnell, dass veröffentlichte Informationen schon manchmal veraltet sind, bevor sie den Verleger und erst recht den Leser erreichen. Im Jahr 1987 gründete Professor Donald Patterson von der Universität von Pennsylvania mit Unterstützung des American Kennel Clubs das „Canine Genetic Disease Information System" (Informationssystem für genetisch bedingte Hundekrankheiten), um aktuelle Informationen über alle bekannten Störungen bei Hunden zusammenzustellen. Fünf Jahre später wurde dies zur fortschrittlichsten Informationsquelle über genetische Defekte bei Hunden und konnte einen weltweiten Service für alle Hundeclubs und Zuchtvereine anbieten, obwohl weiterhin viele seine Existenz ignorieren.

Anstatt sich an die Rasseclubs und Zuchtvereine zu wenden, neigen Züchter weiterhin dazu, sich auf ihre eigenen Bemühungen zu verlassen. Sie wissen, wenn ein Defekt häufiger in einer Gruppe von verwandten Tieren (ob innerhalb eines Zwingers, einer Gruppe von kooperierenden Züchtern oder einer Rasse) auftritt als in der übrigen Population, besitzen die Zuchttiere insgesamt vermutlich die genetische Veranlagung. Studien (welche dank dem Einsatz von Heimcomputern und Programmen, mit denen die Stammbäume analysiert werden können, erleichtert werden) über die Beziehung zwischen betroffenen Tieren können Aufschluss darüber geben, wie der Defekt vererbt wird. Der Züchter kann dann entsprechende Maßnahmen ergreifen.

In der Vergangenheit fiel die Existenz von Erbkrankheiten häufig nur auf, wenn die Symptome bei einer Reihe von Tieren auftraten. Manchmal kam die Krankheit erst später im Leben zum Ausbruch, wenn mit den Tieren schon gezüchtet worden war. Nicht betroffene Träger dieser Krankheit konnten nur durch aufwendige Testpaarungen festgestellt werden. Die Ungewissheit über die Art der Vererbung machte die Kontrolle problematisch. Weiterhin schienen einige Zuchtvereine und sogar die Tierärzte, die bewiesen haben, dass sie durchaus in der Lage sind, bei weniger wichtigen Angelegenheiten ausschlaggebend Einfluss nehmen zu können und schnell die Züchter verurteilen, sich zu weigern, ihren Teil der Verantwortung zu übernehmen oder Maßnahmen zu ergreifen, die zu eine wirkungsvollen Kontrolle führen könnten.

Die Kartierung des Hunde-
genoms ist ein neues For-
schungsgebiet, das hoffentlich
den Züchtern die Möglichkeit
bietet, auf lange Sicht die
Gesundheit ihrer Welpen vorherzusagen.

Die Erforschung von Erbkrankheiten, zunehmend genaue und empfindliche veterinärmedizinische Diagnostiktechniken gekoppelt mit zunehmendem Bewusstsein und Entschlossenheit unter den Züchtern, unterstützt von Zucht- und Hundeverbänden bilden die Voraussetzung, um Erbschäden unter Kontrolle zu bekommen. Chromosomenanalysen, biochemisches Screening, Computeranalysen von Stammbäumen, Untersuchung der Gen-Protein-Produkte und die Verfügbarkeit gelagerten Spermas von getesteten Tieren bieten weit bessere Möglichkeiten als je zuvor. Schon das Verständnis von Anomalien der Grundproteine und der DNA ermöglicht, Träger von einigen schädlichen, rezessiven Genen zu identifizieren. Schließlich könnte das Ersetzen von Genen eine andere und wirkungsvollere Methode sein, mit welcher die verbesserte genetische Gesundheit erhalten werden kann.

Techniken, mit denen Träger von einigen Erbkrankheiten identifiziert werden können, stehen jetzt zur Verfügung. Sie umfassen
die biochemische Untersuchung von Blut oder Gewebeproben
und bieten die Möglichkeit, Kontrollmaßnahmen festzulegen
und Zuchtsysteme zu planen, welche die Zeugung von kranken
Tieren vermeiden.

In einigen Rassen liegt die Verantwortung für das nicht akzeptabel hohe Vorkommen von Erbschäden direkt bei den Züchtern
oder Zuchtvereinen, die es versäumt haben, entsprechende Maßnahmen zu ergreifen. Es gibt noch Züchter, die sich weigern dazu
beizutragen, dass das Auftreten von Genschäden vermindert wird,
und einige, die sich aktiv verschwören, um der Wirkung dieser
Kontrollsysteme zu entgehen. Es gibt auch Zuchtvereine, die noch
nicht die notwendigen Maßnahmen ergriffen haben.

Die unvermeidbare Voraussetzung für jegliche Kontrollmaßnahmen ist ein Schema zur Untersuchung aller Zuchttiere und
zur Veröffentlichung der Testergebnisse. Getestete Tiere müssen
positiv identifiziert werden und da viele Züchter nicht zu einer
freiwilligen Unterstützung bereit sind, muss der Test zu einer Voraussetzung für die Registrierung werden, wenn wirksame Kontrolle über das Auftreten von Erbschäden ausgeübt werden soll.

Genomanalysen

Eine der aufregendsten und ebenso möglicherweise der für die
Präventivmedizin bedeutendsten Forschungsrichtungen beschäftigt sich mit der Kartierung und Analyse des Hundegenoms, d. h.
dem vollständigen Satz vererbbarer Faktoren, die auf dem einfachen Chromosomensatz lokalisiert sind.

Phil Spiby von der „Animal Health Trust" berichtet über ein
Symposium, das 1993 im „Birmingham Congress of the British
Small Animals Veterinary Association" stattfand:

Die Kartierung des Hundegenoms wird sich wahrscheinlich als das
Nonplusultra in der Präventivmedizin herausstellen. Es besteht dadurch
nicht nur die Möglichkeit, anhand so etwas Einfachem wie einem ein-
zelnen Haar vorhersagen zu können, für welche Krankheiten ein Hund
anfällig sein wird, es ermöglicht auch, dass viele Erbkrankheiten durch

selektive Zucht eliminiert werden, wenn die Träger von kranken Genen identifiziert werden.

Träger von Krankheiten wie Progressive Retina-Atrophie (PRA), die bei verschiedenen Rassen vorkommt, und Phosphofruktokinase-Mangel, der besonders interessant ist für Besitzer von Springer Spaniels, können heute schon anhand eines kleinen Gewebestückchens identifiziert werden. Es sollte deshalb möglich sein, Tiere zu züchten, die frei von diesen beiden Krankheiten sind.

Es ist schwierig vorherzusagen, wie schnell die Forschung die Möglichkeiten eröffnet, die meisten der vererbbaren Hundekrankheiten zu identifizieren oder – wenn sie erst einmal identifiziert sind – festzulegen, welche Kontrollmaßnahmen ergriffen werden müssen, damit alle Vorteile dieser neuen Erkenntnisse voll ausgeschöpft werden.

Anfangs kann es sein, dass sie dafür benutzt werden, um mit einiger Sicherheit bestimmen zu können, wie weit verbreitet gewisse Krankheiten bei einer bestimmten Rasse sind. Das Ergebnis würde dann zeigen, welche Art von Kontrollmaßnahmen geeignet wären. Diese könnten reichen vom Ausschluss aller nicht untersuchten und betroffenen Hunde aus der Zucht bis zum Import von krankheitsfreien Hunden oder Sperma, um gesunde Linien zu erhalten.

Obwohl durch die neue Technik die genetische Wissenschaft nicht veraltet ist, bietet sie den Züchtern jedoch eine einfache Alternative im Kampf mit den Unwägbarkeiten beim Versuch, krankheitsfreie Tiere auf der Basis von unsicheren genetischen Kenntnissen zu züchten. Es ist einfach eine Möglichkeit, um Träger zu identifizieren und sie aus der Zucht auszuschließen.

Züchter, die sich weigern, diese Technik anzuwenden und weiterhin erkrankte Tiere züchten, finden bald heraus, dass sie keine zufriedenstellende Entschuldigung parat haben, wenn enttäuschte Welpenkäufer rechtliche Schritte gegen sie einleiten. Gewiss haben auch die Rasseclubs und noch mehr die Zuchtvereine, die nicht sicherstellen können, dass ihre Mitglieder und alle, die ihren Service nutzen, von diesen Techniken Gebrauch machen, keine rechtlichen Ansprüche darauf, dass der Sinn ihrer Existenz die Förderung der Verbesserung von Rassehunden ist.

5 Die Zuchthündin

Die Verwandlung von einem Hundebesitzer in einen Züchter findet oft statt, wenn erkannt wird, dass die Eigenschaften eines geliebten Haustieres für eine längere Zeit erhalten bleiben, als die Lebensspanne des Tieres beträgt, wenn die Hündin die Gelegenheit erhält, Junge zu bekommen. Manchmal sind auch weniger lobenswerte Motive von Bedeutung. Der Wunsch, die Kosten für die Hündin wieder einzubringen oder vom Verkauf der Welpen zu profitieren, ein sexueller Anschauungsunterricht für Kinder, der Glaube (an dem sogar heute noch einige Tierärzte festhalten), dass jede Hündin die angebliche Erfüllung verdient, einmal Junge zu bekommen, und sogar die Meinung, dass Mutterschaft Temperamentprobleme kurieren kann, dies alles können Gründe für das Züchten sein. Es muss immer wieder gesagt werden: Keiner davon ist ein berechtigter Grund. Der einzige gute Grund für die Zucht ist der Wunsch, Hunde von bester Qualität hervorzubringen.

Anschaffung

Eine der vielleicht wichtigsten Entscheidungen, die ein zukünftiger Züchter treffen muss, erfolgt bei der Anschaffung einer Hündin. Mit ziemlicher Sicherheit wird die Anschaffung getätigt, wenn der Züchter zumindest in der Lage ist, ein Urteil aufgrund von detailliertem Wissen zu fällen. Mit etwas Glück trifft er eine kluge Wahl. Unter solchen Umständen muss die Parole lauten: „Sorgfalt". Einen Welpen zu kaufen hat eine andere Bedeutung, als einen zu verkaufen!

Tierärzte und andere, die es besser wissen sollten, neigen stark dazu anzunehmen, dass die Wahl einer Rasse ein gänzlich objektiver Prozess ist, bestimmt durch den Lebensstil des zukünftigen Besitzers, der Analyse der gewünschten Eigenschaften für den idealen Begleithund und viele weitere pseudo-wissenschaftliche

Drei Champion-Hündinnen, die einen deutlichen Rasse- und Zwingertyp verkörpern.

Kriterien. Es macht natürlich Sinn, wenn ein eher bewegungsunlustiger Mensch Rassen vermeidet, die viel Bewegung brauchen, physisch schwache Menschen keine großen, starken Rassen wählen und solche, die keine Fellpflege mögen, sich keine Hunde mit langem Fell zulegen. Aber man muss akzeptieren, dass Menschen häufig bereit sind, sich zu ändern, um den Bedürfnissen der Rasse, die ihnen gefällt, zu entsprechen. Die Wahl einer Rasse ist nicht objektiver als die Wahl eines Ehepartners. Es ist mit Sicherheit keine Entscheidung, die durch pseudo-wissenschaftliche Kriterien erzwungen werden kann.

Wichtig ist, dass der mögliche Züchter so viel wie möglich über die Rasse lernt, bevor er sie sich anschafft. Die meisten Rassen werden gut in Büchern beschrieben, die von Fachleuten verfasst wurden. Rasseclubs sind dazu da, das Interesse an einer Rasse zu fördern. Hundezeitschriften besitzen häufig eine regelmäßig Rubrik, die den einzelnen Rassen gewidmet ist. Und natürlich sollte keine Gelegenheit ausgelassen werden, Ausstellungen oder andere

Um einen großen Wurf aufzuziehen, muss die Hündin kräftig und gesund sein.

Veranstaltungen zu besuchen, wo die Rasse begutachtet werden kann. Mit diesen Möglichkeiten kann ein künftiger Käufer entscheiden, ob die gewählte Rasse die richtige ist, und erfährt, wo er eine geeignete Hündin bekommen kann.

Der zukünftige Käufer sollte der stolzen Einschätzung des Züchters von der Qualität und den Vorteilen eines bestimmten Welpen mit angemessener Skepsis begegnen. Einige Züchter stellen alle ihre hässlichen Entlein als zukünftige Schwäne dar, nicht mit der Absicht einen zu täuschen, sondern einfach aus übermäßigem, unkritischen und unangebrachten Stolz. James Boswell berichtet von einem Besuch, den im Jahr 1777 Dr. Samuel Johnson seinem guten Freund, Dr. John Taylor, abstattete, einem Bulldog-Züchter, der blind für Fehler in der eigenen Zucht war. „Er lobte alles Eigene über die Maßen, kurzum, alle seine Gänse waren Schwäne." Der Hang, sich durch unangebrachten Stolz vom rechten Weg abbringen zu lassen, ist nichts Neues unter Hundezüchtern.

Es ist nicht ungewöhnlich für Hunde mit ernsten und offensichtlichen Fehlern, dass sie als mögliche Ausstellungstiere verkauft werden. Es ist sogar für Züchter, deren Erfolg im Ring nur kurz war, nicht ungewöhnlich, dass sie jeden Welpen aus einem Wurf als mögliches Ausstellungstier verkaufen. Es haben sogar Züchter Welpen mit einer Garantie, dass sie einmal Champion werden, verkauft, die selber niemals eine Champion besessen, geschweige denn gezüchtet haben.

Hier fällt mir die Geschichte von dem Mann ein, der davon überzeugt war, dass sich ein mittelmäßiger Welpe zu einem guten Ausstellungshund entwickeln würde. Die Hoffnungen und Erwartungen, die er in das Tier steckte, wurden schnell zunichte gemacht, da das Tier, wie vorauszusehen gewesen war, ein sehr hässliches Entlein blieb. Er entschied, den Züchter von seiner Enttäuschung wissen zu lassen:

„Sie erinnern sich noch an den Hund, den sie mir verkauft haben? Er ist zu verkaufen."

„Ja, das war er auch, als ich ihn hatte."

Für die Zucht geeignet

Wenn der Entschluss zur Zucht gefasst wurde, muss man sich nicht nur um die Beschaffung einer Hündin kümmern – eine Grundvoraussetzung, die überraschend häufig ignoriert wird – sondern man muss eine auswählen, die auch für die Zucht geeignet ist. Das bedeutet, eine kräftige und gesunde Hündin aus guter Zucht zu kaufen, die richtig aufgezogen wurde und von Eltern mit ähnlichen Eigenschaften abstammt. Solche Hündinnen sind gewöhnlich nur direkt beim Züchter erhältlich und die besten Züchter haben häufig, ohne Werbung machen zu müssen, eine Warteliste für ihre Tiere.

Niemand, der wirklich gute Hunde züchten möchte, würde jemals erwägen mit Tieren zu züchten, die nicht zu den besten gehören, obwohl natürlich jeder die „Besten" etwas unterschiedlich definieren kann.

Ein bekannter Züchter und Aussteller wurde einmal von einem enthusiastischen Neuling bei der Rasse hart kritisiert, der seine auf wenigen Kenntnissen basierende, feststehende Meinung mit Feuereifer lautstark verkündete.

Der Neuling: „Sie sollten nicht mit Hündinnen züchten, von denen Sie meinen, sie seien nicht gut genug für eine Ausstellung."

Züchter: „Aber Sie stellen Hündinnen aus, von denen ich meine, sie seien nicht gut genug für die Zucht."

Welpe oder erwachsene Hündin?

In den meisten Fällen wird ein Zuchtzwinger mit einer Hündin gegründet, die als Welpe angeschafft wurde. Unabhängig davon, wie gut der Welpe ausgewählt wurde, darf die Möglichkeit nicht ignoriert werden, dass er zu einem Hund heranwächst, mit dem nicht gezüchtet werden kann oder sollte. Wenn die Hündin außerdem bisher als Einzelhund gelebt hat, kann es vorkommen, dass sie sich als Erwachsene nur widerwillig paart und mit der Mutterschaft unter Obhut eines Züchters beginnt, der auch keine Erfahrung hat.

Kauft man eine erwachsene Hündin, besonders eine, mit der schon erfolgreich gezüchtet wurde, wird dieses Problem vermieden. Leider sind solche Hündinnen nicht einfach zu bekommen. Kluge Züchter verkaufen selten ihr Samenkorn und der Preis für solche Hündinnen scheint ihren Seltenheitswert widerzuspiegeln.

Kauf

Nur unter den außergewöhnlichsten Umständen sollten zukünftige Züchter etwas anderes in Erwägung ziehen, als das Tier vollständig zu kaufen. Züchter finden es häufig von Vorteil, Hündinnen unter bestimmten Bedingungen zum Verkauf anzubieten, durch welche der Anfangspreis angeblich vermindert wird und als Gegenleistung ein Anrecht auf einen oder mehrere

Welpen des ersten und manchmal auch der nachfolgenden Würfe besteht.

Solche Vereinbarungen kommen selten ohne Streitereien oder Enttäuschung zum Abschluss. Sie werden am besten vermieden. Wenn das nicht geht, sollte die Abmachung ganz klar schriftlich und rechtlich bindend niedergelegt werden. Daraus sollte hervorgehen, wer für die Entscheidung verantwortlich ist, wann mit der Hündin gezüchtet wird, wer den Rüden aussucht, der sie decken soll, und wer die Deckgebühr bezahlt. Es sollte festgelegt werden, wie viele Welpen welchen Geschlechts abgegeben werden, ob der frühere Besitzer die freie Auswahl im ganzen Wurf hat und in welchem Alter die Auswahl stattfinden muss. Die Vereinbarung sollte auch die Möglichkeit berücksichtigen, dass die Hündin vielleicht unfruchtbar sein oder vor der Geburt sterben könnte. Es muss genau festgelegt werden, wie solche Vorkommnisse die Vereinbarung beeinflussen.

Ein vollständiger Kauf ist die weit bessere Möglichkeit. In jedem Fall muss der Käufer sichergehen, dass der Züchter ihm alle wichtigen Papiere übergibt und dass alle Bescheinigungen über die Untersuchung der Elterntiere auf bestimmte Defekte vorliegen (beispielsweise bei Rassen, die routinemäßig auf Hüftgelenksdysplasie oder Progressive Retina-Atrophie untersucht werden). Da der Züchter die einzige Person ist, die einen Hund im Zuchtverein registrieren lassen kann, sollten die Registrierungspapiere auch ausgestellt werden.

Pflege der künftigen Zuchthündin

Die zukünftige Zuchthündin sollte mit gebührender Sorgfalt behandelt werden. Damit ihr natürlicher Hundeinstinkt erhalten bleibt, sollte es erlaubt und gefördert werden, dass sie Kontakt mit anderen Hunden bekommt. Sie sollte in bester physischer Verfassung sein. Nur wenige Dinge verursachen mehr Probleme bei der Geburt als schlechte physische Verfassung, besonders Fettleibigkeit.

Eine Reihe von Impfungen, welche sie vor häufigen Infektionskrankheiten schützen, muss ebenso gewissenhaft durchgeführt

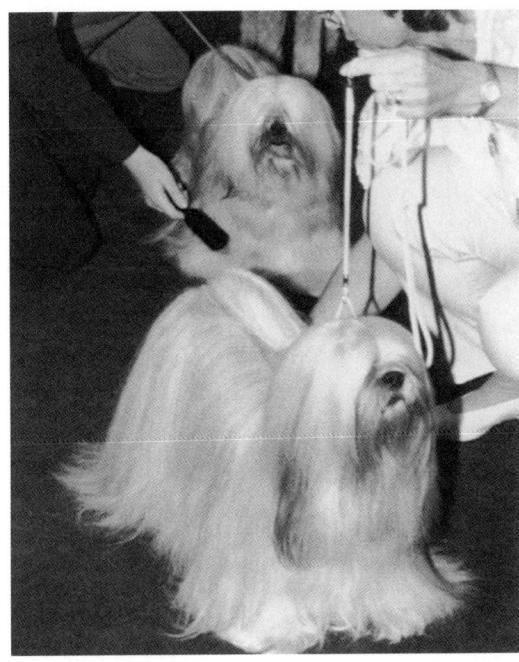

Die Fellqualität und die Frisur überstehen das Aufziehen eines Wurfes nicht.

werden wie einige Maßnahmen, um sie vor der schwächenden Wirkung von Parasiten zu bewahren.

Wenn bekannt ist, dass die Rasse unter Erbschäden leidet, müssen Gesundheitskontrollen zum entsprechenden Zeitpunkt durchgeführt werden. Der Rasse- oder Zuchtverein gibt genaue Informationen darüber, welche Untersuchungen geeignet sind und wann und wo sie durchgeführt werden sollten. Werden solche Routineuntersuchungen versäumt, kann das durchaus bedeuten, dass die besten Deckrüden für die Zucht mit dieser Hündin nicht zur Verfügung stehen.

Hündinnen, die für die Zucht eingesetzt werden sollen, haben gewöhnlich eine Ausstellungskarriere hinter sich, wenn sie sich in den Mutterstand zurückziehen. Und es gibt keine bessere Werbung oder Möglichkeit, den Wert der Welpen einer Hündin zu steigern, als eine erfolgreiche Karriere.

Es gibt keinen Beweis dafür, dass die körperliche Gesundheit einer gut gepflegten Hündin gefährdet ist, wenn mir ihr schon in jungen Jahren, häufig oder bis ins hohe Alter gezüchtet wird. Vorausgesetzt sie ist gut gewachsen und geschlechtsreif, fit und gesund und erhält die Art von Pflege, die jede Zuchthündin verdient, kann mit einer Hündin relativ häufig schon recht früh bis ins relativ hohe Alter gezüchtet werden. Es gibt jedoch viele kranke Hündinnen, die einem herzlosen System von skrupellosen kommerziellen Züchtern ausgesetzt sind. Die meisten dieser Tiere sind von schlechter Qualität. Kein gewissenhafter Züchter möchte zu der unglücklichen Population von schlecht gehaltenen, mittelmäßigen Hunden beitragen. Sie wollen nur gute und, so hoffen sie, hervorragende Hunde züchten und sie in Haushalte abgeben, wo es ihnen gut geht.

Aus Sorge um das Wohlergehen der Hunde haben weltweit zahlreiche Zuchtvereine Grenzen bei dem Mindest- und Höchstalter für Zuchthündinnen und bei der Anzahl der registrierten Welpen oder Würfe, die sie bekommen dürfen, festgelegt. Diese Grenzen werden auch häufig durch den Ethik-Kodex, den die Verbände ihren Mitgliedern auferlegen, bestärkt. Die Einführung dieser Einschränkungen ist eine Reaktion auf die große Anzahl von krank gezüchteten, schlecht aufgezogenen Welpen, die von Züchtern produziert werden, welche die Registrierung dazu benutzen, ihrem Produkt ein oftmals falsches Qualitätssiegel zu verleihen. Die Grenzen wurden vorwiegend zur Kontrolle der Bestände und aus Gründen des allgemeinen Wohlergehens festgelegt. Als solche werden sie von allen gewissenhaften Züchtern befürwortet.

Sogar den besten Züchter gelingt es natürlich nicht immer, außerordentlich gute Hunde zu züchten. In der Tat sind sie nur manchmal erfolgreich, aber die Produktion von Hunden mit Top-Qualität bleibt ihr oberstes Ziel. Sie sind wesentlich erfolgreicher, wenn sie nur mit gesunden, kräftigen Hündinnen mit besten Eigenschaften züchten. Um ihrem Erfolg näher zu kommen, benötigen sie Kenntnisse und eine gehörige Portion Glück. Dies muss kombiniert sein mit einem unerschütterlichen Optimismus unterstützt von einem nicht nachlassenden Blick fürs Detail. Gute Hunde zu züchten ist nicht einfach. Es ist sogar sehr wahrscheinlich, dass die damit verbundenen Schwierigkeiten und Herausforderungen für die besten Züchter einen großen Anteil an dem Reiz darstellen.

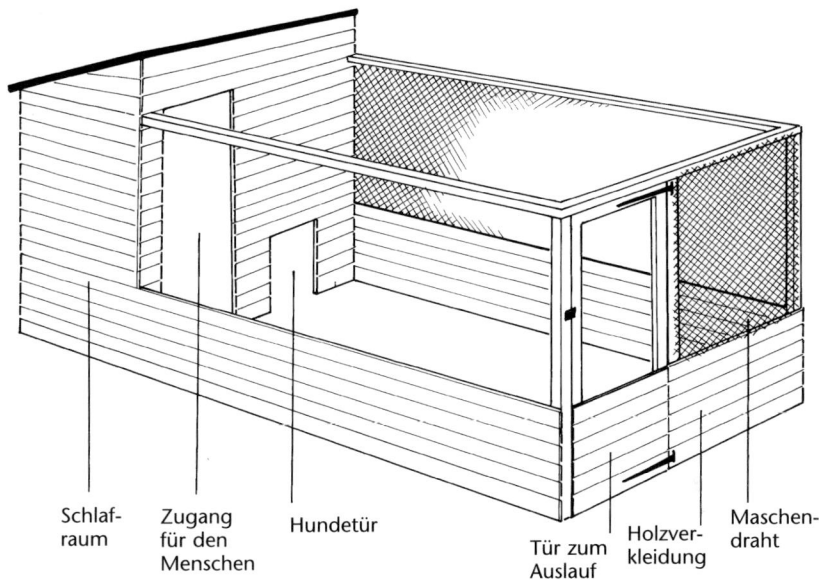

| Schlaf-
raum | Zugang
für den
Menschen | Hundetür | | Tür zum
Auslauf | Holzver-
kleidung | Maschen-
draht |

Die Gestaltung dieses Zwingers mit integriertem Auslauf entspricht den Anforderungen der meisten Züchter, wobei die Abmessungen in Abhängigkeit von der Größe der Rasse variieren.

Ernährung und Unterbringung

Mögliche Zuchthündinnen brauchen keine spezielle Ernährung. Dieselbe ausgewogene Nahrung, die anderen Hunden angeboten wird, ist für sie perfekt geeignet, wogegen die Menge, wie an anderer Stelle erwähnt, während der Trächtigkeit angepasst werden muss.

Die Unterbringung muss wie für alle anderen Hunde trocken, sauber, warm, hell, geräumig und sicher sein, sei es im Hause des Besitzers oder in einem Außenzwinger. Feuchtigkeit und Schmutz sind vielleicht die Hauptgründe für schlechte Gesundheit. Zusätzliche Wärme ist wichtig für einige Rassen, wogegen die widerstandsfähigeren in unbeheizten Zwingern, vorausgesetzt sie sind nicht zugig, recht zufrieden sind. Manche Zwinger sind innen so verdreckt, dass sie Elend und Krankheit verursachen. Eine natürliche Lichtquelle ist unerlässlich. Und wenn Fenster so angebracht werden, dass sich die Hunde im Sonnenschein aalen können, ist

105

es umso besser. Bedenken Sie aber, dass es durch die Sommersonne in einem Zwinger drückend und sogar gefährlich heiß werden kann. Daher ist ausreichende Lüftung wichtig. Legen Sie einen Zwinger sorgfältig an. Besonders wenn die Insassen längere Zeit darin eingesperrt sind, sollten Zwinger groß genug sein, damit sie darin spielen können. Außerdem ist zu berücksichtigen, dass das tägliche Reinigen einer niedrigen, dunklen Zelle mit kleiner Tür keine leichte Aufgabe ist.

Wo immer die Hündin draußen oder drinnen untergebracht ist, Sicherheit – besonders während der Hitze – ist sehr wichtig. Sie sollte keine Möglichkeit haben wegzulaufen und ebenso sollte sie von keinem unerwünschten Freier besucht werden können. Man darf auch nicht vergessen, dass eine gute Hündin und ihre Welpen einen gewissen Wert besitzen, der auch für Diebe eine Versuchung sein kann.

Die weiblichen Geschlechtsorgane

Die weiblichen Geschlechtsorgane bestehen aus einem Paar Eierstöcke (Ovarien), jeder umgeben von einem schützenden Schleimbeutel, der Bursa, in denen die unbefruchteten Eier produziert werden, um ihre wunderbare Reise zu beginnen. Die Eierstöcke sind durch die Eileiter mit den Gebärmutterhörnern des Uterus verbunden. Nach einer erfolgreichen Paarung wachsen die befruchteten Eier innerhalb der Hörner und im Gebärmutterkörper zu Welpen heran. Für einen ungeborenen Welpen ist der Ausgang des Uterus der Gebärmutterhals (Cervix), welcher in die Scheide (Vagina) übergeht, deren Ende mit dem Harnleiter verbunden ist, welcher Urin aus der Harnblase wegtransportiert. Die Vagina ist durch die Vulva (Schnalle) mit der Außenwelt verbunden. Die gesamten Geschlechtsorgane bestehen aus weichem Gewebe, das sich in Form und Größe, abhängig vom Reproduktionszyklus und den Anforderungen einer entstehenden Schwangerschaft, verändert.

Viele der physischen Probleme, die mit einer Entbindung zusammenhängen, werden durch die Tatsache verursacht, dass diese Reihe von miteinander verbundenen weichen Geweben in einer

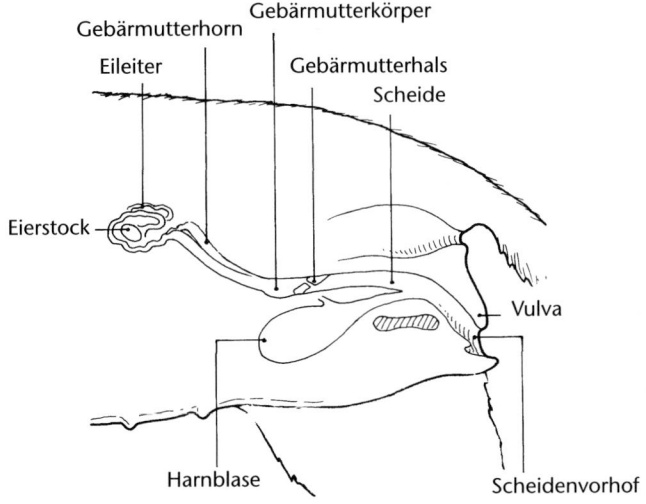

Geschlechtsorgane der Hündin

Höhle liegt, welche aus drei miteinander verwachsenen Knochen gebildet wird, dem Ilium (Darmbein), dem Ischium (Sitzbein) und dem Pubis (Schambein), die zusammen den Beckengürtel bilden. Die Form der Beckenhöhle variiert von Rasse zu Rasse. Bei kurzbeinigen Rassen ist sie etwa genauso hoch wie breit. Bei Rassen mit längeren Beinen ist sie meistens höher als breit. Bei einigen Rassen ist die Beckenhöhle ungewöhnlich lang, wodurch das Schambein eine Hürde darstellt, welche die Welpen erst überwinden müssen, bevor sie geboren werden können.

Wenn eine Hündin voll geschlechtsreif ist, sind die drei Knochen unbeweglich miteinander verwachsen. Davor sind die Verbindungen am Boden der Beckenhöhle aber relativ flexibel. Es wird manchmal behauptet, dass beim Züchten mit einer sehr jungen Hündin der Vorteil dieser jugendlichen Flexibilität genutzt werden kann, um das Auftreten von Problemen bei der Geburt zu vermindern. Gewiss wird die Wahrscheinlichkeit von Geburtsproblemen erhöht, wenn mit Hündinnen gezüchtet wird, die eine unnormale Beckenkonstruktion besitzen und die Ausrichtung erst erfolgt, wenn die Tiere schon längst geschlechtsreif geworden sind.

Der weibliche Fortpflanzungszyklus

Hündinnen sollten mindestens einmal und gewöhnlich zwei- oder mehrmals läufig gewesen sein, bevor sie gedeckt werden. So erhalten ihre Besitzer die Gelegenheit, die Anzeichen zu beobachten, welche eine Hitze ankündigen. Es ist offensichtlich, dass der Fortpflanzungszyklus für jeden Besitzer, der mit seiner Hündin züchten möchte, von großer Wichtigkeit ist. Aber es ist weniger wichtig für die Besitzer, die sichergehen wollen, dass ihre Hündin nicht unerwartet und ungewollt Junge bekommt.

Der weibliche Fortpflanzungszyklus folgt einem regelmäßigen Muster, der sowohl im Anfangszeitpunkt als auch in der Länge variiert. Hündinnen von kleinen Rassen können in die Pubertät gelangen, wenn sie wenig mehr als vier Monate alt sind. Hündinnen größerer Rassen, die später geschlechtsreif werden, haben ihre erste Hitze vielleicht erst, wenn sie 18 oder mehr Monate alt sind. Wenn der Zyklus einmal begonnen hat, kann seine Dauer von nur vier Monaten bei einigen kleinen und exotischen Haushunderassen bis zu zwölf Monaten bei Wildhunden und solchen Haushunderassen, die als Urhunde bezeichnet werden, variieren. Bei einigen sehr großen Rassen kann der Zyklus sogar noch länger sein. Im Allgemeinen sehen Züchter jedoch einen Zyklus von sechs Monaten als normal an, obwohl Untersuchungen an verschiedenen Rassen ergeben haben, dass die Zeitspanne eher sieben als sechs Monate umfasst.

Nachdem eine Hündin zwei- oder dreimal läufig war, ermöglicht die Regelmäßigkeit ihres Fortpflanzungszyklus dem Besitzer der Hündin mit ziemlicher Genauigkeit vorherzusagen, wann die nächste Hitze zu erwarten ist. Der Abstand zwischen zwei Hitzen kann sich jedoch ändern, wenn die Hündin einmal geworfen hat, durch frühere Hormonbehandlungen zur Unterdrückung der Hitze, durch das Wetter, durch Krankheit oder Unfall und durch den Östrus (Läufigkeit) anderer Hündinnen, mit denen sie Kontakt hat. Ein milder Winter und ein warmes Frühjahr können die Hitze bei Hündinnen frühzeitig auslösen, wogegen kaltes Wetter sie verzögern kann. Die Anwesenheit von anderen läufigen Hündinnen kann fördern, was einige Züchter als das „Ich-auch-Syndrom" bezeichnen. Die Hündinnen in einem Zwinger neigen dann dazu, gleichzeitig läufig zu werden. Die Hitze der Hündin kann sich auch verzögern,

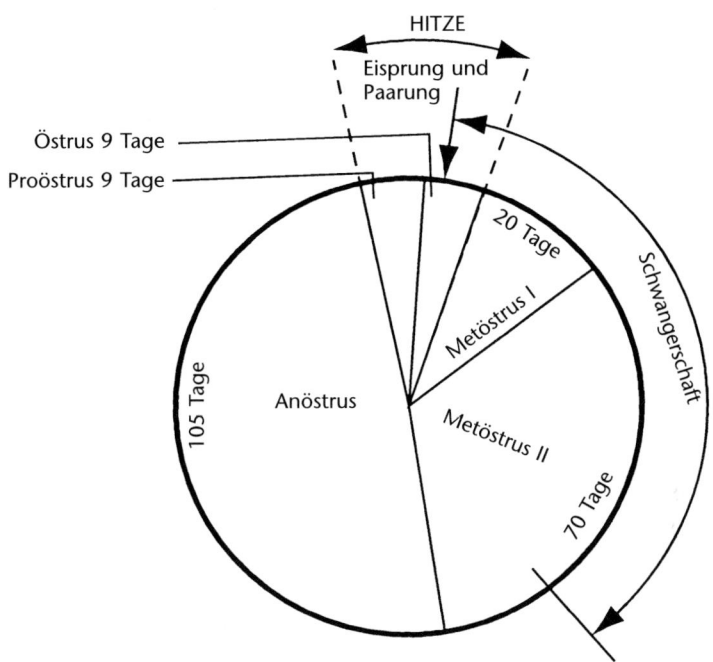

HITZE

Eisprung und
Paarung

Östrus 9 Tage

Proöstrus 9 Tage

20 Tage

Metöstrus I

Schwangerschaft

105 Tage

Anöstrus

Metöstrus II

70 Tage

Der Östrus-Zyklus, der zwischen nur vier und bis zu zwölf Monate lang sein kann.

wenn sie krank war oder noch ist oder einen Unfall hatte, in anderer Umgebung lebt oder einen Gefährten verloren hat. Wenn durch Hormongaben die Hitze verzögert oder unterdrückt worden ist, kann sich ihr normaler Zyklus auch verändern. Solche Injektionen werden manchmal routinemäßig angewendet, damit die Karriere als Ausstellungshund nicht durch die Hitze unterbrochen wird, damit weibliche, beim Sport eingesetzte Hunde auch während dieser Zeit ihre Aktivitäten weiter betreiben können oder einfach, um eine zu einem ungünstigen Zeitpunkt auftretende Hitze zu verschieben. Die Hersteller solcher Präparate und manche Tierärzte empfehlen ihre Anwendung nicht bei Zuchthündinnen, aber in der Praxis, abgesehen davon, dass der Zeitpunkt der nächsten Hitze weniger vorhersagbar ist, scheint ihre Anwendung keine negativen Auswirkungen zu haben, vorausgesetzt sie wird nicht verlängert.

Die Hitze oder Östrus ist eine von vier Phasen – Anöstrus, Proöstrus, Östrus und Metöstrus – des Fortpflanzungszyklus.

Anöstrus

Der Anöstrus ist eine sexuelle Ruhephase, die bei einem sechsmonatigen Zyklus gewöhnlich etwa 120 Tage dauert, deren Dauer aber zwischen 60 und 240 Tagen liegen kann. Während dieser Phase nehmen die äußeren Genitalien der Hündin ihr normales Aussehen an und die Hündin ist für Rüden nicht attraktiv.

Proöstrus

Gegen Ende des Anöstrus beginnt ein Anstieg des Östrogenspiegels, die Hündin auf die nächste Phase vorzubereiten und kann zu einigen Verhaltensänderungen führen. Die Hündin kann ruhig oder rastlos werden, sie kann erhöhtes Interesse an ihrer Genitalregion zeigen, die leicht anschwellen kann. Und sie wird, besonders wenn sie ausgeführt wird, häufig urinieren, wobei sie jeweils gewöhnlich nicht mehr als ein oder zwei Tropfen Urin absetzt. Es kann gut sein, dass sie damit ihre bevorstehende Hitze für mögliche Verehrer anzeigen will und es somit ein Zeichen für den wachsamen Besitzer ist, nun verstärkt aufzupassen.

Einige Besitzer versuchen, den nahenden Zustand ihrer Hündin vor Begleitern beim Spazierengehen oder bei Ausstellungen durch Chlorophylltabletten oder Duftsprays zu verschleiern. Die Anwendung solcher Mittel unterschätzt aber sowohl die Empfindlichkeit der Hundenase als auch die Fähigkeit erfahrener Deckrüden, diese Ablenkungsmanöver als solche zu erkennen.

Wenn der Proöstrus voranschreitet, schwillt die Vulva der Hündin weiter an und sondert normalerweise einen blutigen Ausfluss ab. Bei einigen Hündinnen, die vielleicht weniger reinlich als andere sind, kann der Ausfluss so stark sein, dass Möbel und Kleidung verschmutzt werden. Es ist vielleicht bequemer und sicherer, die Hündin während dieser Zeit in einem Zwinger zu halten. Einige Hündinnen sind jedoch sauberer als andere oder besitzen einen aus bisher noch unerfindlichen, physiologischen Gründen farblosen Ausfluss, der von den Züchtern als „stille Hitze" bezeichnet wird. Wenn das einzig erkennbare Zeichen eine ganz leichte Schwellung der Vulva ist, erfordert es einen sehr aufmerksamen Züchter oder einen bekannten Rüden, um zu erkennen, dass die Hündin in die Hitze kommt. Während des Proöstrus ist die Hün-

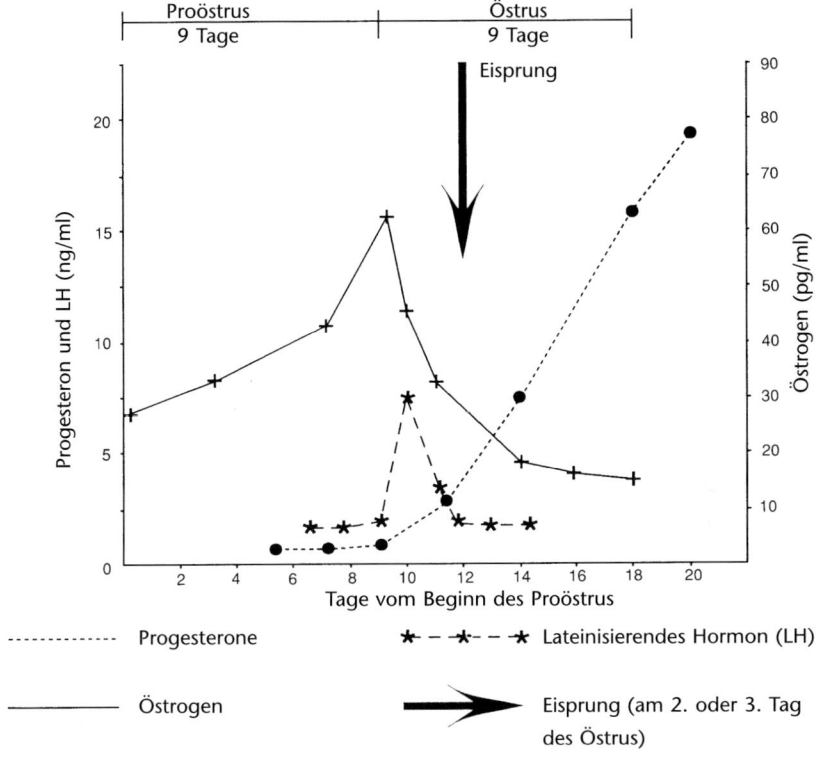

Konzentration von Östrogen, Progesteron und Luteinisierendem Hormon im Blut während des Proöstrus und des Östrus.

din besonders attraktiv für Rüden und andere Hündinnen und kann mit ihnen Paarungsbewegungen durchführen. Sie ist aber noch nicht aufnahmebereit.

Östrus

Die Hündin kann nicht aufnehmen, bis der Östrus beginnt, eine kurze Periode, die nicht länger als zwei oder drei Tage oder bis zu 21 Tage dauern kann. Neun Tage ist die durchschnittliche Dauer. Während dieser Zeit kann die Vulva erheblich vergrößert und der Ausfluss blassgelb sein. Die Vulva fühlt sich auch warm an, woher der Begriff Hitze herrührt. Etwa zwei Tage nach Beginn

111

des Östrus, in der Praxis zwei Tage, nachdem der Ausfluss klar geworden ist, und zwischen zehn oder zwölf Tagen nach den ersten Anzeichen des Proöstrus sollte die Hündin aufnahme- und paarungsbereit sein.

Die meisten Hündinnen signalisieren ihre Bereitschaft, indem sie „stehen". Sie können damit auf die Anwesenheit von Rüden, anderen Hündinnen, sogar der Familienkatze reagieren, indem sie den Kopf senken, den Rücken krümmen, den Schwanz zur Seite legen und ihre Vulva in einer unmissverständlichen und charakteristischen Weise anheben. Sie können auch simulierte sexuelle Aktivitäten mit anderen Hündinnen und Haustieren durchführen.

Man kann den Proöstrus und den Östrus genauer bestimmen, indem man Abstriche von der Hündin macht. Das hilft den Besitzern von Hündinnen mit „stiller Hitze". Aber in der Praxis bleibt die Beobachtung der äußeren Anzeichen ausreichend, um dem Züchter anzuzeigen, wann die Hündin gedeckt werden kann.

Wenn die Hündin steht oder die Tests gezeigt haben, dass sie einen Eisprung hatte, sollte sie innerhalb von wenigen Stunden belegt werden. Einige Hündinnen sind zwei Tage lang aufnahmebereit, andere nur wenige Stunden. Ein verspäteter oder vorgezogener Deckakt, weil es dem Besitzer oder dem Besitzer des Rüdens zeitlich besser passt, berücksichtigt den ganzen biologischen Vorgang nicht und vermindert die Chance, dass die Hündin aufnimmt.

Metöstrus

Wenn die Hündin gedeckt wurde – und aufgenommen hat – wird die nächste Phase des Zyklus durch die Schwangerschaft unterbrochen. Wenn die Hündin nicht gedeckt wurde oder wenn sie nicht aufgenommen hat, kann statt dem Anöstrus der Metöstrus folgen. In diesem Stadium ruft die hormonelle Umstellung alle Anzeichen einer Schwangerschaft hervor. Das ist dann die sogenannte Scheinträchtigkeit. Sie ist der Fluch von vielen Züchtern und Ausstellern. Nach etwa 90 Tagen weicht der Metöstrus dem Proöstrus und der Zyklus beginnt wieder von vorne.

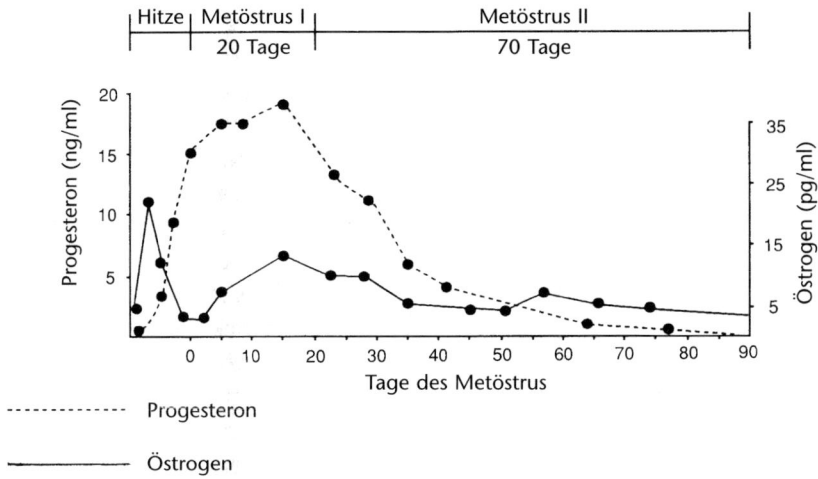

| Hitze | Metöstrus I | Metöstrus II |
| | 20 Tage | 70 Tage |

- - - - - - - - - - - - Progesteron

———————— Östrogen

Konzentration von Östrogen und Progesteron im Blut während des Metöstrus.

Herbeigeführter Östrus

Obwohl der Östrus normalerweise als Bestandteil eines regelmäßigen Zyklus auftritt, können einige Abweichungen durch Wetterwechsel oder noch wahrscheinlicher durch Änderungen der Qualität des Tageslichtes, durch die Anwesenheit anderer läufigen Hündinnen (das sogenannte „Ich-auch-Syndrom") ebenso wie durch die körperliche Verfassung der Hündin auftreten.

Untersuchungen über einige Jahre mit Drogen, welche die Hitze künstlich herbeiführen, haben zu einer sehr niedrigen Fertilitätsrate geführt. Neue Techniken mit Hormonimplantaten bieten jedoch heute die Möglichkeit, einen fruchtbaren Östrus auszulösen. So wird es für Züchter möglich zu arrangieren, dass die Welpen zur günstigsten Zeit auf die Welt kommen, wenn die Wetterbedingungen so sind, dass die Tiere draußen gehalten werden können, dass sie im richtigen Alter sind, um an einer Reihe von Ausstellungen teilzunehmen oder dass sie abgabebereit sind, wenn das Kaufinteresse am höchsten ist.

Es wird auch möglich, die Zeit der Hitze bei verschiedenen Hündinnen zu synchronisieren, was einen der Gründe ausräumt, welche die Embryoverpflanzung bei Hundezüchtern bisher verhindert haben (vgl. Kapitel 7).

Das Gonadotropin-Releasing-Hormon (GnRH) ist ein natürlich vorkommendes Hormon, das von einer kleinen Drüse im Gehirn produziert wird, welche den Östrus-Zyklus durch die Freisetzung von Follikel-stimulierendem Hormon (FSH) und luteinisierendem Hormon (LH) steuert. Diese drei Hormone wirken zusammen, um die Eierstocktätigkeit anzuregen.

Das Einpflanzen einer kleinen GnRH-Tablette ruft die ersten Anzeichen des Östrus innerhalb von sieben Tagen hervor und schafft die Bedingungen für eine erfolgreiche Paarung innerhalb von zwölf bis 14 Tagen. Es ist möglich, allerdings vielleicht unerwünscht, eine weitere fruchtbare Hitze nach einem Zeitraum von drei Monaten auszulösen.

Es gibt keine Zuchtverein-Regeln, die explizit die Verwendung von GnRH-Implantaten verbieten, aber Computeranalysen von Geburtsdaten könnten dazu führen, dass Welpen, die außerhalb des natürlichen Zyklus geboren werden, nur widerwillig registriert werden.

Unregelmäßiger Östrus

Das verspätete Einsetzen der Pubertät, ungewöhnlich lange oder kurze sowie unregelmäßige Intervalle zwischen den Hitzen sind nicht unbedingt Anzeichen für eine unterschwellige Krankheit. Trotzdem sollte dies, wie alles, was nicht als normal anzusehen ist, von den Züchtern mit Vorsicht behandelt werden. Die Gründe für diese Anomalien sind noch nicht vollständig geklärt, scheinen aber innerhalb von Zuchtlinien aufzutreten, auch wenn es keine vererbten Eigenschaften sind. Man sollte im Zweifelsfall lieber vorsichtig sein und wenn es möglich ist, mit Hündinnen nicht züchten, die einen unregelmäßigen Zyklus haben. Lässt sich dies nicht vermeiden, sollten solche Hündinnen nur mit Rüden verpaart werden, deren Mütter keine ähnlichen Unregelmäßigkeiten aufweisen.

Scheinträchtigkeit

Schein-, Phantom- oder Pseudoträchtigkeit sind ein und dasselbe Phänomen, bei dem eine nicht schwangere Hündin einige oder alle Anzeichen zeigt, als ob sie Welpen bekäme.

Dieser Zustand ist eine Plage für jeden, der eine Hündin besitzt, die dazu neigt, und wird manchmal als weiteres Beispiel für die Degeneration von domestizierten und speziell Rassehunden aufgeführt. Tatsächlich ist es aber einfach ein Überbleibsel der Vorfahren aus den Tagen, als die Hunde noch wild waren.

Bei wilden Caniden ist es üblich, dass nur ein dominantes Paar Junge bekommt, deren Dominanz aufgrund ihrer ausgezeichneten Fähigkeiten erworben wurde. Offensichtlich ist es ungünstig und könnte der Gruppe schaden, wenn die Betreuung durch die ranghöchste Hündin fehlt, solange sie einen Wurf Welpen großzieht. Andererseits wäre es unsinnig, die Fortpflanzung auf rangniedrigere Hündinnen zu übertragen. Um dieses Problem zu lösen, neigen alle Hündinnen einer wild lebenden Gruppe dazu, gleichzeitig aufnahmebereit zu werden. Die dominante Hündin paart sich und bringt die Welpen zur Welt, während die nicht verpaarten Hündinnen eine Scheinschwangerschaft durchmachen, so dass sie gemeinsam die Welpen aufziehen können, während die ranghöchste Hündin zu ihren jagdlichen Aufgaben zurückkehren kann. Außer die ranghöchste Hündin von ihren mütterlichen Aufgaben zu befreien, hat dieses System auch den Vorteil, dass die Welpen von verschiedenen Hündinnen aufgezogen werden, so dass der Verlust einer Hündin nicht zum Tod der Welpen führen muss.

Scheinträchtigkeit ist eine vollkommen normale Erscheinung, obwohl sie zweifellos eine Plage sein kann. Die Symptome einer Scheinträchtigkeit variieren von nicht mehr als einer leichten und kaum erkennbaren Tendenz zu Gewichtszunahme bis zu einer Nachahmung von allen Symptomen einer richtigen Schwangerschaft, einschließlich Nestbau, Geburt, Säugen und Bemuttern von Ersatzkindern, ob tierisch oder leblos. Postkartenfotos von Hündinnen, die Küken, Kätzchen und Ähnliches bemuttern, sind häufig das Ergebnis einer Scheinträchtigkeit.

Außer der Tatsache, dass Scheinträchtigkeit verhindern kann, dass eine Hündin im Ring oder bei anderen Aktivitäten vorgeführt

Zukünftige Zuchthündinnen, die Gelegenheit bekommen, ungezwungen mit anderen Hündinnen und Rüden in Kontakt zu treten, werden wahrscheinlich normal auf die Annäherungsversuche eines Deckrüden reagieren.

wird, gibt es auch häufig eine deutliche Tendenz zu Aggression, wodurch ein ansonsten friedlicher Hundehaushalt aus der Fassung gerät. Das gewohnte Regime der Hündin umzustürzen, sie auf strenge Diät zu setzen – kurzum alles zu tun, wovor eine trächtige Hündin geschützt werden sollte – könnte sie dazu bringen, die Scheinträchtigkeit abzubrechen. Wenn alles fehlschlägt, können Hormonspritzen die gewünschte Wirkung erzielen.

Paarungsunwilligkeit

Hündinnen können sich aus verschiedenen Gründen weigern, gedeckt zu werden. Ihre Abstammung oder Erziehung könnte sie paarungsunwillig machen, sie könnten nicht in Hitze sein oder physische Gründe verhindern, dass eine Paarung zustande kommt.

Wenn mögliche Zuchthündinnen häufig mit anderen Rüden und Hündinnen in Verbindung gebracht werden, trägt dies dazu bei, dass sie normal auf die Annäherungsversuche der Rüden reagieren. Gelegentlich bildet eine Hündin eine starke Vorliebe für einen bestimmten Rüden aus und verweigert sich anderen. In solchen Situationen kann die Gelegenheit, sich mit dem ausgewählten Partner gut vertraut zu machen, das Problem lindern.

Wenn physische Hindernisse mitspielen wie Polypen in der Scheide oder Anomalien im Körperbau, muss auf die Paarung verzichtet und tierärztliche Hilfe in Anspruch genommen werden.

Der Hauptgrund für eine Verweigerung liegt jedoch bei den Versuchen von Züchtern, die Hündin zu früh oder zu spät während der Hitze decken zu lassen.

Fruchtbarkeit

Der Grad der Fruchtbarkeit variiert ganz natürlich von Rasse zu Rasse und von Zwinger zu Zwinger. Es ist jedoch im Interesse des Züchters sicherzustellen, dass die optimale Wurfgröße erhalten bleibt, wobei es verschiedene Faktoren gibt, die dazu beitragen: die Verwendung junger, gesunder und großer Hündinnen, sehr gute Haltungsbedingungen, die Paarung zur richtigen Zeit und die sorgfältige Kontrolle der Inzucht.

Die Arbeit von Fray, Wrathall und Knight an der Universität von Reading besagt, dass die Immunisierung gegen Inhibin (ein Nichtsteroid-Hormon, das von Samenkanälchen und Follikelzellen gebildet wird) die Eisprungrate über einen Zeitraum von mindestens drei Jahren erhöhen kann, was zu einer 35,6%igen Erhöhung der Wurfgröße führt. Die Autoren meinen: „Aktive Immunisierung gegen Inhibin könnte die Grundlage für ein praktikables, einfaches System bilden, um eine wiederholte Erhöhung der Wurfgröße bei den weniger fruchtbaren Schafrassen oder auch anderen Arten zu erreichen."

Der hauptsächliche Grund für weibliche Unfruchtbarkeit – abgesehen von der genetisch bedingten, die nicht zu behandeln ist, und einem Fehler des Züchters bei der Abstimmung von Paarung und Eisprung (wodurch die Symptome von Unfruchtbarkeit bei einer fruchtbaren Hündin auftreten) – scheinen Infektionen des Uterus und der anderen Geschlechtsorgane zu sein.

Wenn eine Hündin nicht aufnimmt, nachdem sie zur richtigen Zeit von einem Rüden, dessen Fruchtbarkeit zweifellos gegeben ist, gedeckt wurde, müssen eine Reihe von Möglichkeiten in Betracht gezogen werden.

Schilddrüsenunterfunktion

Durch eine Schilddrüsenunterfunktion kann der Zyklus unregelmäßig werden. Die Diagnose erfolgt durch eine Untersuchung der Schilddrüsenhormone im Blut. Behandelt wird mit Anhebung des Östrogenspiegels.

Östrogenmangel

Unvollständige Entwicklung der Eierstöcke, kleine Vulva und Milchdrüsen sowie ein fehlender Eisprung können durch Östrogenmangel verursacht sein und durch Anheben des Östrogenspiegels behandelt werden.

Funktionsstörungen der Eierstöcke

Anomalien der Eierstöcke, die manchmal von Tumoren oder Zysten hervorgerufen werden, können Unfruchtbarkeit gekoppelt mit symmetrischem Haarausfall in der Lendengegend, vergrößerten Milchdrüsen, vergrößerter Vulva und einem unregelmäßigen Zyklus hervorrufen. Diese Beschwerden sprechen manchmal auf eine Östrogenbehandlung an.

Akromegalie

Dies ist eine Missbildung verursacht durch abnormale Vergrößerung der Extremitäten des Skeletts. Sie wird entweder durch übermäßige Ausschüttung von Wachstumshormonen aus der Hirnanhangdrüse (Hypophyse) oder durch Verabreichung von Prostaglandinen hervorgerufen und kann zu Unfruchtbarkeit führen. Eine Kastration ist erforderlich.

Eierstocktumore

Eierstocktumore bestehen entweder aus Granulosa- oder Thekazellen. Sie gehen einher mit übermäßiger Östrogen- und manchmal auch Androgenproduktion. Eine operative Entfernung ist erforderlich.

Eierstockzysten

Es gibt zwei Typen von Eierstockzysten, luteale und follikulare. Beide können den Eisprung verhindern, einen unnormalen Zyklus verursachen oder zu abnormalem Sexualverhalten einschließlich Nymphomanie führen. Eine operative Entfernung ist erforderlich.

Pyometra

Die Vagina beherbergt normalerweise Bakterien, die gewöhnlich keinen schädlichen Einfluss auf die Hündin oder ihre Welpen haben. Während der Hitze oder nach dem Werfen, wenn der Gebärmutterhals geöffnet ist, können diese Bakterien in den Uterus hineinwandern, der nur in begrenztem Maße gegen eine Infektion immun ist. Wenn sich der Gebärmutterhals schließt, können sich die Bakterien im Uterus vermehren und eine lebensbedrohende Erkrankung mit Namen Pyometra oder Pyometritis auslösen. Die Bakterien verursachen eine Anreicherung von Eiter im Uterus, was schließlich dazu führt, dass sich der Bauch so stark wie bei einer Schwangerschaft aufwölbt.

Die ersten Symptome können jedoch Appetitlosigkeit, verstärkter Durst, erhöhte Temperatur und Erbrechen sein. Wenn durch den Gebärmutterhals der Eiter wieder abfließen kann (offene Pyometra), sind Diagnose und Behandlung einfacher. Häufig bleibt jedoch der Gebärmutterhals fest geschlossen (geschlossene Pyometra) und der Hündin geht es immer schlechter. Schließlich wird sie unsicher auf den Beinen und kann bewusstlos werden. Dringende Behandlung ist dann notwendig, wenn ihr Leben gerettet werden soll.

Sogar in einem frühen Stadium tendieren die Tierärzte dazu, die infizierte Gebärmutter operativ zu entfernen. In einigen Fällen, besonders bei jungen Hündinnen oder wertvollen Zuchthündinnen, konnte mit Prostaglandinen erfolgreich behandelt werden. Obwohl diese Methode ein Züchten mit der Hündin bei ihrer nächsten Hitze erschwert, gibt es aber einige Hoffnung, dass mit ihr weiter gezüchtet werden kann, was nach einer Operation nicht der Fall ist.

Häufig besitzen eine Gebärmutterentzündung, die meist nach der Geburt auftritt, und eine Pyometra, die gewöhnlich bei Hündinnen auftritt, mit denen noch nie oder seit einiger Zeit nicht mehr gezüchtet wurde, ähnliche Symptome und sprechen auf ähnliche Behandlungen an. Der Hauptunterschied, so weit es den Züchter betrifft, ist gewöhnlich der Zeitpunkt des Auftretens. Beide erfordern sofortige ärztliche Behandlung.

Brucella canis

Eine Hauptursache für die Unfruchtbarkeit sowohl von Rüden als auch Hündinnen ist Hunde-Brucellose. Obwohl diese Krankheit erst 1966 bei Hunden entdeckt wurde (von Tierärzten an der Universität Cornell), war sie wahrscheinlich lange ein Hauptgrund für Unfruchtbarkeit, späte Fehlgeburten und die Geburt von schwachen Welpen.

Die Krankheit wird sexuell übertragen und weil die Bakterien innerhalb der Zellen leben, ist eine wirksame Behandlung schwierig. Eine bakterielle Infektion kann bis zu drei Jahre lang im Blut von infizierten Tieren erhalten bleiben. Bis heute gibt es keine wirksamen vorbeugenden Impfungen. Tiere, die infiziert sind, aber keine Symptome zeigen (außer Unfruchtbarkeit), sind vermutlich die wichtigsten Überträger.

Die Krankheit ist in Südamerika, Mexiko und den Südstaaten der USA weit verbreitet. Sie wurde in Europa nachgewiesen, kommt aber nicht häufig vor.

Influenzaähnliche Symptome, Schwäche, schmerzhaft angeschwollene Lymphdrüsen in der Leiste und unter dem Kiefer, geschwollene Hoden beim Rüden, was zur Bildung von leblosen Spermien führt, aber nicht die Libido vermindert, Fehlgeburten oder die Geburt von schwachen Welpen bei Weibchen – dies alles sollte als mögliches Symptom behandelt werden.

Die wirksamste Behandlung nach positivem Befund basierend auf einem schnellen Serum-Gerinnungs-Test ist Kastration sowohl beim Rüden als auch bei der Hündin, um das infizierte Material zu entfernen und somit die Tiere von der Zucht auszuschließen.

Zytologische Tests

Zytologische Tests bestimmen die Zeit der stärksten Produktion von Kernzellen und die Zusammensetzung des Schleimes in Gebärmutterhals und Vagina. Eine von G. C. England durchgeführte Untersuchung zeigte, dass bei Hündinnen, die zur optimalen Zeit – wie durch den vaginalen zytologischen Test angezeigt – belegt wurden, eine erhöhte Fertilität in einer Testgruppe von 50 Hündinnen festgestellt wurde im Vergleich zu einer ähnlichen Gruppe von Hündinnen, die am zehnten und zwölften Tag nach Einsetzen der Hitze belegt wurden.

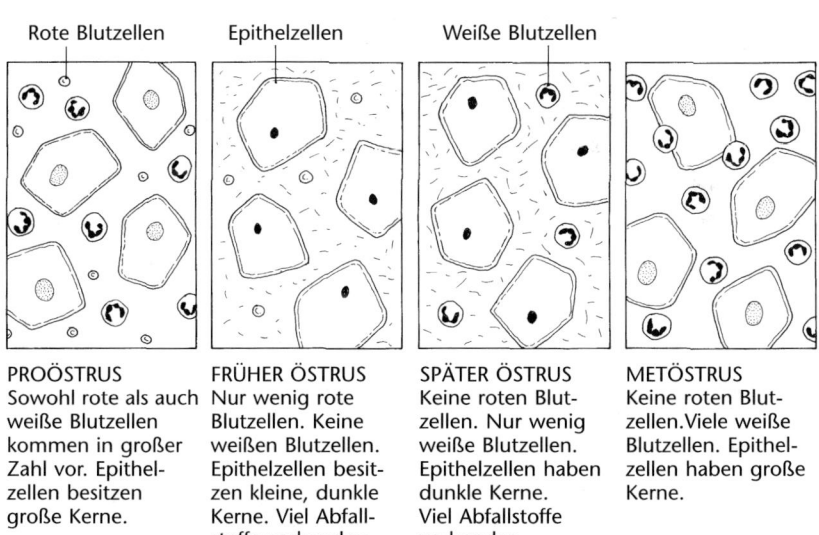

Rote Blutzellen   Epithelzellen   Weiße Blutzellen

PROÖSTRUS
Sowohl rote als auch weiße Blutzellen kommen in großer Zahl vor. Epithelzellen besitzen große Kerne.

FRÜHER ÖSTRUS
Nur wenig rote Blutzellen. Keine weißen Blutzellen. Epithelzellen besitzen kleine, dunkle Kerne. Viel Abfallstoffe vorhanden. Zeit für die Paarung.

SPÄTER ÖSTRUS
Keine roten Blutzellen. Nur wenig weiße Blutzellen. Epithelzellen haben dunkle Kerne. Viel Abfallstoffe vorhanden.

METÖSTRUS
Keine roten Blutzellen. Viele weiße Blutzellen. Epithelzellen haben große Kerne.

Zytologie der Scheide. Die Zellen in der Scheide zeigen die verschiedenen Stadien des Östrus-Zyklus an, wodurch sich der beste Zeitpunkt für die Paarung bestimmen lässt.

46 (92 Prozent) der untersuchten Hündinnen nahmen auf und warfen 344 Welpen mit einer durchschnittlichen Wurfgröße von 7,48 Welpen und einer Sterberate bei der Geburt von 0,35 pro Wurf. 39 (78 Prozent) der Hündinnen, die am zehnten oder zwölften Tag belegt wurden, nahmen auf. Sie gebaren 279 Welpen mit einer durchschnittlichen Wurfgröße von 7,08 Welpen und einer Sterberate bei der Geburt von 0,41 pro Wurf.

Obwohl dies nur ein kleines Beispiel ist, zeigt es, dass es durch zytologische Tests möglich ist, die Aufnahmerate zu vergrößern, die Wurfgröße zu erhöhen und die Sterberate bei der Geburt zu reduzieren.

Empfängnisverhütung

Die beste Form der Empfängnisverhütung ist, die Hündin während der Hitze strikt von Rüden fern zu halten. Aber sogar in den am besten kontrollierten Zwingern kann es zu „Unfällen" kommen. Eine Östrogeninjektion innerhalb von zwei oder drei Tagen nach einer ungewollten Paarung löst bei der Hündin einen Abort aus.

Wenn kein Zweifel besteht, dass mit einer Hündin gezüchtet werden kann, aber der Besitzer aus dem einen oder anderen Grund sichergehen will, dass sie keine Jungen bekommt, ist fraglos eine Kastration, entgegen einiger woanders diskutierter Zweifel, zu empfehlen.

In den USA kann man eine Art Keuschheitsgürtel für Hunde kaufen, der sie nicht nur von einer Paarung abhalten soll, sondern auch die Absonderungen aus der Vagina absorbiert. Dieser Gürtel macht die Bemühungen der Verehrer zunichte, obwohl eine unbeaufsichtigte Hündin sich dieses unbequemen Kleidungsstückes schnell entledigt.

Man kann auch durch Hormongaben in Form von Spritzen oder Tabletten verhindern, dass eine Hündin läufig wird. Viele der Nebenwirkungen, die solche Mittel früher hatten, treten nicht mehr auf, aber die Injektionen scheinen ungewöhnlich schmerzhaft zu sein und können an der Einstichstelle zu einem dauerhaften kahlen Fleck oder einer verfärbten Stelle im Fell führen. Aus

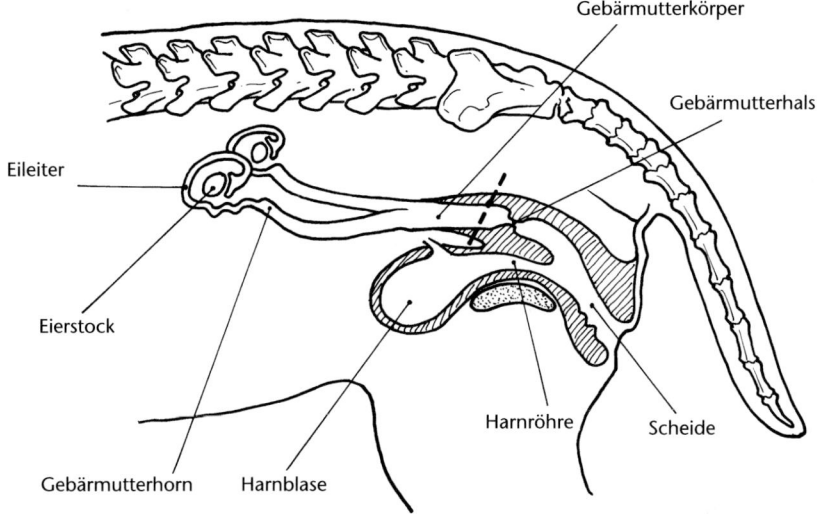

Kastration bei der Hündin. Die Gebärmutter und beide Eierstöcke werden entfernt.

diesem Grund werden die Injektionen am besten auf die Innenseite der Schenkel gegeben. Es gibt auch Hinweise dafür, dass der regelmäßige Gebrauch von Verhütungsspritzen oder -tabletten zu einem vermehrten Auftreten von Pyometra führen kann, obwohl das Risiko vielleicht nicht höher ist als bei jeder Hündin, mit der nicht gezüchtet wird.

Kastration

Die operative Entfernung der Geschlechtsorgane muss auch als eine Art Verhütung, wenn auch eine sehr drastische, angesehen werden. Befürworter der Kastration neigen dazu, mögliche Folgeprobleme abzutun. Ein 1986 durchgeführtes Gutachten zeigte, dass „die Ansicht, kastrierte Tiere neigen eher zu Fettleibigkeit, gestützt wird."

In einigen Fällen kann es vorkommen, dass die Fellqualität negativ beeinflusst wird.

6 Der Deckrüde

Im Bereich der Tierzucht ist gewöhnlich der Besitzer der Weibchen derjenige, der entscheidet, welches Männchen der Vater der Nachkommen sein soll, wogegen der Besitzer des Männchens natürlich das Recht hat, diesem Angebot zuzustimmen oder es abzulehnen.

Es ist sehr unwahrscheinlich, dass der Besitzer eines Rüden gefragt wird, sein Tier für die Zucht zur Verfügung zu stellen, wenn der Rüde nicht gut ist oder, noch besser, ein außergewöhnlich guter Vertreter der Rasse ist und bei seinen besonderen Aktivitäten die Art von Erfolg hatte, die auf seine Eigenschaften aufmerksam macht. In einigen Ländern ist es notwendig, einen Rüden für die Zucht lizensieren zu lassen. Ob eine Lizenz erteilt wird, hängt von den physischen und charakterlichen Eigenschaften und den vererbten Merkmalen des Hundes ab. Kein Rüde wird zugelassen, wenn er nicht dem vorgeschriebenen Standard entspricht, und sogar in Ländern, wo eine Lizenz nicht obligatorisch ist, sollte kein Hund als Deckrüde verwendet werden, wenn er nicht auf die Erbschäden hin untersucht wird, die bei der Rasse bekanntermaßen auftreten können. Sogar dann warten sehr vorsichtige Züchter, bis einige der Welpen geboren und zu begutachten sind.

Bevor ein Hund eine Karriere als Deckrüde beginnt, sollte sich sein Besitzer über die möglichen Konsequenzen im Klaren sein. Die Arbeit als Deckrüde macht den Hund wahrscheinlich selbstbewusster und vielleicht weniger verträglich gegenüber anderen Hunden in seinem Revier. Besonders wenn die Hündinnen im Haus läufig werden oder nachdem fremde Hündinnen da waren, kann die Stubenreinheit darunter leiden. Es wird vermutlich den Anspruch auf sein Revier verstärken, indem er demonstrativ das Bein hebt, und daher ist es häufig besser, wenn er in einem Zwinger oder Auslauf gehalten wird.

Züchter neigen häufig dazu, den Verdienst für gute Welpen ihren Hündinnen zuzuschreiben, machen aber oft die Deckrüden aus einem anderen Zwinger dafür verantwortlich, wenn die Welpen nicht dem Standard entsprechen. Wenn die Dienste des Rüden der Öffentlichkeit zugänglich gemacht werden, wird der Rüde auch stärker von der Öffentlichkeit geprüft und beurteilt. Rüdenbesitzer, die nicht darauf vorbereitet sind, alle Konsequenzen zu akzeptieren, die das Halten eines Deckrüden mit sich bringen, sollten diesen Aspekt der Zucht meiden.

Auswahl eines Deckrüden

Jeder Rüde, der für die Zucht bestimmt ist, sollte mit äußerster Sorgfalt gezüchtet, ausgewählt und aufgezogen werden. Raymond Oppenheimer, welcher sich aufgrund der Qualität seines Bull-Terrier-Zwingers mit dieser Thematik auskennt, sagte immer, ein guter Deckrüde ist niemals ein schlechter Hund. Mit anderen Worten, jeder Rüde, der erwartungsgemäß die Fähigkeit hat, gute Welpen zu zeugen, muss selber ein gutes Exemplar der Rasse sein.

Wenn bei der Rasse bekanntermaßen genetische Defekte auftreten, muss der Rüde entsprechenden Tests unterzogen werden und die Befunde müssen allen mitgeteilt werden, die sich nach ihm erkundigen. Die Tests nicht durchzuführen oder ihre Ergebnisse zu verschweigen, könnte ernsthafte Konsequenzen haben.

Der Rüde selbst muss ein zuverlässiges, stabiles und selbstsicheres Wesen besitzen, wenn er später nicht durch aggressives Imponiergehabe, echtes oder vorgetäuschtes, von widerwilligen Hündinnen oder durch Herumfummeln und häufig unwillkommene Aufmerksamkeit des gut meinenden Besitzers abgeschreckt werden soll. Denn es würden nur wenige Züchter einen Rüden verwenden wollen, dessen Wesen auf irgendeine Weise suspekt ist.

Erziehung

Ein Rüde, der vom Welpenalter an in Isolation groß gezogen oder an sexuellen Spielen mit anderen Hunden gehindert wurde, lässt sich nur schwer an die Arbeit als Deckrüde gewöhnen. Es ist wichtig, dass junge Hunde das tief verwurzelte Verhalten prakti-

Ein guter Zuchtrüde – egal von welcher Rasse – sollte Qualität und Maskulinität aus-
strahlen.

zieren, entwickeln und perfektionieren können, das erforderlich
ist, wenn sie sich mit einer Hündin paaren sollen.

Für die Zucht ausgewählte Rüden sollten die Fähigkeit entwickeln, Bindungen zu anderen aufzubauen und ihren Platz in solchen Beziehungen zu behaupten, ohne aggressiv zu werden. Die
frühe Ausstellungskarriere eines möglichen Deckrüden erlaubt
ihm nicht nur, fremde Hunde zu treffen, sondern fördert auch
sein Selbstvertrauen, während mögliche Interessenten seine Qualitäten sehen und beurteilen können.

Wenn ein zukünftiger Deckrüde das Alter von zehn bis zwölf
Monaten erreicht hat, bei kleinen Rassen vielleicht früher, bei
großen später, sollte er die Möglichkeit erhalten, sich mit einer
ruhigen und ihm bekannten Hündin zu paaren. Er sollte mit der
Hündin spielen und auf ihre provozierenden Annäherungsversu-

che reagieren dürfen, wodurch seine Bemühungen in aller Ruhe gefördert und belohnt werden, ohne dass er vom Zweck dieser Übung abgelenkt wird. Man muss entsprechende Geduld haben, manchmal vielleicht mehrere Tage lang, bevor seine unerfahrenen Bemühungen zum Erfolg führen.

Wenn es zum „Hängen" kommt (siehe Seite153f.), muss noch mehr Geduld aufgebracht werden, weil junge Hunde meistens eine ungewöhnlich lange Zeit „hängen". Der Besitzer hat aber die Gewissheit, dass die Erziehung seines zukünftigen Deckrüden erfolgreich ist. Wenn die Hündin aufgenommen hat, kann er zuversichtlich mit weiteren erfolgreichen Paarungen rechnen, wobei diese sorgfältig kontrolliert werden sollten, damit der Rüde nicht überstrapaziert wird oder sein noch ungefestigtes, jugendliches Vertrauen nicht durch schwierige oder ablehnende Hündinnen zerstört wird.

Die erste Paarung ist jedoch ein problematisches Ereignis. Wenn der Besitzer des Rüden nicht eine geeignete Hündin zur richtigen Zeit bereitstellen kann, ist zu hoffen, dass sich die Gelegenheit bietet, sich mit einer Hündin aus einem anderen Zwinger zu paaren. Wenn der junge Hund von außergewöhnlicher Qualität ist und von anderen Züchtern als positiv beurteilt wurde, wird sich wahrscheinlich diese Gelegenheit bieten. Traditionsgemäß wird auf die Deckgebühr dieser Debut-Vorstellung verzichtet, auch wenn die Paarung erfolgreich war, oder es sollte damit zumindest gewartet werden, bis die Welpen geboren sind.

Erst wenn ein Rüde mindestens einen Wurf mit normalen, gesunden Welpen gezeugt hat, sollte er als allgemein verfügbarer Deckrüde angeboten werden.

Verantwortlichkeiten

Veränderungen der Lebenseinstellungen eines Rüden sind nicht die einzigen möglichen Konsequenzen einer Deckrüdenkarriere. Der Besitzer eines Deckrüden bietet einen Dienst an, für den gewöhnlich eine, manchmal beträchtliche, Gebühr erhoben wird. Diese Dienstleistung sollte kritisch erfolgen. Ein verantwortungsvoller Deckrüdenbesitzer sollte bereit sein, alle Hündinnen abzulehnen, die unter einem angemessen Standard liegen, und alle, deren Besitzer eine inakzeptable Einstellung gegenüber der Zucht haben. Er muss dann bereit sein, die Konsequenzen einer solchen Ablehnung zu akzeptieren. Außerdem sollte der Deckrüdenbesitzer ein breites und detailliertes Wissen über die Rasse und die einzelnen Tiere besitzen.

Von einigen Deckrüdenbesitzern ist bekannt, dass sie versuchen, die Paarungen ihrer guten Rüden mit unterdurchschnittlichen Hündinnen damit zu rechtfertigen, dass durch einen Ablehnung die Hündin von einem schlechten Rüden gedeckt und somit der Rasse schaden würde. Dieses Argument ist nur vorgeschoben. Deckrüdenbesitzer sind nicht verantwortlich dafür, was andere tun oder unterlassen. Ihre Verantwortung beschränkt sich auf ihr Tun und den Ruf ihres Rüden, der durch außergewöhnliche Welpen verbessert, aber durch Mittelmäßigkeit herabgesetzt wird. Nicht dem Standard entsprechende Hündinnen bringen höchstwahrscheinlich nur mittelmäßige Welpen hervor.

Es ist ein Teil der Verantwortung eines Deckrüdenbesitzers sicherzustellen, dass der Rüde gesund und fruchtbar ist, eine empfängnisbereite Hündin, die zu ihm gebracht wird, decken kann und will und dass er in angemessenem Rahmen verfügbar ist, wenn die Hündinnen, für die er zuvor ausgesucht wurde, läufig werden.

Wenn Deckrüdenbesitzer bewusst oder durch Nachlässigkeit nicht sicherstellen, dass ihre Dienste allen diesen Anforderungen entsprechen, ziehen sie nicht nur das Missfallen der Besitzer der Hündinnen auf sich, sondern werden auch feststellen, dass sie vor der Paarung einen Menge Dinge erklären müssen. In diesem zunehmend prozesssüchtigen Zeitalter sollten diese Möglichkeiten nicht zu leicht abgetan werden, insbesondere, wenn man es mit Besitzern zu tun hat, deren Einstellung zur Zucht sehr kommerziell ist, bei Rassen, die Probleme mit Erbschäden haben oder mit zahlenmäßig kleinen Rassen, bei denen die Seltenheit die relative Bedeutung jeden Wurfes erhöht.

Deckvereinbarungen

Deckrüdenbesitzer sollten sicherstellen, dass die Besitzer der Hündinnen über alle Details der Bedingungen, die mit der Paarung zusammenhängen, Bescheid wissen. Wenn die Bedingungen niedergeschrieben und beiderseits akzeptiert werden, umso besser.

Der Besitzer der Hündin sollte sich aller Umstände, die mit der Paarung zusammenhängen, bewusst sein. Die zu deckende Hündin muss identifiziert werden und es sollte ein Vertrag über diese spezielle Paarung abgeschlossen werden. Es sollte klar sein, dass eine Paarung davon abhängt, dass die Hündin zur Zeit der Paarung in guter Verfassung und frei von Infektionskrankheiten ist. Dem Leistungsumfang der Deckgebühr muss zugestimmt werden, besonders dann, wenn der Deckrüdenbesitzer ein Anrecht auf einen Welpen aus dem Wurf hat. Es ist wichtig festzulegen, wo die Paarung stattfinden soll und ob es irgendwelche Einschränkungen über den Zeitpunkt der Paarung gibt. Alle besonderen Absprachen, die auch zur Anwendung kommen können, wie Prüfen der Zertifikate über genetische Gesundheit und der Identifikationsdokumente, die Möglichkeit einer zweiten Paarung während derselben Hitzeperiode, die Möglichkeit einer erneuten Paarung, falls die Hündin nicht aufnimmt, sollten bekannt sein und ihnen sollte zugestimmt werden, bevor die Paarung stattfindet.

Übliche Dienstleistungen

Gewöhnlich werden die Hündinnen zum Rüden gebracht, wenn sie nach Meinung ihres Besitzers paarungsbereit sind. Erfahrene Deckrüden sind Gewohnheitstiere und werden sexuell erregt, wenn sie die Vorbereitungen für den Deckakt mitbekommen, die bislang immer dazu führten, dass sie sich mit einer Hündin paaren sollten. Die Routine und das Umfeld, indem die Paarung stattfindet, sind daher von Bedeutung. Ein bekannter Deckrüde belegt eine Reihe von Hündinnen im Laufe eines Jahres, wobei die meisten Paarungen während der Frühjahrsmonate stattfinden. Unter diesen Umständen wäre es ziemlich unpraktisch, wenn erwartet würde, dass der Rüde zu den Hündinnen reist.

Obwohl es Methoden gibt, mit denen man genau feststellen kann, wann eine Hündin gedeckt werden sollte, verlassen sich die meisten Besitzer weiterhin auf ihre eigenen mehr oder weniger genauen Beobachtungen. Das bedeutet, dass nicht jede Hündin zum optimalen Zeitpunkt zum Rüden gebracht wird und häufig wehren aus diesem Grund einige die Annäherungsversuche des Rüden ab und ein erfahrener Deckrüde, besonders wenn seine Libido nicht besonders groß ist, kann das Interesse an der Hündin verlieren.

Deckrüdenbesitzer müssen akzeptieren, dass nicht alle Paarungen problemlos ablaufen. Einige Hündinnen, die seit dem Welpenalter isoliert von anderen Hunden gelebt haben, wurden vielleicht auf ihre Besitzer geprägt, wodurch ihre natürliche Triebkraft unterdrückt wurde. Die Besitzer von Hündinnen bringen auch häufig ihre Tiere zum Decken, wenn es für sie am bequemsten ist, anstatt dann, wenn die Zeit für die Hündin richtig ist. Deckrüdenbesitzer müssen Toleranz üben, aber diese Toleranz kann nicht ohne das Risiko ausgereizt werden, dass die Dienstleistung gegenüber anderen Hündinnen dadurch beeinträchtigt wird. Wenn, egal aus welchem Grund, eine erfolgreiche Paarung während des ersten Besuches der Hündin nicht stattfindet, kann sie noch einmal eingeladen werden, aber es könnte sein, dass diese Einladung die Termine für andere Hündinnen beeinflusst.

In einigen Fällen kann ein zweiter Decktermin angeboten werden, nachdem eine erfolgreiche Paarung stattgefunden hat. Diese Vereinbarung ist keineswegs unveränderlich und Deckrüdenbesitzer sollten sorgfältig darauf achten, dass alle Punkte aus früheren Abmachungen, die zum Tragen kommen, eingehalten werden.

Deckgebühr

Die Deckgebühr wird üblicherweise von dem Besitzer der Hündin für die Leistung des Deckrüden bezahlt. Sie ist zahlbar sofort nach der Paarung, wenn – idealerweise, aber nicht unbedingt – ein Hängen stattgefunden hat (siehe Seite 153 f.). Die Gebühr hängt nicht von einer daraus resultierenden Geburt von Welpen ab. Und obwohl viele Deckrüdenbesitzer einen kostenlosen Nachtermin anbieten, falls die Hündin nicht aufgenommen hat, sollten die

Besitzer von Hündinnen dies nicht als Anrecht betrachten. Außerdem wird das Angebot gewöhnlich von der ständigen Verfügbarkeit des Rüden abhängen und ist auf eine erneute Paarung mit derselben Hündin beschränkt.

Eine Deckgebühr für einen Rüden zu erheben, der bekanntermaßen unfruchtbar ist oder dessen Fruchtbarkeit zu bezweifeln ist, kommt einem Betrug gleich. Sogar wenn aufgrund der Zweifel an der Fruchtbarkeit eines Rüden keine Deckgebühr erhoben wird, kann ein enttäuschter Züchter Rechtshilfe in Anspruch nehmen, wenn die Bedingungen nicht genau definiert und dokumentiert wurden.

Die Deckgebühr kann in jeder Höhe festgesetzt werden, aber gewöhnlich liegt sie zwischen dem halben und dem vollen Preis eines Welpen. Gelegentlich fragen die Besitzer von Deckrüden nach einem oder mehreren Welpen als Gegenleistung für das Decken, statt eine Gebühr zu nehmen. Diese Vereinbarungen mögen für Deckrüdenbesitzer von Vorteil sein, aber gewöhnlich gehen nur unkluge Züchter darauf ein.

In Skandinavien gibt es Vereinbarungen, die ähnlich denen zwischen Pferdezüchtern sind, wobei die Deckgebühr in zwei Raten geteilt wird. Eine Rate ist zahlbar zum Zeitpunkt der Paarung für die Leistung. Und wenn die Welpen geboren sind, ist eine zweite Rate fällig, deren Höhe von der Anzahl der Welpen abhängt. Diese Art der Vereinbarung empfiehlt sich, da es diejenigen entmutigt, die Rüden von zweifelhafter Fruchtbarkeit zum Decken anbieten, während solche mit außergewöhnlicher Fruchtbarkeit belohnt werden. Auf der anderen Seite kann die Tatsache, dass die volle Gebühr erst fällig wird, wenn die Hündin Welpen hervorbringt, einige Züchter dazu verleiten, weniger sorgfältig darauf zu achten, ihre Hündinnen nicht zum falschen Zeitpunkt zum Rüden zu bringen.

Kennzeichnung

Es ergibt wenig Sinn für den Besitzer eines Deckrüden, die passende Hündin für eine Paarung auszuwählen, wenn diese nicht mit einigermaßen Sicherheit identifiziert werden kann. Bei einigen, besonders einfarbigen und getrimmten Rassen, ist dies nicht ganz einfach. Die Hündin, die er zuletzt perfekt getrimmt auf einem Wettbewerb der Jugendklasse gesehen hat, kann ganz anders aussehen, wenn sie als geschlechtsreifes Tier, nicht für eine Ausstellung getrimmt, gedeckt werden soll.

Eine wachsende Anzahl von Ländern verlangt, dass alle Rüden und Hündinnen, die für die Zucht verwendet werden, dauerhaft gekennzeichnet werden, gewöhnlich durch eine Tätowierung. Eine Tätowierung ist die einzige Möglichkeit für eine unauslöschliche Kennzeichnung, die ohne ein kompliziertes Gerät gelesen werden kann. Dies scheint eine genaue und sogar lebenswichtige Vorkehrung gegen Betrug zu sein, sowohl von Rüden- und Hündinnenbesitzern als auch allen anderen, die versuchen, das ausgewählte Tier durch ein anderes zu ersetzen. Es ist durchaus möglich, dass ohne permanente Kennzeichnung zwei skrupellose Besitzer sich gegenseitig auf solch eine Weise betrügen, dass die Registrierung der Welpen mit einem völlig falschen Stammbaum stattfindet.

Positive Identifizierung bekommt eine noch größere Bedeutung, wenn der Hund außerdem für irgendwelche anderen Verwendungen herangezogen wird, die durch den technischen Fortschritt geschaffen wurden, wie der Export von Sperma für künstliche Besamung (siehe Seite 157 ff.).

Die männlichen Geschlechtsorgane

Obwohl es nicht Voraussetzung ist, dass die Züchter ein detailliertes Wissen über die männlichen und weiblichen Geschlechtsorgane der Hunde besitzen, sind grundlegende Kenntnisse von praktischem Wert: Der Vorgang einer Paarung wird leichter verstanden und die Lösung für irgendwelche Probleme, die auftreten können, wird schneller gefunden. Kenntnisse der weiblichen Geschlechtsorgane sind von größerer Bedeutung, sollten bei der Geburt der Welpen Komplikationen auftreten. Zu diesem Zeitpunkt kann ein Versäumnis zum Tod der Welpen und vermeidbaren Leiden der Hündin führen, während wohlgemeinte Versuche von jemanden, der nicht mehr als eine wage Ahnung von der Anato-

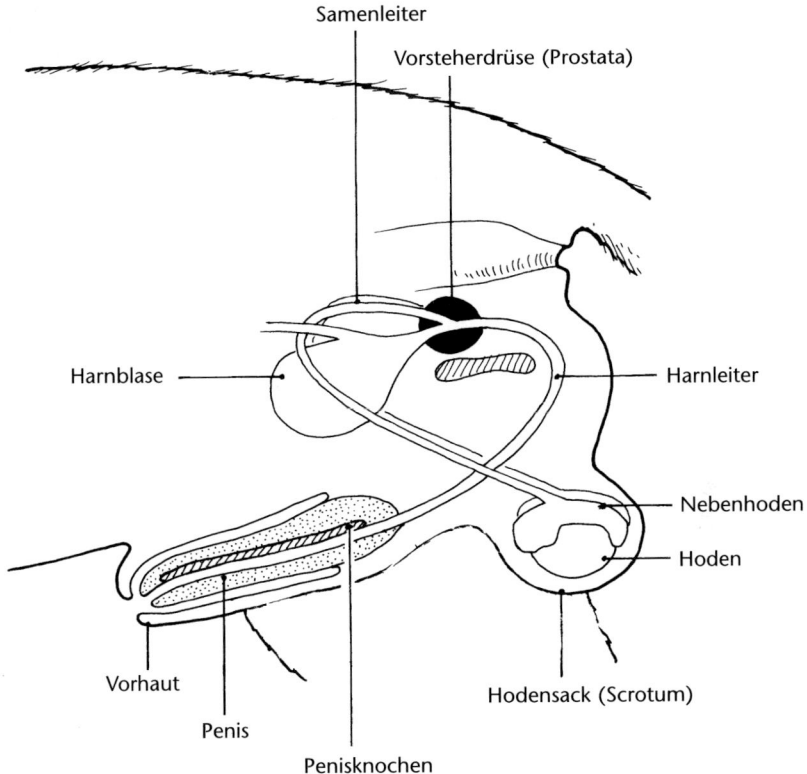

Samenleiter

Vorsteherdrüse (Prostata)

Harnblase

Harnleiter

Nebenhoden

Hoden

Vorhaut

Hodensack (Scrotum)

Penis

Penisknochen

Geschlechtsorgane des Rüden.

mie und den ablaufenden Vorgängen hat, das Problem zu lösen, leicht eine schon schwierige Situation noch verschlimmern könnten.

Die männlichen Geschlechtsorgane produzieren die Zellen, die dazu bestimmt sind, das Weibchen zu befruchten, und die Flüssigkeiten, in denen sie geschützt und transportiert werden. Das System besteht aus mehreren verbundenen inneren Organen, von den Hoden bis zu einer einfachen Öffnung am Ende des Penis.

Die Hoden, gewöhnlich zwei an der Zahl, werden normalerweise in einem äußeren Sack, Scrotum genannt, getragen, der sich zwischen den Hinterbeinen befindet. Durch die Lage außerhalb des Körpers können die Hoden eine kältere Temperatur haben als das Körperinnere. Kühle Bedingungen sind wichtig für die Produktion von befruchtungsfähigem Sperma. Denn Hoden, die im Körper verbleiben und einer höheren Temperatur ausgesetzt sind, bilden keine lebenden Samenzellen. Das Scrotum selbst ist temperaturempfindlich und verändert seine Stellung zum Körper, damit im Innern die optimale Temperatur herrscht. Es zieht sich bei kaltem Wetter zusammen, damit die Hoden näher am Körper liegen und dadurch stärker gewärmt werden, und vergrößert sich bei warmem Wetter, um kühlere Bedingungen zu schaffen. Bei extrem heißem Wetter kann die Zeugungsfähigkeit herabgesetzt sein.

Typischerweise werden die Hoden nebeneinander getragen, aber bei einigen Rassen, besonders bei solchen mit ziemlich schmalen Hüften und stark bemuskelten Hinterbeinen, führt der begrenzte Platz dazu, dass sie hintereinander getragen werden. Bei den meisten Rassen sollte dies aber sorgfältig untersucht werden, da es ein mögliches Anzeichen für die Veranlagung zu Kryptorchismus sein kann.

Das Sperma, das in den Hoden produziert wurde, wird im Nebenhoden, dem Epididymis, gespeichert, bis eine Paarung stattfindet. Obwohl kontinuierlich Samen produziert werden, kann das Sperma, das Rüden gespeichert haben, die längere Zeit keine Hündin gedeckt haben, weniger leistungsfähig sein. Durch zwei Paarungen mit mindestens 24 Stunden Abstand werden die alten Samenzellen entfernt und es ist genug Zeit, dass sie durch frische ersetzt werden.

Das Männchen dringt mit einem teilweise eregierten Penis in das Weibchen ein. Die teilweise Erektion beruht auf der Wirkung des Penisknochens. Die Erektion wird stimuliert, wenn beim Eindringen in die Vagina die Vorhaut zurückgeschoben und der Penis selbst entblößt wird. Die Erektion, das Anschwellen durch Blut, ist erst richtig abgeschlossen, wenn die Penetration stattgefunden hat. Die Vergrößerung der Eichel, einer kugeligen Anschwellung am Ende des Penis, ermöglicht der Hündin, den Penis festzuhalten, um das Hängen zu ermöglichen (siehe Seite 153 f.).

Der männliche Fortpflanzungszyklus

Man sagt „Hündinnen kommen zweimal im Jahr in Hitze, aber Rüden sind jeden verdammten Tag heiß", was nichts anderes als die reine Wahrheit ist. Von der Pubertät bis zum hohen Alter sind Rüden, besonders wenn sie zur Zucht verwendet wurden, jederzeit in der Lage, eine aufnahmebereite Hündin zu decken. Es ist diese ständige Bereitschaft, die Rüden zum Streunen veranlasst, wie die Palastwachen bei W. S. Gilbert „auf der Suche nach Bier und Schönheit (und sie brauchten im Allgemeinen nicht allzu weit gehen)".

Fruchtbarkeit

Ein gesunder männlicher Hund wird fortpflanzungsfähig, wenn er über sechs Monate alt ist und, falls er nicht krank wird oder einen Unfall erleidet, bleibt es, bis er wegen des fortgeschrittenen Alters allmählich weniger fruchtbar wird. Sogar Rüden in hohem Alter mit zehn oder zwölf Jahren können noch fortpflanzungsfähig sein, obwohl in diesem Alter eine beständige Fruchtbarkeit zu bezweifeln ist. Der American Kennel Club fordert von allen Rüden über zwölf Jahren ein Fruchtbarkeitszeugnis aufgrund einer Spermauntersuchung.

Krankheiten und gelegentlich die Behandlung dieser Krankheiten, Stress, Nährstoffmangel, Bewegungsmangel und zu häufiges Decken können schädliche Auswirkungen auf die Fruchtbarkeit haben. Kein Deckrüdenbesitzer sollten den Dienst eines Hundes anbieten, dessen Fruchtbarkeit bezweifelt wird, ohne diese Zweifel dem Besitzer der zu ihm gebrachten Hündin mitzuteilen. Allzu häufig wird ein Deckrüde weiter angepriesen, nachdem er sogar eine Reihe von Hündinnen nicht befruchten konnte.

Traditionsgemäß wird die Fruchtbarkeit von Deckrüden an ihrer Fähigkeit gemessen, Hündinnen zu befruchten, aber diese oberflächliche Methode hat mehrere Nachteile, nicht zuletzt diesen, dass der Eindruck vermittelt wird, der Rüde sei allein für die Schwangerschaft verantwortlich. In Wirklichkeit muss auch der Hündin ein Teil der Verantwortung zugeschrieben werden.

Wenn ein Rüde nicht deutlich über 80 Prozent der von ihm gedeckten, fortpflanzungsfähigen Hündinnen befruchtet, muss seine Fruchtbarkeit angezweifelt werden und er sollte nicht mehr als Deckrüde angeboten werden, bis das Problem erkannt und behandelt wurde. Wenn die Zuchtvereine die Registrierung der Welpen von einer Mitteilung abhängig machen würden, dass eine Paarung stattgefunden hat, von der zu registrierende Welpen zu erwarten sind, würde eine Menge an wertvollen Informationen über die Fruchtbarkeitsrate zusammenkommen und gleichzeitig gäbe es einen zusätzlichen wertvollen Schutz gegen möglichen Betrug.

Unfruchtbarkeit kann definiert werden als die Unfähigkeit, eine fortpflanzungsfähige Hündin zu befruchten. In einigen Fällen wie bei extrem hohem Alter, beidseitigem Kryptorchismus oder bei kastrierten Rüden ist die Unfruchtbarkeit dauerhaft. Weit häufiger ist Unfruchtbarkeit eine relative Schwäche, wobei das Männchen mehrere Hündinnen nicht befruchten kann oder Hündinnen schwängert, die ständig Fehlgeburten erleiden, tote Welpen zur Welt bringen, oder Welpen zeugt, die nur unter Schwierigkeiten geboren werden. Nicht für alle dieser Faktoren sind ausschließlich die Rüden verantwortlich, aber zweifellos kann das Männchen Auswirkungen auf jeden Faktor ausüben.

In solchen Fällen sollte der Rüde einer gründlichen physischen Untersuchung unterzogen werden, einschließlich der Untersuchung der äußeren Geschlechtsorgane und von Blut- und Spermaproben. Das Verhalten des Hundes sollte beobachtet werden, wenn Hündinnen läufig werden.

Gründe für eine gescheiterte oder erfolglose Paarung können zu geringer Sexualtrieb aufgrund von Unreife, hohes Alter, schlechte körperliche Verfassung, sexuelle Hemmung durch die Anwesenheit von ranghöheren Rüden oder das Nachahmen des Östrus durch Hündinnen sein. Wenn ein normaler Sexualtrieb vorhanden ist, kann eine gescheiterte Paarung durch Verletzung, körperliche Defekte oder Probleme mit den Geschlechtsorganen verursacht werden. Eigenschaften wie das Fehlen (ob absolut oder relativ) von Sperma, unnormales Sperma, geringer Sexualtrieb und physische Probleme, die den Koitus erschweren oder verhindern, können alle bis zu einem gewissen Grad vererbt werden. Die Bedingungen, unter denen die Paarung stattfindet, kann auch eine Vereinigung hemmen und sollte mit in Betracht gezogen werden.

Absolute oder relative Unfruchtbarkeit kann mehrere Gründe haben.

Balanitis (Vorhautentzündung)

Die meisten geschlechtsreifen Rüden sondern eine leicht cremige Substanz aus der Vorhaut ab. Wenn diese Absonderung zu stark oder eitrig wird, liegt vermutlich eine Entzündung der Vorhaut vor. Solch eine Entzündung wird als Balanitis bezeichnet. Die Infektion kann durch infizierte Hündinnen erfolgen oder auf Hündinnen übertragen werden. Reizstoffe in der Vorhaut und übermäßig langer Verkehr kann auch zu Infektionen führen.

Die Haare rund um die Vorhaut sollten entfernt werden. Die Vorhaut wird zurückgeschoben, damit die Penisspitze herausragt. Dann wird der Entzündungsherd mit antiseptischer Seife abgewaschen und mit einer entsprechenden antibiotikahaltigen Salbe behandelt. Viele Züchter führen diese Prozedur als Vorsichtsmaßnahme durch, wenn der Rüde eine Hündin gedeckt hat.

Phimose (Vorhautverengung)

Als Phimose bezeichnet man irgendeine Infektion des Penis, wodurch er anschwillt und eine Erektion unmöglich wird. Gelegentlich tritt diese Erkrankung als angeborene Abnormalität auf.

Behandlung der Infektion oder, im Falle der angeborenen Erkrankung, eine Operation löst dieses Problem.

Paraphimose

Paraphimose oder Vorfall des Penis beschreibt die Unfähigkeit, den Penis nach der Erektion wieder zurückzuziehen. Dies kann durch nichts weiter als ein Hindernis verursacht werden, wie es übermäßiger Haarwuchs darstellt. In solchen Fällen löst ein Kurzhalten der Haare das Problem und lässt es auch nicht wieder auftauchen.

Gelegentlich verursacht das Zurückziehen des Penis, dass sich die Vorhaut zurückrollt und eine Verengung darstellt, die möglicherweise Schaden anrichtet. Rüden sollten nach jedem Deckakt

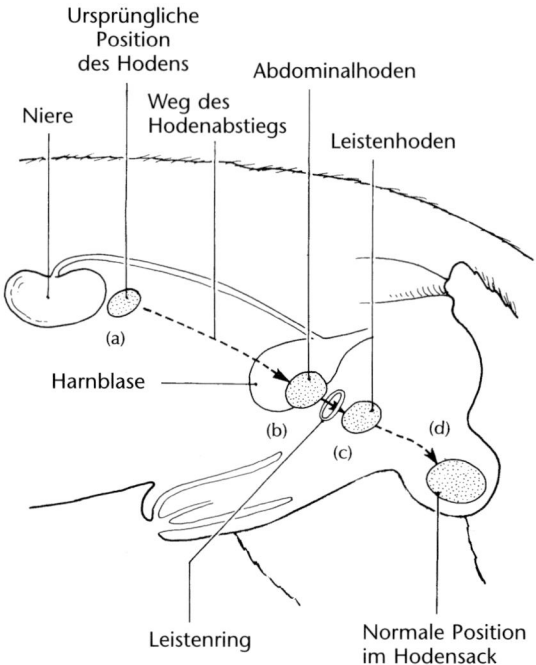

Der normale Weg der Hoden beim Abstieg von ihrer Position hinter der Niere (a) zu ihrer endgültigen Position im Scrotum (d); die hauptsächlichen Bereiche, in denen die Hoden stecken bleiben können, sind mit (b) und (c) gekennzeichnet.

untersucht werden, um sicherzugehen, dass der Penis in seine normale Position zurückgegangen ist.

Prostatastörungen

Die Prostata ist eine Drüse und Rüden, besonders, aber nicht ausschließlich, alte Tiere, sind anfällig für eine Reihe von Prostatabeschwerden. Hierzu gehören Hyperplasie, Infektion, Abszesse, Neoplasie, zystische Metaplasie und paraprostatische Zysten. Anschwellen, Blut im Urin, Eiterabsonderung, Unbehagen, häufiges und schmerzhaftes Urinieren sind alles Anzeichen für Prostatastörungen. Ein Besuch beim Tierarzt ist erforderlich. Behandlung mit Antibiotika, Östrogenen und Operation (eventuell im Rahmen einer Kastration) sind angezeigt, aber einige Erkrankungen wie besonders Neoplasie können unheilbar sein.

Kryptorchismus und Monorchismus

Um den Vorteil der kühleren Bedingungen außerhalb des Körpers für die Produktion von befruchtungsfähigen Samen zu nutzen, werden die Hoden normalerweise in dem äußeren Hodensack, dem Scrotum, getragen. Wenn beide Hoden (Kryptorchismus) oder einer (Monorchismus) nicht in das Scrotum hinabwandern, wird die Fruchtbarkeit vermindert oder es führt zur Sterilität. Solche Hunde sollten nicht als Deckrüden verwendet werden.

Orchitis (Hodenentzündung)

Die Orchitis, die Infektion der Hoden, führt zum Anschwellen und kann verschiedene Ursachen haben wie Verletzung, Frostbeulen, Harnblasenentzündung, Prostatitis, Balanitis, Staupe und Brucellose. Schmerzhaft geschwollene Hoden, ein steifbeiniger Gang, Bemühungen, die Schmerzen zu lindern, indem sich das Tier an einen kühlen Platz setzt, und die Weigerung, sich untersuchen zu lassen, sind alles Anzeichen für eine Hodenentzündung. Durch die Behandlung mit Antibiotika kann die Kastration vermieden werden.

Kastration

Abgesehen davon, dass eine Kastration von Rüden gefördert werden soll, um die Anzahl von Streunern und ausgesetzten Hunde zu vermindern, wird häufig behauptet, eine Kastration hätte nur Vorteile. Die Kastration verhindert sicherlich, dass sich Hunde vermehren, aber sie sollte nicht als Alternative für die richtigen Vorkehrungsmaßnahmen angesehen werden, um die Geburt von unerwünschten Welpen zu vermeiden.

1976 führte das „California Veterinary Medicine Teaching Hospital" eine Studie durch, bei der die Verhaltensveränderungen nach einer Kastration untersucht wurden. Das Ergebnis war, dass das Herumstreunen bei 44 Prozent der kastrierten Rüden plötzlich

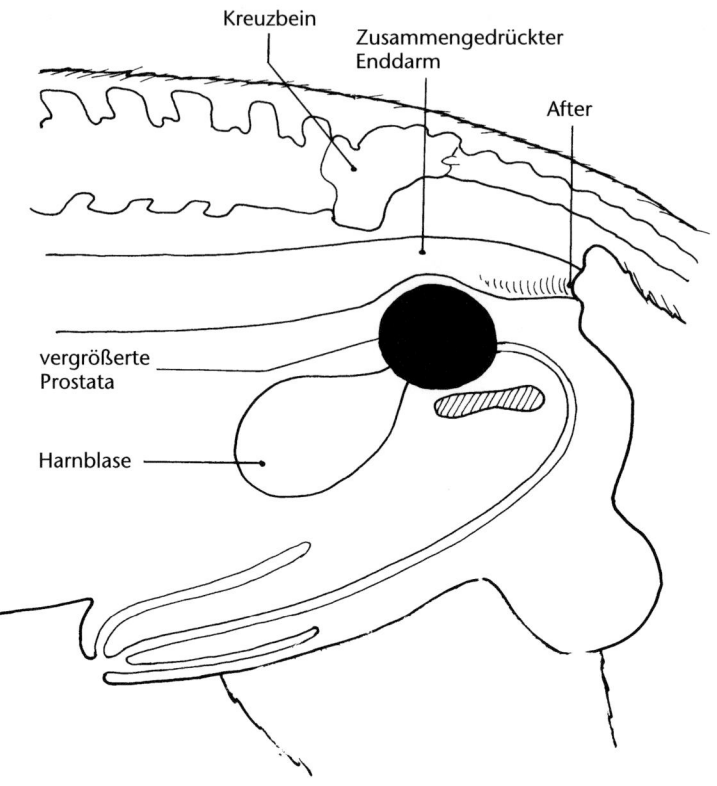

Kreuzbein

Zusammengedrückter
Enddarm

After

vergrößerte
Prostata

Harnblase

Eine vergrößerte Prostata kommt bei älteren Rüden häufig vor, ist aber auch ein Symptom für Prostatitis. Die Prostata nimmt allmählich an Größe zu, verursacht Verstopfung und behindert das Wasserlassen. Diese Erkrankung kann entweder durch eine rektale Untersuchung oder durch Röntgen diagnostiziert und hormonell behandelt werden.

aufhörte, bei 50 Prozent allmählich nachließ und bei 6 Prozent keine Veränderung stattfand. Die Auswirkung einer Kastration beim Aufreiten war weniger positiv. Bei 33 Prozent zeigte sich ein plötzliches Nachlassen, bei 33 Prozent ein allmähliches und bei 33 Prozent wurde gar kein Effekt verzeichnet. Die Auswirkung auf das Aggressions-Verhalten gegenüber anderen Rüden war noch problematischer. 38 Prozent zeigten eine schnelle Abnahme, 25 Prozent eine allmähliche Besserung und 38 Prozent blieben genauso aggressiv wie vor der Operation. Um Aggressivität durch Revierverhalten zu vermindern, scheint eine Kastration völlig nutzlos zu sein: keiner der kastrierten Hunde zeigte irgendeine Verminderung bei seinem aggressiven Revierverhalten.

Vasektomie

Eine Alternative zur Kastration, welche die Möglichkeit von nachfolgenden unerwünschten Veränderungen und Problemen aufgrund des Hormonungleichgewichtes vermeidet, ist die beidseitige Vasektomie, wobei die Samenleiter (Vas deferens), die das Sperma von den Hoden zur Harnröhre leiten, unterbrochen oder entfernt werden. Die Rüden zeigen weiterhin alle männlichen Merkmale, sind aber steril.

Spermabewertung

Eine weniger verschwenderische, weniger anstrengende und gewiss weniger gefährliche Methode, um die Fruchtbarkeit festzustellen, als durch erfolglose Paarungen, ist die Untersuchung der Samenflüssigkeit. Solche Untersuchungen sollten routinemäßig bei Rüden durchgeführt werden, wenn sie nicht regelmäßig zum Decken kommen, wenn der Verdacht besteht, dass die Fruchtbarkeit durch Krankheit oder Alter vermindert ist, oder wenn eine aufnahmebereite Hündin von ihnen nicht befruchtet wird.

Der englische Verband der Blindenhunde testet routinemäßig alle sechs bis zwölf Monate Spermaproben von seinen Deckrüden und ebenso, wenn fruchtbare Hündinnen nicht aufnehmen. Wenn die Untersuchung und Bewertung des Spermas von einer Untersuchung des Scrotums und der Hoden begleitet wird, um jegliche Veränderungen in Größe und Beschaffenheit festzustellen, die Anzeichen für Erkrankungen sein können, könnten die bislang mit der Zucht zusammenhängenden Unklarheiten eher beseitigt werden.

Das Sperma wird gewöhnlich in angewärmten Teströhrchen gesammelt, damit Proben von allen drei Komponenten des Ejakulats enthalten sind. Die erste, welche in der Prostata gespeichert wird, besteht aus einer kleinen Menge einer klaren, zähen Flüssigkeit. Die zweite, etwas größere Komponente enthält die Spermatozoen und ist cremig in Farbe und Konsistenz. Die dritte und größte Komponente, die auch aus der Prostata stammt, ist klar.

Wenn die zweite Komponente klar und wässrig ist, sind nur wenige Spermazellen enthalten. Eine Gelbfärbung kann ein Zeichen für eine Verunreinigung mit Urin oder Eiter sein, während eine Rosafärbung auf die Anwesenheit von geringen Mengen Blut hinweist, was nicht ungewöhnlich ist bei Hunden von mittlerem und hohem Alter.

Ein Tropfen der Probe wird auf einen leicht angewärmten Objektträger gegeben und mikroskopisch untersucht. Die Spermazellen sind als aktive, winzige, kaulquappenförmige Objekte mit großen, ovalen Köpfen und langen, dünnen Schwänzen zu erkennen. Normale Spermazellen besitzen gerade Schwänze, deren plötzliche Bewegungen sie in gerader Richtung vorantreiben. Ein deformierter Schwanz lässt die Spermazellen im Kreis oder sogar rückwärts schwimmen.

Die Anzahl der Spermatozoen in einem völlig befruchtungsfähigen Ejakulat kann zwischen 36 und 630 Millionen liegen. Die Anzahl nimmt mit der Größe des Hundes zu und mit zunehmendem Alter leicht ab. Das Auszählen der Spermatozoen wird in verdünnten und angefärbten Proben von definiertem Volumen durchgeführt. Wenn weniger als 62 Prozent normal sind und weniger als 65 Prozent die typische Mobilität zeigen, ist der Hund wahrscheinlich unfruchtbar.

Export von Sperma

Ein kleiner, aber sicherlich zunehmender Aspekt bei der Haltung eines Deckrüden von Top-Qualität ist der Export von Sperma. Verschiedene Länder auf der ganzen Welt haben ihre eigenen Bestimmungen, auferlegt sowohl von den Zuchtvereinen als auch ihren Regierungen, die aber auch von Zeit zu Zeit geändert werden. Es ist deshalb wichtig, dass jeder, der Hundesperma exportieren möchte, sich nach den Regeln und Bestimmungen erkundigt, die gerade gültig sind. Zu den Grundvoraussetzungen gehört wahrscheinlich die Auflage, dass das Sperma in permanent identifizierten, versiegelten Ampullen transportiert wird. Zu den Papieren gehört ein von einem Tierarzt unterzeichnetes Zertifikat, welches den Spenderhund beschreibt und identifiziert, Name und Adresse des Besitzers enthält sowie Adresse des Ortes, wo das Sperma entnommen wurde, Datum der Spermaabnahme und Informationen über die Gesundheit sowie das Impfzeugnis des Hundes, besonders in Bezug auf Tollwut und andere ansteckende Krankheiten.

Es ist nicht länger ungewöhnlich, dass Welpen in einem Land aufgrund der Verwendung von Sperma geboren werden, das vom Besitzer eines Deckrüden aus einem anderen Land exportiert wurde. Und es gibt keine Zweifel, dass dies ein enormer Vorteil besonders für zahlenmäßig kleine Rassen ist, weil auf diese Weise der zur Verfügung stehende Genpool erheblich vergrößert wird.

Die ersten Anfragen scheinen gewöhnlich von Besitzern von Hündinnen in Übersee zu stammen, aber es gibt absolut keinen Grund, warum ein Deckrüdenbesitzer nicht die Initiative ergreifen soll, um die Dienste seines Rüden auch in anderen Ländern anzubieten.

Erfolgsrate

Es gibt vielleicht glücklichere Formulierungen, aber „Erfolgsrate" beschreibt genau den Unterschied zwischen der Anzahl der verfügbaren Gelegenheiten und der Anzahl der Erfolge.

„Erfolgsrate" kann sich auf die Anzahl der Hündinnen beziehen, die schwanger werden im Vergleich zur Anzahl der gedeckten Hündinnen, und ist somit ein Maß für die Fruchtbarkeit eines Rüden.

Das Konzept ist auch insofern nützlich, dass es die Möglichkeit bietet, die vermutliche Qualität der Welpen, die von verschiedenen Rüden stammen, zu vergleichen. Beispielsweise kann ein Rüde, der eine große Anzahl von Nachkommen hat, als das erscheinen, was man mit einer recht hohen Erfolgsrate im Ring bezeichnet, aber eine nähere Untersuchung kann zeigen, dass Erfolg nicht von einem allgemeinen hohen Standard abhängt, sondern von der gelegentlichen Produktion eines guten Welpen in einer Menge von mittelmäßigen. Auf der anderen Seite kann ein Rüde, der nur überlegt und begrenzt eingesetzt wird, eine weit höhere Anzahl von hervorragenden Welpen aus einer geringeren Gesamtzahl hervorbringen.

Die Erfolgsrate ist daher ein Maß für den Erfolg, wenn die Anzahl der Gelegenheiten für einen Erfolg mit in Betracht gezogen werden.

7 Paarung

Richtiger Zeitpunkt

Die Tatsache, dass Hündinnen normalerweise nur zweimal im Jahr läufig und für eine Paarung bereit sind, bedeutet, dass die Züchter nur eine begrenzte Wahl für die Zeit haben, wann Welpen geboren werden. Die Wahl ist weiterhin beschränkt, weil Hündinnen normalerweise im Frühling und im Herbst läufig werden. Frühlingswelpen werden aus einer Reihe von Gründen bevorzugt. Ihr Wachstum läuft parallel mit dem Einsetzen des wärmeren Wetters, so dass künstliche Beheizung für die Jungen nicht so sehr erforderlich ist. Milderes Wetter bedeutet auch, dass die Welpen sehr früh in ihrem Leben die Möglichkeit haben, draußen herumzutollen, wo die jungen Muskeln und das junge Gehirn die Art von Reizen erhalten, welche die Welpen brauchen, um zu physisch und psychisch gesunden Tieren heranzuwachsen.

Auch andere Überlegungen können den für die Geburt ausgewählten Zeitpunkt beeinflussen. In den meisten Ländern haben die im Herbst geborenen Hunde eine weitaus größere Chance auf eine frühe Ausstellungskarriere als im Frühling geborene Welpen. Auch die beabsichtigte Verwendung der Hunde für Rennen, Agility oder andere Sportarten kann die Entscheidung beeinflussen.

Der Kennel Club in Großbritannien registriert keine Welpen von Hündinnen, die jünger als zwölf Monate oder älter als acht Jahre sind. Die Einschränkung soll verhindern, dass die Hündinnen ausgenutzt werden, was auch zu begrüßen ist. Dennoch gibt es keinen physischen Grund, warum gut gewachsene und gesunde Hündinnen, die jünger als zwölf Monate oder älter als acht Jahre sind, keine Jungen bekommen sollten. Außerdem ist es keine Garantie, dass Hündinnen nicht ausgenutzt werden, wenn sie zwischen ihrem ersten und achten Lebensjahr zu jeder Hitze gedeckt werden.

Eine Hündin kann bei ihrer ersten Hitze nach ihrem ersten Geburtstag gedeckt werden, obwohl die Praxis zeigt, dass Ausstellungstiere nicht gedeckt werden, bis sie im Ring Erfolge erlangt haben. Sie können zu jeder Zeit bis zu einem Alter von drei oder sogar vier Jahren erstmalig gedeckt werden. Danach kann die Hündin zu alt, ihre Knochen und ihr Temperament zu steif sein, als dass sie mit der Belastung eines ersten Wurfes fertig wird.

Wenn entschieden wurde, dass eine Hündin gedeckt werden soll, sollte sie zum Rüden gebracht werden, dessen Besitzer zuvor informiert wurde und er das Einverständnis für den Besuch signalisiert hat. Nur in selten und ungewöhnlich privilegierten Fällen wird der Rüde zur Hündin gebracht. Wenn die Entfernung ein Problem ist, sollte die Hündin zum Rüden geschickt werden oder man arrangiert eine künstliche Besamung.

Das Sperma von einem gesunden Deckrüden kann im Uterus bis zu zehn Tage lang lebensfähig bleiben, obwohl die Zeugungsfähigkeit nach drei Tagen abzunehmen beginnt. Eine Hündin kann einen Eisprung schon am dritten Tag ihres Zyklus oder erst am 25. Tag bekommen.

Wenn der Eisprung stattgefunden hat, benötigen die Eizellen weitere 48 oder 72 Stunden, um heranzureifen und bleiben dann etwa weitere 24 Stunden lebensfähig.

Natürliche Paarungen mit Rüden mit normaler Fruchtbarkeit werden üblicherweise zwischen dem 10. und 14. Tag nach dem ersten Anzeichen des Östrus oder wenn die Hündin durch ihr Verhalten die Paarungsbereitschaft signalisiert, durchgeführt.

Einige Hündinnen „stehen" jedoch während der gesamten Hitze und besonders, wenn sie von einem Rüden gedeckt werden, dessen Fruchtbarkeit nicht sehr groß ist, sollten sie alle drei Tage belegt werden, was allerdings die Kooperation des Rüdenbesitzers voraussetzt, welche aus guten Gründen nicht immer zu erwarten ist.

Die Verwendung von Bluttests, durch welche der Progesteronspiegel bestimmt wird, ermöglicht den Züchtern, genau zu ermitteln, wann die Hündin gedeckt werden sollte.

Hormonuntersuchungen

Bei einigen Rassen dauert die optimale Zeit für eine Paarung nicht länger als ein paar Stunden. Üblicherweise müssen sich die Züchter auf optische Anzeichen verlassen, die unzuverlässig und nicht immer leicht zu erkennen sind und die von Hündin zu Hündin und von Hitze zu Hitze variieren können.

Es ist heute möglich, durch Untersuchung des Progesteronspiegels mit einiger Gewissheit zu bestimmen, wann ein Eisprung stattgefunden hat und wann die beste Zeit für die Paarung ist. Abgesehen von der Bedeutung in Bezug auf schwierige Hündinnen ist diese Technik besonders wichtig, wenn Hündinnen weite Entfernungen zu den Rüden zurücklegen müssen und wenn künstliche Besamung besonders mit gekühltem oder tiefgefrorenem Sperma erfolgen soll.

Der Progesteronspiegel steigt langsam während der ersten Tage der Hitze an. Er steigt sehr schnell an dem Tag, an dem ein Eisprung stattfindet. Wenn der Eisprung vorüber ist, reift die Eizelle über 72 Stunden heran und dann ist der richtige Zeitpunkt für die Paarung erreicht.

Es gibt zwei wichtige Methoden, diese Tests durchzuführen. Eine verwendet Blutproben, die andere Zellproben. In jedem Fall beinhaltet die anfängliche Probe eine bestimmte Progesteronmenge. Jeder nachfolgende Test, der ein Ansteigen dieser Menge anzeigt, bedeutet, dass ein Eisprung stattfindet. Bluttests können von jedem Tierarzt durchgeführt werden und die Resultate sind schnell bekannt, aber zur Zeit sind diese Tests noch teuer und nicht lange haltbar. Zytologische Tests erfordern Erfahrung und eine Ausrüstung, die nicht alle Tierärzte besitzen, und daher gibt es gewisse Verzögerungen, bis die Ergebnisse aus Speziallabors vorliegen.

Eine dritte Methode, einfacher als die anderen, auf die aber weder Tierärzte noch Züchter völlig vertrauen, beruht auf Abstrichen, welche die Zuckerkonzentration in der Scheidenflüssigkeit bestimmen.

An dieser Stelle sollte betont werden, dass die Theorie, man könnte die Paarungsbereitschaft einer Hündin durch eine Vaginaluntersuchung feststellen, ein Trugschluss ist, da es unmöglich ist, manuell den Reifegrad der Eizellen zu bestimmen. Es gibt wirklich keinen Grund für einen Laien, solch eine Untersuchung zu irgendeinem Zeitpunkt während der Hitze durchzuführen, und kann nur zu einer Infektion der Gebärmutter führen.

Voraussetzungen

Paarungen scheinen einfacher abzulaufen, wenn die Tiere die Gelegenheit bekommen, sich kennen zu lernen, herumzurennen und zu spielen und sich einem stimulierenden Vorspiel hingeben zu können. Ein sicherer Bereich, möglichst im Haus, natürlich ohne Einblick durch die Öffentlichkeit und in der für die in Frage kommende Rasse passenden Größe sollte zur Verfügung stehen. Wenn dieser Bereich für die Arbeit des Deckrüden reserviert ist oder nur von dem Rüden genutzt wird, wenn Hündinnen gedeckt werden sollen, lernen die Rüden schnell, diesen Ort mit der Paarung in Verbindung zu bringen und reagieren entsprechend.

Der Deckakt

Es muss hier betont werden, dass während einer Paarung nichts unveränderlich ist. Eine perfekt gelungene Paarung kann in wenigen Minuten vorüber sein oder sie braucht Stunden oder sogar Tage, um zu erfolgen. Einige Pärchen kommen prächtig miteinander aus, einige sind sich fast völlig gleichgültig oder haben sogar Abneigungen gegeneinander. Die Abweichung von der Norm kann viele Formen haben und das Herausfinden einer für alle Beteiligten zufriedenstellenden Lösung dieser Probleme ist hauptsächlich Sache des Deckrüdenbesitzers.

Einige Hündinnen entwickeln sogar eine so starke Vorliebe für einen bestimmten Rüden, dass alle anderen Bewerber strikt zurückgewiesen werden. Daran ist auch nichts Menschliches zu sehen. Wolfpaare gehen gewöhnlich eine lange Bindung miteinander ein, obwohl andere potentielle Geschlechtspartner anwesend sind. Die Vorliebe ist nur ein weiteres Beispiel dafür, wie das Erbgut des Wolfes in unseren Haushunden erhalten geblieben ist.

Bei normal veranlagten Hunde sollte der Deckakt ohne Probleme vonstatten gehen.

Wenn die Hündin am Bestimmungsort angekommen ist, sollte ihr Zeit gegeben werden, sich zu reinigen und sich mit ihrer Umgebung vertraut zu machen. Der Deckrüdenbesitzer möchte vielleicht ihren Gesundheitszustand, die Identität und dass sie aufnahmebereit ist, kontrollieren, bevor der für sie bestimmte Partner hereingelassen wird. Die Art der Zusammenführung hängt davon ab, wie es der Deckrüdenbesitzer gewöhnlich handhabt, aber es ist üblich, dass die Hündin an der Leine ist und beide Hunde am Halsband gehalten werden, bis ihre Reaktion abzuschätzen ist.

149

Züchter von langhaarigen Rassen scheren den Bereich um die Vulva, bevor die Paarung stattfinden darf, um das Eindringen des Penis zu erleichtern.

Wenn die beiden freundlich zueinander sind, können sie die Freiheit erhalten, herumzulaufen und miteinander zu spielen, bevorzugt innerhalb einer sicheren Einzäunung. Sogar ansonsten sehr ruhige Tiere verfallen zu diesem Zeitpunkt in ein völlig untypisches übermütiges und kokettes Verhalten und gehorchen nicht immer in ihrer ansonsten gut erzogenen Weise.

Der Rüde schnüffelt und leckt am Hinterteil der Hündin, vermutlich um die Erregung zu steigern. Dieses Verhalten scheint jedoch am stärksten während der ersten Tage der Hitze zu sein und erfolgt bei erfahrenen und eifrigen Deckrüden nur noch flüchtig, wenn die Hündin paarungsbereit ist. Ständiges Schnüffeln und Lecken sollte deshalb als Anzeichen dafür gesehen werden, dass die Hündin wahrscheinlich noch nicht paarungsbereit ist oder dass die Libido des Rüden nicht so stark ist, wie sie sein sollte. Trotzdem haben die Bemühungen um eine stattfindende Paarung weiterhin Hoffnung auf Erfolg.

Wenn eine Paarung innerhalb einer gewissen Zeit nicht erfolgt, ist es am besten, sowohl dem Rüden als auch der Hündin eine Pause zu gönnen und auszuprobieren, ob eine kurze Trennung vielleicht dazu führt, dass ihre Herzen füreinander höher schlagen. Der Rüde sollte in seine gewohnte Umgebung gebracht werden und die Hündin vorzugsweise auch an einen vertrauten Ort, was allerdings nicht immer möglich ist.

In diesem Stadium sollte die Möglichkeit in Erwägung gezogen werden, dass die Hündin entweder nicht paarungsbereit ist oder der richtige Zeitpunkt für eine Paarung verstrichen ist. Der Deckrüdenbesitzer kann vorschlagen, dass die Hündin am nächsten Tag noch einmal wiederkommen soll oder dass die Paarung ausgesetzt wird. Es macht wenig Sinn und kann auch einigen Schaden anrichten, wenn man einen uninteressierten Rüden versucht davon zu überzeugen, eine Hündin zu decken, die vermutlich nicht aufnehmen wird. Üblicherweise wird zu diesem Zeitpunkt keine Deckgebühr erhoben, wenn aber eine Paarung stattgefunden hat und es trotzdem unwahrscheinlich ist, dass Welpen daraus hervorgehen, ist die Deckgebühr zu zahlen.

Wenn die Hündin nach einem langen Vorspiel paarungsbereit ist, bleibt sie wahrscheinlich mit gesenktem Kopf stehen, ihren Rücken leicht gebogen, ihr Schwanz zu einer Seite gelegt und ihre Vulva nach vorne und oben gestreckt. Mit dieser Position signalisiert die Hündin die Deckbereitschaft. Der Rüde nähert sich ihrem Hinterteil und wird wahrscheinlich an ihre Vulva und ihren Hinterbeinen schnüffeln und lecken. Er macht vielleicht zur Übung einige Beckenstöße und besteigt dann die Hündin und umklammert ihre Lenden mit seinen Vorderläufen.

In diesem Stadium kann die Hündin den Rüden noch verdrängen, indem sie sich umdreht, und die beiden setzen ihr Vorspiel fort. Dieser Vorgang kann wiederholt werden, aber danach ist es ratsam, die Hündin festzuhalten, besonders wenn der Rüde unerfahren ist oder einen labilen Sexualtrieb besitzt.

Der Rüde wird die Hündin erneut besteigen und wenn sie sich nicht noch einmal widersetzt, kann die Paarung ohne weitere Unterbrechungen erfolgen. Der Rüde stößt seine Penis, der jetzt teilweise eregiert ist, in Richtung der Vulva der Hündin. Die Stöße mögen wahllos aussehen, aber erfahrene Deckrüden sind bemerkenswert genau und es gelingt ihnen, nach nur wenigen Versuchen einzudringen.

Wenn ein Größenunterschied zwischen Rüde und Hündin besteht, die Hündin nicht kooperiert oder der Rüde nicht genau genug arbeitet, was alles eine Penetration verhindert, gibt es mehrere Möglichkeiten. Die Höhe des einen oder andere kann schnell ausgeglichen werden. Für diesen Zweck haben sich Telefonbücher am ehesten bewährt. Ein geringer Unterschied kann durch leichten Druck unterhalb des Schwanzes der Hündin ausgeglichen werden. Die Genauigkeit des Rüden kann auch am besten durch Manipulation des Penis mit der Hand verbessert werden. Diese letzte Methode beinhaltet das Risiko, dass das Eingreifen die Hunde stören könnte, besonders solche, die es nicht gewohnt sind, so behandelt zu werden. Dies kann zu verfrühter Ejakulation führen oder der Rüde verliert das Interesse. Außerdem beinhaltet das Berühren des Penis mit einer Hand, die nicht peinlich sauber ist, was noch längst nicht klinisch rein bedeutet, das Risiko, wenn auch ein geringes, den Rüden und somit auch die Hündin zu infizieren.

Ein Reflex, der sogenannten Whitney-Reflex, der zuerst von Dr. Leon Whitney beschrieben wurde, wird manchmal genutzt, um eine Paarung zu erleichtern. Wenn der Rüde die Hündin bestiegen hat, aber es ihm nicht gelingt einzudringen, kann der Besitzer den Penis zur Vulva führen, indem er die Vorhaut festhält und damit das Infektionsrisiko vermindert. Wenn der Penis einmal in Position ist, löst ein Zwicken in die Basis häufig den Whitney-Reflex aus – ein kräftiger, reflexartiger Stoß, wodurch der Penis eintritt und die Paarung ihren normalen Lauf nehmen kann.

Wenn das Eindringen nicht ziemlich schnell erfolgt, treten wieder Fragen auf. Durchläuft der Rüde nur eine Routine, die von ihm in dieser Situation erwartet wird und die er kennt? Ist er nur „höflich" und die Hündin gar nicht deckungsbereit? Wenn dies der Fall zu sein scheint, muss ebenso ein Aufschieben oder Aussetzen der Paarung in Erwägung gezogen werden. Wenn der Rüde jedoch eifrig ist, aber physische Probleme beim Eindringen hat, besteht die Möglichkeit, besonders bei einer jungfräulichen Hündin, dass er auf ein Hindernis gestoßen ist. Wenn dies die wahrscheinlichste Erklärung ist, bleibt als einzige Lösung die Untersuchung der Hündin durch einen Tierarzt. Vielleicht kann sie dann, abhängig von dem Urteil des Tierarztes, am folgenden Tag noch einmal wiederkommen.

Wenn die Penetration stattgefunden hat, sollten die Hündin und gegebenenfalls der Rüde festgehalten werden, um weitere Bewegungen zu vermeiden, bis das Eindringen und die Erektion des Penis abgeschlossen sind. An diesem Punkt endet der Widerstand der Hündin. Die Erektion kann der Hündin Unbehagen und sogar Schmerz bereiten. Sie wird wahrscheinlich laut protestieren und versuchen, dieser Prozedur ein Ende zu bereiten. Ihr Widerstand könnte ihr selbst Schaden zufügen und auch leicht die Karriere eines Deckrüden beenden. Vorsichtiges, aber festes Zurückhalten ist daher notwendig.

In diesem Stadium liegt der Rüde auf dem Rücken der Hündin, wobei seine Vorderläufe um die Lenden geklammert sind. Wenn der Rüde schwerer als die Hündin ist, kann sie vielleicht einige Unterstützung brauchen, um das Gewicht zu halten. Einige Momente oder auch einige Minuten können vergehen, bevor der Rüde beginnt Anstalten zu machen, um in die klassische Hänge-

Die klassische Hänge-Position.

Position zu gehen. Er hebt ein Bein über den Rücken der Hündin, wodurch die beiden eine Stellung einnehmen, bei der sie Rücken an Rücken stehen.

Das Hängen

Das Hängen gibt den Hundeforschern Rätsel auf. Desmond Morris hat angenommen, dass das Hängen die Paarung, die notwendigerweise verlängerte werden muss, weil das Ejakulat des Rüden in drei getrennten Schüben ausgestoßen wird, erleichtert. Das beinhaltet die Frage, warum sich das Hängen bei Hunden entwickelt hat, obwohl bei den meisten anderen Säugetieren eine Besamung wesentlich schneller erfolgt.

Das Hängen kann einige Minuten oder bis zu einer Stunde dauern. 10 bis 15 Minuten erscheinen normal, aber viele Deckrüdenbesitzer glauben, dass diese Zeit oft überschritten wird, wenn die Bedingungen, unter welchen die Paarung stattfindet, den Tieren extremes Unbehagen bereiten. Regen, Kälte, neugierige Blicke

153

von Nachbarn oder Passanten, dies alles scheint zu einem längeren Hängen zu führen. Eine Hündin kann jedoch auch ohne ein offensichtlich auftretendes Hängen aufnehmen.

Es ist wichtig, dass Züchter einsehen, dass das Hängen ein gemeinsamer Vorgang ist, der nicht allein vom Rüden oder der Hündin abhängt. Die Eichel am Ende des Penis schwillt an und wird dann von dem Schließmuskel in der Scheide der Hündin umschlossen.

Während des Hängens zeigen sowohl Rüde als auch Hündin alle Anzeichen von Langeweile. Es ist nicht ungewöhnlich für den einen oder anderen, einfach einzuschlafen und umzufallen. Die Tiere sollten wach bleiben, aber es ist nicht weiter notwendig, das Paar festzuhalten. Die Natur kann dann ihren Lauf nehmen. Schließlich trennen sich die beiden. Der Rüde leckt seinen jetzt schlaffen Penis und die Hündin ihre Vulva. Der Rüde sollte dann in seine gewohnte Umgebung gebracht werden und etwas für ihn geeignetes zur Erfrischung erhalten, mindestens Wasser, obwohl eine Mischung aus Milch und Sherry nicht selten gegeben wird, wobei ein isotonisches Getränk als sinnvoller Kompromiss erscheint.

Nach der Paarung

Einige Züchter unterziehen die Hündin in diesem Stadium allen möglichen Manipulationen im Glauben, dass sie dadurch die Chance auf eine Aufnahme erhöhen. Die Hündin wird manchmal auf den Kopf gestellt, damit der Samen „hineinfließt", ihr Magen wird massiert und es wird versucht, sie vom Urinieren abzuhalten. Solche unnatürlichen Prozeduren schaden wahrscheinlich mehr als sie helfen und dürften als sinnlos angesehen werden. Es sollte alles gut gehen, wenn der Hündin genau dieselbe Rücksicht entgegengebracht wird wie ihrem Partner.

Alles was zu tun bleibt, ist zu entscheiden, ob eine weitere Paarung notwendig oder wünschenswert ist, die Deckgebühr zu entrichten und die Formalitäten zu erledigen.

Umgang mit jungfräulichen Hündinnen

Es kann nicht deutlich genug gesagt werden, wie wichtig es ist, dass Hunde, die zur Zucht verwendet werden sollen, vom Welpenalter an regelmäßig Gelegenheit zu ungehindertem sozialen Kontakt mit ihren Artgenossen bekommen. Die meisten Probleme bei der Zucht entstehen durch eine unnatürliche Lebensweise, isoliert von anderen Hunden.

Jedoch sogar eine Hündin, die ein vielfältiges Sozialleben führt, kann leicht durcheinander geraten, wenn es Zeit für ihre erste Paarung ist. Es ist deshalb wichtig, dass ihre normalen Gewohnheiten, soweit sie mit den Sicherheitsvorkehrungen vereinbar sind, beibehalten werden.

Ein erfahrener Deckrüde mit einem erfahrenen, kenntnisreichen und sympathischen Besitzer sollte ausgewählt werden. Der Besitzer sollte auf die Tatsache aufmerksam gemacht werden, dass die Hündin noch nie belegt wurde. Wenn der Rüde sich Hündinnen gegenüber positiv verhält, ohne übertrieben grob zu sein, ist es umso besser.

Wenn die Zeit für die Paarung gekommen ist, sollte die Reise so arrangiert werden, dass sich die Hündin nicht aufregt. Bei der Ankunft sollte man ihr einige Minuten Zeit lassen, die Umgebung zu erkunden, bevor sie dem Rüden vorgestellt wird.

Früher bestanden einige Züchter darauf, dass jungfräulich Hündinnen vor der Paarung „entjungfert" werden, indem man den Zeigefinger in die Vagina einführt. Diese Methode ist vielleicht noch nicht ganz ausgestorben, sie sollte es aber sein, da sie nutzlos und gefährlich ist. Hunde besitzen kein Jungfernhäutchen, dass vor dem Deckakt zerrissen werden muss. Jede unnormale Behinderung sollte durch einen Eingriff vom Tierarzt beseitigt werden statt von einem groben Zeigefinger. Außerdem kann jedes nicht sterile Objekt, das zu diesem oder jedem anderen Zeitpunkt in die Vagina eingeführt wird, zu einer Infektion führen, die den Verlust der Welpen oder sogar Sterilität zur Folge haben kann.

Bei den meisten ruhig durchgeführten Erstpaarungen wird der Instinkt schließlich siegen und die Hündin wird ihre Bereitschaft signalisieren. Wenn dies nicht geschieht, sollte sie sanft festgehalten werden, damit der Rüde sie besteigen kann. Wenn der Besitzer der Hündin unerfahren oder durch das, was er als Vergewaltigung ansieht, verstört ist, ist es besser, wenn jemand anderes die Hündin übernimmt und ihren Kopf hält, während der Besitzer des Rüden das Hinterteil festhält und seinem Tier assistiert.

Wenn die Penetration stattfindet, wird sich die Hündin vermutlich sowohl durch Laute als auch körperlich zur Wehr setzen und dies so lange tun, bis die Erektion vollständig ist. Ein fester, aber mitfühlender Griff sollte beibehalten werden, bis ihre Proteste nachlassen und die Paarung ihren natürlichen Verlauf nehmen kann.

Unerfahrene Deckrüden

Bevor ein unerfahrener Rüde sexuell aktiv wird, sollte er während seiner Kindheit ausreichend Gelegenheit zu sozialem Kontakt mit anderen Hunden gehabt haben. Seine erste Partnerin sollte eine ruhige, sanfte und sexuell erfahrene Hündin sein. Wenn sie auch eine herausfordernde Hündin ist, mit der er schon vorher Bekanntschaft geschlossen hat, ist es umso besser. Wenn die beiden unter unauffälliger Beobachtung allein gelassen werden können und sich arrangieren, sollte dies auf alle Fälle vorgezogen werden.

Wenn die beiden sich gepaart haben – was erst nach mehreren Versuchen, vielleicht sogar erst nach zwei bis drei Tagen gelungen ist – sollten die beiden festgehalten werden, damit sich der Rüde an eine Einmischung von außen zu diesem Zeitpunkt gewöhnt. Wenn die Paarung am nächsten Tag wiederholt werden kann, sollte die Hündin festgehalten und dem Rüden geholfen werden, damit er sich an diese Störung gewöhnt, die erforderlich sein kann, wenn er weniger paarungsbereite Hündinnen decken soll.

Besonders bei diesen ersten Begegnungen ist es wichtig, dass der Rüde ein möglichst starkes Selbstbewusstsein aufbaut, damit er einen zuverlässigen und nützlichen Deckrüden abgibt.

Es sei noch einmal darauf hingewiesen, dass eine Paarung zwischen zwei körperlich und vom Wesen her normalen Hunden mit einem normalen Sexualtrieb nur wenig Probleme mit sich bringt. Paarungen zwischen Hunden, die körperlich und charakterlich nicht normal sind oder keinen Sexualtrieb besitzen, sollten am besten vermieden werden.

Mehrfachpaarungen

Die Regeln des VDH besagen, dass, wenn eine Hündin von mehr als einem Rüden derselben Rasse und während derselben Hitze belegt wird, die Welpen nur Ahnentafeln erhalten, wenn ein eindeutiger Vaterschaftsnachweis vorliegt (vgl. hierzu Anhang VII „VDH-Zucht-Ordnung").

Künstliche Besamung

Es gibt nichts Neues oder besonders Schwieriges bei der Anwendung von künstlicher Besamung. Die Techniken werden seit mindestens 1780 angewandt, als Spallanzani eine Reihe von Experimenten an Hunden durchführte. Obwohl durch die künstliche Besamung die Qualität anderer Tierarten erheblich verbessert werden konnte, wurde die Anwendung bei Hunden offiziell verboten und war auf illegale Versuche von einzelnen Züchtern bis zu den 1950er Jahren beschränkt, als weitere Forschungen durchgeführt wurden. Die weit verbreitete Durchführung von künstlicher Besamung bei anderen Tieren führte zu zunehmender illegaler Anwendung bei Hunden. Der Canadian Kennel Club behauptete, dass künstliche Besamung leicht von „erfahrenen Züchtern mit Hilfe eines Plastikbechers und eines Trinkhalms" vorgenommen werden könnte und deshalb unternahmen sie keine Versuche, wie einige andere Verbände auch, die Anwendung zu verbieten.

Der Kennel Club in Großbritannien sowie der VDH in Deutschland verbieten jedoch die künstliche Besamung, wenn nicht zuvor eine Genehmigung erteilt wurde (vgl. Anhang „VDH-Zucht-Ordnung"). Diese Genehmigung wird in Großbritannien nur erteilt, wenn sowohl Rüde als auch Hündin vorher schon einmal auf natürliche Weise Nachkommen erzeugt haben, die registriert wurden. Der Widerstand des Kennel Clubs, den Züchtern unbeschränkt Zugang zu den offensichtlichen Vorteilen der künstlichen Besamung zu gewähren, basiert auf der Angst, dass mit Hilfe der Technik Hunde gezüchtet werden, die aufgrund von Aggressivität oder körperliche Deformierung nicht in der Lage sind, eine natürliche Paarung durchzuführen. Diese Angst ist nicht unbegründet, aber die Reaktion darauf, besonders in Bezug auf die Verwendung von gekühltem oder gefrorenem Sperma, kann für die Bemühungen der britischen Züchter, gute Hunde zu züchten, besonders von Rassen mit zahlenmäßig wenig Tieren in Großbritannien, zum Nachteil gereichen.

Spermagewinnung

Künstliche Besamung ist einfach durchzuführen. Das Sperma wird am besten in Anwesenheit einer läufigen Hündin abgenommen, die den Rüden erregt, so dass ein Ejakulat gesammelt werden kann. Alternativ muss der Rüde manuell stimuliert werden. Wenn durch Manipulation die Erektion stattgefunden und die Ejakulation begonnen hat, sollte unterhalb der Eichel ein leichter Druck weiterhin erfolgen, um die Kontraktion des Scheidenmuskels der Hündin bei einer normalen Paarung zu imitieren.

Wenn der Rüde auf die Stimulation anspricht, wird er die normalen Beckenstöße wie bei einer Paarung durchführen. Hierbei wird klares Ejakulat abgegeben, das nicht gesammelt werden muss. Wenn die Beckenstöße nachlassen, wird das Ejakulat cremig, ein Anzeichen, dass es Sperma enthält. Dies sollte in einem geeigneten, sauberen Gefäß gesammelt werden, das auf Körpertemperatur angewärmt wurde.

Besamung der Hündin

Das abgenommene Sperma muss der Hündin eingespritzt werden, bevor es abkühlt und die Dehydrierung beginnt und somit die Zeugungsfähigkeit reduziert wird. Eine geeignete Röhre wird vorsichtig in die Vulva der Hündin so tief eingeführt, wie der Penis des Rüden eindringen würde. Das Sperma wird dann auf eine Spritze aufgezogen und in die Röhre gespritzt. Wenn sich die Hündin auf ihre Vorderläufe aufstützt, braucht sie etwa zehn Minuten, bis das Sperma durch die Röhre und den Gebärmutterhals in den Uterus fließt. Die Röhre kann dann entfernt werden und ein sauberer Finger sollte in die Vagina eingeführt werden, um die Kontraktion zu stimulieren, die das Eindringen des Spermas in den Uterus fördert. Die Chance, dass die Hündin aufnimmt, wird vergrößert, wenn sie danach zehn oder fünfzehn Minuten bewegt und möglichst vom Urinieren abgehalten wird, da die Kontraktion weder so stark noch so lange anhält wie bei einer normalen Paarung.

Künstliche Besamung einer Hündin erfordert die Kenntnisse eines Fachmannes und Erfahrung. Unter keinen Umständen sollte sie von jemand anderem als einem Tierarzt oder einer ähnlich qualifizierten Person durchgeführt werden. Die Aufnahmerate bei einer künstlichen Besamung liegt gewöhnlich unter der einer normalen Paarung, das kann aber daran liegen, dass sie häufig von unerfahrenen Personen durchgeführt wird.

Gekühltes und gefrorenes Sperma

Züchter können darüber nachdenken, ob sie heute davon profitieren wollen, wenn sie Zugriff auf Sperma eines früheren, hervorragenden Deckrüden ihrer Rasse haben, oder ob künftige Generationen den Vorteil nutzen wollen, wenn sie Zugriff auf Sperma eines der besten heutigen Deckrüden haben. Sicherlich hat der sorgfältige Einsatz von konserviertem Sperma zu dramatischen Verbesserungen der Qualität bei einigen andern domestizierten Tieren beigetragen. Er hat auch ermöglicht, dass einige Erbfehler, besonders solche, die spät erkannt werden, unter Kontrolle gebracht werden konnten. Trotzdem bleibt die Anwendung bei Hundezüchtern begrenzt.

Die sorgfältig kontrollierte Verwendung von gekühltem und gefrorenem Sperma könnten für Rassen von Nutzen sein, deren Population in jedem Land zu klein ist, um die Art von Genpool zu Verfügung zu stellen, die erforderlich ist, damit die Rasse gesund und kräftig bleibt. Die Technik könnte auch bei Rassen angewendet werden, die an Erbkrankheiten leiden, die erst spät im Leben eines Hundes auftreten, wenn man mit ihm vielleicht schon gezüchtet hat. Es wäre möglich, Sperma zu sammeln und zu lagern und nur zu verwenden, wenn bekannt ist, dass der Spender frei von Krankheiten ist.

Der englische Verband für Blindenhunde hat konserviertes Sperma wirkungsvoll eingesetzt, um das Auftreten von Erbkrankheiten zu vermindern, welche die Arbeit eines Blindenhundes beeinträchtigen, um die Produktion von Hunden, die für diese Arbeit geeignet sind, zu erhöhen und um an Deckrüden zu gelangen, die sehr weit weg wie z. B. in Neuseeland sind und Welpen von herausragender Qualität erzeugen. Auch bei anderen Tierarten ist die Verwendung von konserviertem Sperma in Verbindung mit strengen Untersuchungen der Nachkommen zu einem wirkungsvollen Werkzeug geworden, um Erbkrankheiten zu bekämpfen und die Qualität zu verbessern.

Die meisten Zuchtvereine erkennen an, dass ein überlegter Einsatz der künstlichen Besamung Vorteile mit sich bringt, durch welche die Züchter bessere Hunde hervorbringen können. Sperma von den besten Rüden kann gesammelt, gelagert und transportiert werden, um so in fast jedem Land der Welt verwendet zu werden, so dass unsere besten Hunde weltweit zur Verfügung stehen, ohne in ihrem Heimatland den Züchtern vorenthalten werden zu müssen.

Die Durchführung variiert von Land zu Land und sollte sorgfältig überprüft werden, bevor eine entsprechende Verpflichtung eingegangen wird.

Sperma importieren

Die Bestimmungen über den Import von Sperma variieren im Detail zwar von Land zu Land, grundsätzlich entsprechen sie in den europäischen Ländern aber den in England gültigen Bestimmungen, die hier stellvertretend beschrieben werden. Für die genaue Durchführung sollte sich jeder bei seinem zuständigen Zuchtverein und den Behörden erkundigen. In Deutschland dauert ein Genehmigungsverfahren erfahrungsgemäß mindestens drei Monate.

Einige Jahre lang verhängte der englische Kennel Club eine totale Sperre für die künstliche Besamung mit gekühltem oder gefrorenem Sperma und hätte keine Welpen registriert, die auf diese Art entstanden sind. Heute hat es sich insofern gebessert, dass einzelne Anträge nach langwierigen Verhandlungen genehmigt wurden.

Eine Genehmigung ist jedoch nicht erforderlich, um Sperma zu importieren oder für die Zucht von Welpen zu verwenden, die nicht registriert werden sollen. Das Ministerium für Landwirtschaft, Fischerei und Ernährung ist die kontrollierende Instanz und übt strenge Kontrollen bei Ländern aus, aus denen Hundesperma importiert werden soll. Früher bedeuteten diese Bestimmungen, dass Sperma nicht aus Ländern importiert werden konnte, in denen es Tollwut gab, was bedeutete, dass die meisten europäischen Länder ebenso wie die USA, Südamerika, und Asien für die britischen Züchter tabu waren. Eine Lockerung dieser Sperre erlaubt heute, Sperma unter strenger Kontrolle auch aus Ländern zu importieren, die nicht tollwutfrei sind. Es ist möglich und auch wahrscheinlich, dass bestehende Regelungen in Bezug auf Länder der EU schließlich gelockert werden.

Der erste Schritt beim Import von Sperma ist die Bestimmung eines geeigneten und verfügbaren Rüden, der sowohl den Anforderungen von Ministerium und Kennel Club entspricht. Dies ist nicht einfach. Die Entfernung wird zweifellos die Möglichkeiten einschränken, potentielle Deckrüden zu untersuchen. Wenn ein geeigneter Rüde gefunden und seine Verfügbarkeit bestätigt wurde, ist es notwendig festzustellen, dass sowohl er als auch seine Nachkommen frei von Erbkrankheiten und anderen Schäden sind. Wenn diese Informationen vorhanden sind, müssen sie zusammen mit dem Nachweis, dass ein Import des Spermas erforderlich ist, dem Kennel Club vorgelegt werden, um sicherzugehen, dass die daraus schließlich entstehenden Welpen registriert werden können. Der Ausschuss für die Standards und das Zuchtbuch wird eine Empfehlung an das allgemeine Komitee abgeben, das wiederum eine Entscheidung trifft.

Ganz offensichtlich ist der Züchter wahrscheinlich weit eher in der Lage zu beurteilen, ob die Verwendung von importiertem Sperma jetzt notwendig ist, als jedes einzelne Komiteemitglied. Was aber die Registrierung anbelangt, hat das Komiteemitglied das Sagen. Genetische Beweise dafür, dass es notwendig ist, Sperma zu importieren, um in einer Rasse weit verbreitete Erbschäden zu verhindern, sind schwierig zu liefern. Die Notwendigkeit, Welpen zu züchten, die frei sind von in der entsprechenden Rasse auftretenden Defekten, bedeutet, dass der Kennel Club einen Beweis dafür haben will, dass die Hündin frei ist von solchen Schäden. Wenn man einfach ein gefährlich hohes Maß an unbemerkter Inzucht vermeiden möchte, wofür Nachweise bisher ungenutzt in der Registrierungsstelle des Kennel Clubs, wäre für einen Züchter die Zusammenarbeit mit einem Zuchtverein notwendig, dem der Kennel Club die entsprechenden Informationen zukommen lässt. Der Kennel Club will die Stammbäume der betreffenden Tiere sehen, um die Art der Vereinbarungen zu untersuchen, die zwischen dem Deckrüdenbesitzer und dem Besitzer der Hündin getroffen wurden, und um sicherzugehen, dass die Zustimmung des Landwirtschaftsministeriums erfolgt.

Wenn der Kennel Club nicht von der Notwendigkeit des Importes von Sperma überzeugt ist, kann seine Entscheidung negativ ausfallen. Wenn der Züchter diese Entscheidung nicht akzeptiert, muss er noch mehr Beweise liefern oder einen anderen Rüden auswählen. Wenn die Entscheidung positiv ausfällt, können weitere Schritte in dieser Sache unternommen werden.

Für den Import des Spermas muss ein Antrag auf Genehmigung beim Ministerium für Landwirtschaft, Fischerei und Ernährung gestellt werden. Wenn schon eine formlose Abmachung erfolgt ist und die Vorarbeit geleistet wurde, kann die Genehmigung in einigen Wochen erteilt sein. Wenn aber ganz von vorne begonnen wird, kann dieser Vorgang vier Monate in Anspruch nehmen.

Der Antrag wird nur genehmigt, wenn der Spender in einem tollwutfreien Gebiet lebt und mindestens in den letzten sechs Monaten vor der Spermaentnahme keinen Kontakt mit Tollwuterregern hatte. Der Rüde muss auch nach der Spermaentnahme in einem tollwutfreien Gebiet leben und darf weitere sechs Monate keinen Kontakt mit Tollwuterregern haben.

Wenn diese Formalitäten erledigt sind, kann die Spermaentnahme erfolgen. Der Rüde selbst muss eindeutig identifiziert sein, entweder durch ein Mikrochip-Implantat oder bevorzugt durch eine von einer autorisierten Institution vorgenommenen Tätowierung. Die Abnahme selbst ist eine einfache Prozedur, aber die Vorbereitung der Probe für sichere Lagerung und Transport ist eine schwierige Aufgabe und kann nur von Spezialisten auf diesem

Gebiet durchgeführt werden. Gewöhnlich werden zwei Proben vorbereitet. Das Produkt wird auf Vitalität untersucht, verdünnt und in etwa zwei Dutzend versiegelten Glasröhrchen verschlossen, von denen jedes ausreichend Sperma enthält, um eine Hündin zu befruchten. Die Ampullen werden dann eingefroren und in flüssigem Stickstoff gelagert. Sie verbleiben so lange in der Sammelanstalt, bis der Züchter um Lieferung bittet.

Die Ampullen werden dann zum Züchter geflogen, immer noch in einem mit flüssigem Stickstoff gefüllten Behälter, der als gefährliches Gut eingestuft wird und entsprechend zusätzliche Transportgebühr kostet. Nach der Ankunft wird die Verpackung vernichtet und der gefrorene Behälter wird zu einem für die Lagerung geeigneten Ort gebracht, gewöhnlich in ein tiermedizinisches Institut.

Wenn die Hündin läufig wird, muss sie dorthin gebracht werden, wo die Ampullen gelagert sind. Es werden Tests vorgenommen, ob ein Eisprung stattgefunden hat, und dann wird die Besamung durchgeführt. Wenn alles gut geht, werden neun Wochen später die Welpen geboren.

Ganz offensichtlich ist der Import von Sperma nicht ganz einfach zu organisieren. Die Kosten sind hoch, aber für Rassen, die keinen großen Zuchtbestand haben, sind die Vorteile erheblich, um Gesundheit und Typ der Rasse zu erhalten. Die Kosten einschließlich für Deckgebühr, Spermaentnahme, Lagerung, Transport und Besamung sind etwa genauso hoch, als wenn man einen Rüden kaufen und importieren würde, vorausgesetzt ein geeignetes Tier wäre verfügbar, was nicht immer der Fall ist. Wenn ein Wurf geboren wurde, können die restlichen Proben für andere Hündinnen verwendet werden, wenn zuvor der Deckrüdenbesitzer zugestimmt hat und bezahlt wurde und eine Genehmigung vorliegt.

Embryoübertragung

Die Technik der Übertragung und Einpflanzung von Embryos hat bei Hunden bisher nur wenig Anwendung gefunden, schon gar nicht bei den Züchtern. Im Jahre 1957 wurden Experimente mit Schafen erfolgreich durchgeführt und 1985 zeigten Versuche an Rindern, dass die Technik schon so weit war, um aus frischen oder konservierten Embryos, schon mit festgelegtem Geschlecht oder noch ohne, vollständig oder aufgeteilt, genetisch identische Geschwister zu erzeugen.

Abgesehen von dem Wunsch der Züchter, solche Techniken anzuwenden, und der vermutlichen Ablehnung der Zuchtvereine, dies zu akzeptieren, ist es schwierig, den Eisprung der Spender- und Empfängerhündinnen zu synchronisieren. Diese Schwierigkeit kann man heute überwinden. Es wird nicht mehr lange dauern, bis Züchter von der Embryoübertragung Gebrauch machen können, um identische Klone eines vorbestimmten Geschlechts zu produzieren, um Embryos aus einer Hündin zu entfernen und sie in eine andere einzupflanzen.

Die Verwendung von gefrorenem Sperma ermöglicht heute, die Karriere eines Deckrüden fortzusetzen, wenn dieser schon tot ist. Die Verwendung von gefrorenen Embryos eröffnet dieselben Möglichkeiten für Hündinnen.

Super-Eisprung

Schafe bekommen normalerweise ein- bis zweimal im Jahr Junge, aber die Anwendung der Super-Eisprung-Technik ermöglicht es jetzt, die Fruchtbarkeit so zu erhöhen, dass ein Schaf mehrmals im Jahr einen Eisprung bekommt und befruchtet werden kann und jedesmal vier oder mehr Embryos entwickelt. Die Anzahl macht es unmöglich, sie bis zuletzt auszutragen, daher werden sie routinemäßig entfernt und anderen Muttertieren eingesetzt, wodurch das wertvollere Spendertier eine weitere Gruppe von Embryos bilden kann, ohne sich den Strapazen der Schwangerschaft, der Geburt oder der Aufzucht der Jungen zu unterziehen. Der Wert dieser Technik ist, dass hervorragende Tiere mehr Nachkommen produzieren können, während weniger wertvolle als Empfänger für die wertvollen Embryos verwendet werden, wofür sie möglicherweise besser geeignet sind.

Die Embryo-Übertragung und die Super-Eisprung-Technik wurden bisher von Züchtern angewendet, es scheint aber nicht, dass deren Auswirkung bisher von den Zuchtvereinen in Betracht ge-

Eine dauerhafte Kennzeichnung von Welpen würde es unnötig machen, dass Züchter so häufig auf guten Glauben vertrauen müssen.

zogen wurde. Vermutlich werden die Zuchtvereine diese Technik nicht gut heißen, aber für die Möglichkeit, hochwertige Tiere als Blindenhunde oder für ähnliche Zwecke zu züchten, könnte sich diese Technik als wertvoll erweisen. Die Methoden sind schon gut erprobt und Züchter sollten von deren Existenz wissen.

Elternschaftsnachweis

Es ist wichtig für die Rassehundezucht, dass die wahren Eltern der Zuchttiere bekannt sind. Gelegentlich wird die Elternschaft durch ungewollte Paarungen oder, weniger häufig, durch bewussten Betrug in Frage gestellt. Heute ist es relativ einfach, wenn auch noch recht teuer, mit Hilfe von Tests die Elternschaft nachzuweisen.

Bei den Tests werden Gewebeproben von den Welpen mit welchen der vermeintlichen Eltern verglichen. Die vier am häufigsten durchgeführten Techniken beruhen auf der Untersuchung der An-

Besonders einfarbige Welpen sind für den Außenstehenden schwer voneinander zu unterscheiden.

tigene gegen Rote Blutkörperchen und gegen Weiße Blutkörperchen sowie von polymorphen Proteinen oder DNA-Untersuchungen. Jede Technik beruht auf der Tatsache, dass für die Eltern typische Merkmale nur an ihre Nachkommen weitergegeben und dort nachgewiesen werden.

Kennzeichnung

Es gibt eine Reihe von Methoden, durch welche einzelne Hunde dauerhaft gekennzeichnet werden können. Sie können einen Mikrochip implantiert bekommen oder Einzelheiten von Gewebeproben sind irgendwo registriert. Beide Methoden haben den Nachteil, dass sie nur mit speziellen Geräten und/oder Kenntnissen gelesen werden können. Hunde können auch mit Gefrierbrandzeichen versehen werden, die, obwohl sie schmerzlos sind, eine hässliche Narbe hinterlassen. Hunde können auch tätowiert werden, gewöhnlich auf der Innenseite der Ohren oder der Oberschenkel. Das Tätowieren hat nicht die Nachteile wie andere Methoden. Es ist ein gut erprobtes System, das weder schmerzhaft noch teuer ist und eine Markierung bietet, die unter allen Umständen leicht erkennbar ist.

Bis jeder für die Zucht verwendete Hund dauerhaft und auf eine Art, die leicht von jedem Züchter, Richter und Tierarzt gelesen werden kann, gekennzeichnet ist, muss die Zucht auf Vertrauen basieren. Wenn eine Hündin zur Paarung zu einem bestimmten Deckrüden gebracht wird, muss dessen Besitzer sich auf die Identifizierung verlassen, die der Besitzer der Hündin angibt. Er muss auch darauf vertrauen, dass die Hündin nicht schon belegt worden ist und nicht noch einmal gedeckt wird, nachdem sie den Zwinger verlassen hat. Ähnlich muss der Besitzer der Hündin auf die Identität des Deckrüden vertrauen. Wenn schließlich Welpen geboren und registriert werden, gibt es keine Möglichkeit außer der Gewebeanalyse festzustellen, dass sie ein Produkt der Verbindung sind, die auf den Dokumenten beschrieben ist.

8 Pflege der tragenden Hündin

Man darf nicht annehmen, dass eine Hündin, nachdem sie gedeckt worden ist, andere Rüden davon abhält, sich mir ihr zu paaren, oder dass diese kein Interesse an ihr haben. In der Tat verstärkt die Erfahrung ihre Bemühungen, weitere Freier zu finden. Solange der Besitzer nicht ganz sicher ist, dass seine Hündin nicht mehr aufnehmen kann, was nach ein bis zwei Wochen nach der Paarung der Fall ist, sollte sie strikt von allen Rüden fern gehalten werden.

Die Stadien der Schwangerschaft

Die Tragzeit beträgt durchschnittlich 63 Tage, obwohl der Normalwert von Rasse zu Rasse unterschiedlich sein kann. Welpen, die fünf bis sechs Tage vor dem errechneten Termin geboren werden, können überleben, aber die Chance ist ziemlich gering. Welpen, deren Geburt zwei bis drei Tage zu spät erfolgt, sind auch einem höheren Risiko ausgesetzt – und wenn sie nur einfach zu groß sind, um auf natürliche Weise geboren zu werden.

Während der ersten vier Tage nach der Paarung teilt sich die befruchtete Eizelle in zwei Zellen. Nach fünf Tagen sind es vier, nach sechs Tagen acht Zellen. Nach dem achten oder neunten Tag hat sich eine viellzellige Morula gebildet, die den Eileiter hinunter zur Gebärmutter wandert. Nach dem 15. Tag der Schwangerschaft hat sich eine eingehöhlte, kugelige Blastozyste gebildet und ab dem 18.Tag beginnt sich eine Plazenta zu entwickeln.

In diesem Stadium beginnt sich die Frucht an den Wänden des Gebärmutterhalses und gelegentlich im Uterus selbst anzuheften. Das Festsetzen erfolgt durch die sich entwickelnde Plazenta, die Zotten bildet (vergleichbar mit kleinen Wurzeln), welche in Einsenkungen in der Gebärmutterwand hineinwachsen. Die Anheftung hat zwei Bedeutungen: Sie gewährt dem sich entwickelnden

168

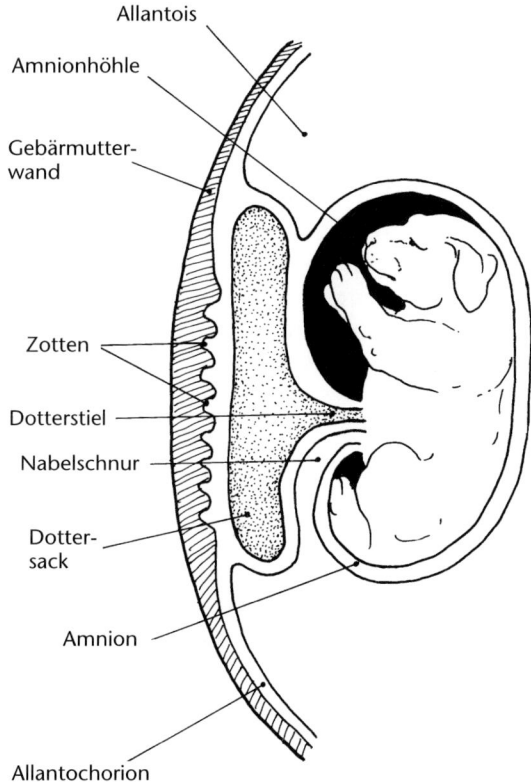

Allantois

Amnionhöhle

Gebärmutter-
wand

Zotten

Dotterstiel

Nabelschnur

Dotter-
sack

Amnion

Allantochorion

Der Fötus mit den ihn umgebenden Geweben.

Fötus mehr Sicherheit als im frei schwimmenden Stadium und
bietet die Möglichkeit, den Fötus durch die Nabelschnur, welche
ihn mit der Plazenta verbindet, mit Nährstoffen zu versorgen. Ein
großer Teil der Plazenta besteht aus teilweise geronnenem Blut,
welches während der Schwangerschaft normalerweise zu einer
dunkelgrünen Farbe degeneriert, dessen Erscheinung bei der Entbindung häufig diejenigen besorgt, die leuchtend rotes Blut erwarten.

Nach etwa 21 Tagen hat sich die Plazenta an die Gebärmutter-
wand angeheftet, wodurch das empfindliche, frei schwimmende
Stadium bei der Entwicklung zur Blastozyste abgeschlossen ist.
Davor ist sie sehr anfällig und wenn die Hündin einen Unfall oder

Stress erleidet, kann eine Fehlgeburt erfolgen. Aus diesem Grund sollte sie nach der Paarung sobald wie möglich zu ihrem normalen Leben zurückkehren und vor unnötigem Stress geschützt werden. Besuche von Ausstellungen oder anderen Veranstaltungen, wo Infektionsgefahr besteht und wo die Hündin gestresst werden könnte, sollten vermieden werden. Es ist bezeichnend, dass einige der am unbarmherzigsten bei Ausstellungen vorgeführten Hündinnen eine sehr niedrige Fortpflanzungsrate haben. Durch den weiteren Besuch von Ausstellungen während der frühen Stadien einer Schwangerschaft opfern ihre Besitzer – für ein paar mehr Wochen mit Wettbewerben – die Chance, weitere gute oder noch bessere Tiere dieser Rasse zu züchten.

Nach drei Wochen hat sich das Zentralnervensystem der Welpen entwickelt und während der folgenden Woche beginnen sich Gehirn und Rückenmark auszubilden. Während der vierten Woche findet die Geschlechtsbestimmung statt und die Augen der Welpen beginnen sich zu entwickeln.

Von der sechsten Woche an nimmt das Wachstum rapide zu, besonders bei großen Würfen, und der Körper der Hündin rundet sich deutlich. 57 Tage nach der Befruchtung sind die Welpen lebensfähig, wobei sie aber fachmännisch betreut werden müssen, um außerhalb des Mutterleibes zu überleben.

Absorption

Sogar in den ersten Tagen nach der Einnistung bleiben die Embryos empfindlich für Stress und können unter ungünstigen Bedingungen abgestoßen oder absorbiert werden. Ultraschalluntersuchungen während dieses Stadiums der Schwangerschaft haben gezeigt, dass Absorption weit häufiger auftritt, als sich die Züchter vorstellen konnten. Tierärzte, die Hündinnen kastrieren, welche nie Welpen geworfen haben, entdeckten Narben an der Gebärmutterwand, die zeigten, dass sich Welpen eingenistet hatten, aber nicht ausgetragen wurden. Daher ist es offensichtlich, dass Stress während der Schwangerschaft zum völligen oder teilweisen Verlust der Welpen führen kann, ohne dass die Züchter sich dieser Tatsache bewusst sind.

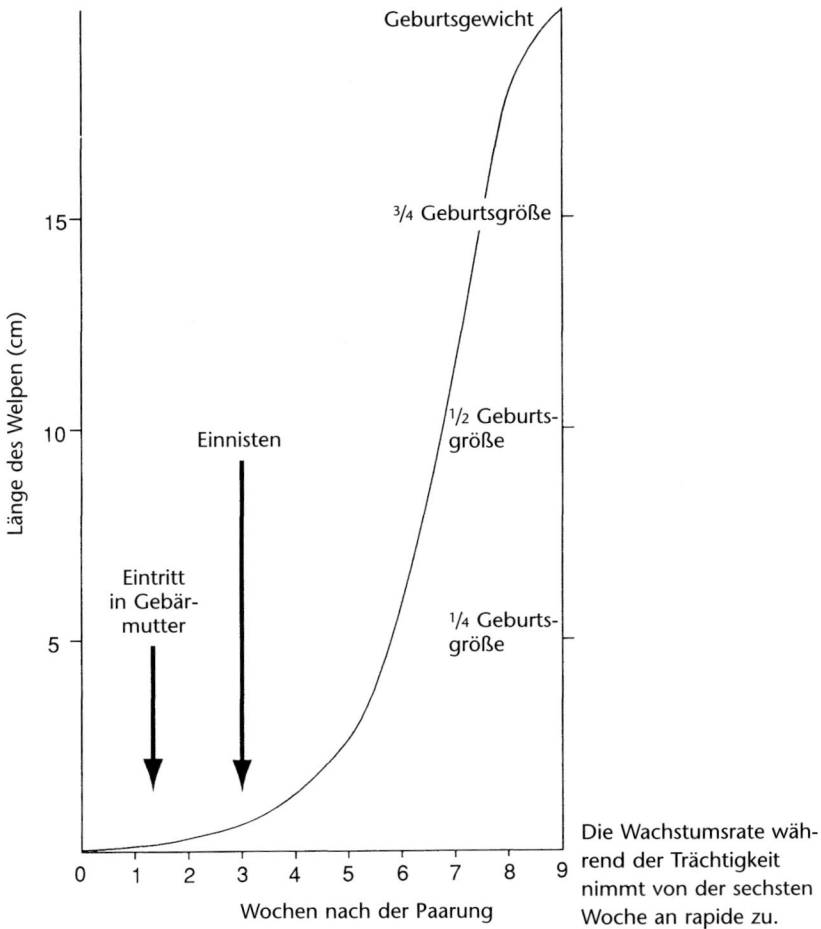

Länge des Welpen (cm)

15 —

10 — Einnisten

Eintritt
in Gebär-
mutter

5 —

0   1   2   3   4   5   6   7   8   9

Wochen nach der Paarung

Geburtsgewicht

³/₄ Geburtsgröße

¹/₂ Geburts-
größe

¹/₄ Geburts-
größe

Die Wachstumsrate wäh-
rend der Trächtigkeit
nimmt von der sechsten
Woche an rapide zu.

Schwangerschaftsdiagnostik

Wenn sich eine Schwangerschaft entwickelt, werden die Anzeichen zunehmend deutlicher: eine geschwollene und leicht gerötete
Vulva, vergrößerte Zitzen, zunehmende Körperfülle und leichte
Verhaltensänderungen. Diese üblichen Anzeichen einer Schwangerschaft treten auch auf, wenn die Hündin eine Scheinschwangerschaft hat, daher können sie nicht als gänzlich zuverlässige Nachweise für eine echte Schwangerschaft angesehen werden.

In diesem Stadium kann die Neugierde die Geduld überwiegen und der Züchter möchte wissen, ob die Hündin aufgenommen hat. Wenn es keinen anderen Grund als unbefriedigte Neugierde gibt, ist es gewöhnlich am besten, der Natur ihren Lauf zu lassen und darauf zu verzichten, die Hündin Untersuchungen zu unterziehen.

Keine der zurzeit verfügbaren Methoden kann etwas anderes bestimmen, als dass die Hündin zum Zeitpunkt der Untersuchung trächtig ist. Keine kann die Wahrscheinlichkeit einer Reabsorption während der frühen Stadien einer Schwangerschaft oder eine spontane Fehlgeburt zu jedem möglichen Zeitpunkt vorhersagen. Beides wird umso wahrscheinlicher, wenn die Hündin Stress ausgesetzt ist, möglicherweise sogar der Art von Stress, welche durch die Untersuchung selbst ausgelöst wird. Keine Methode kann völlig zuverlässig als Negativnachweis gelten. Einzelwelpen können leicht unentdeckt bleiben und werden dann vor den Augen eines überraschten und unvorbereiteten Züchters geboren. Umsichtige Züchter behandeln jede gedeckte Hündin, als wäre sie trächtig, bevor die verstrichene Zeit die Befürchtung bestätigt, dass sie es nicht ist.

Tastuntersuchung

Von etwa der dritten bis zur vierten Woche der Schwangerschaft sind die Embryos – die noch zu winzig sind, um ertastet werden zu können – von einem flüssigkeitsgefüllten Beutel umgeben, der durch fachgerechtes und vorsichtiges Ertasten an den Flanken der Hündin gefühlt werden kann, natürlich nur, wenn die Hündin kooperativ und während der Untersuchung entspannt ist und sich nicht wehrt.

In etwa der fünften oder sechsten Woche verschwinden die Knötchen unter der umgebenden Flüssigkeit und dem Gewebe. Das Ertasten wird erschwert. Zu dieser Zeit sollten aber schon andere Anzeichen für die Schwangerschaft erkennbar sein.

Wenn keine Anzeichen für eine Schwangerschaft festzustellen sind, sollte man dies nicht als endgültigen Beweis ansehen, dass die Hündin nicht trächtig ist. Wenn es nur wenige Welpen sind, die sich oben in der Gebärmutter direkt unter dem Brustkorb befinden, wenn die Hündin Übergewicht hat oder wenn sie während der Tastuntersuchung angespannt ist, kann es unmöglich sein, eine positive Diagnose zu stellen.

Sogar wenn der Tastbefund die Anwesenheit sich entwickelnder Welpen bestätigt, lässt sich deren Anzahl nicht genau bestimmen oder ob sie voll ausgetragen werden.

Die Tastuntersuchung birgt ein gewisses Risiko, die sich entwickelnden Embryos zu schädigen. Sie sollte nur von einer geschulten Person und niemals ohne guten Grund durchgeführt werden.

Ultraschalluntersuchung

Die Ultraschalluntersuchung zur Schwangerschaftsdiagnostik verwendet Schallwellen, welche den Pulsschlag der ungeborenen Welpen wahrnehmen oder die von den sie umhüllenden Fruchtblasen reflektiert werden. Bei Menschen ermöglicht die Größe eines einzelnen Fötus, fetale Missbildungen durch Ultraschall entdecken zu können. Bei Hunden ist diese Möglichkeit auf die Diagnose von *Hydrops foetalis* begrenzt, einer Missbildung, bei welcher der Fötus durch Flüssigkeit enorm vergrößert ist.

Durch Ultraschall kann auch eine Gebärmuttervereiterung entdeckt werden, bevor klinische Anzeichen auftreten. Dies ermöglicht eine andere Behandlung als die sonst erforderliche Operation und erhöht die Wahrscheinlichkeit, dass die Fortpflanzungsfähigkeit einer Hündin erhalten bleibt.

Blutuntersuchungen

Man kann auch durch Untersuchungen von Blutproben eine Schwangerschaft in der dritten oder vierten Woche nachweisen, aber auch hierfür sollte ein guter Grund vorliegen. Wie bei den anderen Methoden gibt auch ein Bluttest nicht die Garantie, dass die Welpen bis zum Ende ausgetragen werden.

Röntgen

Wenn die Welpen so weit entwickelt sind, dass sich ihr Skelett gebildet hat, ist es möglich, ihr Vorhandensein durch Röntgen festzustellen. Wegen des Risikos für eine Schädigung der ungeborenen Welpen sollte das Röntgen von trächtigen Hündinnen jedoch möglichst unterbleiben.

Herztöne der Föten

Wenn die Schwangerschaft fortgeschritten ist, kann man mit Hilfe eines Stethoskops die Herztöne der Föten hören.

Schwangerschaftsabbruch

Wenn eine nicht geplante oder anderweitig unerwünschte Paarung stattgefunden hat, beendet eine einmalige Östrogeninjektion, die bei der Hündin eine erneute Hitze auslöst und dadurch die noch frei schwimmenden Embryos abgehen, die Schwangerschaft, ohne Risiko und Schaden für die Hündin. Diese Methode ist jedoch nur etwa bis zum 20. Tag nach der Aufnahme wirksam.

Die Hündin sollte dann so behandelt werden, als würde sie eine normale Hitze durchmachen, wobei sie stärker beaufsichtigt werden sollte als bei der vorangegangen Hitze. Es ist unwahrscheinlich, dass sie erneut aufnimmt, falls sie gedeckt werden würde, aber wenn bei früheren Hitzen kein Eisprung stattgefunden hat, könnte es bei dieser künstliche hervorgerufenen Hitze der Fall sein. In diesem Fall würde sie schwanger werden, wenn sie erneut gedeckt werden sollte.

Geschlechtsbestimmung

In der Vergangenheit wurden alle Arten von seltsamen und wunderbaren Methoden ausprobiert, um das Geschlecht der ungeborenen Welpen zu beeinflussen. Die Verwendung von sauren oder alkalischen Medikamenten und Spülungen, die Paarung zu bestimmten Jahreszeiten oder während der frühen oder späten

Hitze – dies alles wurde versucht. Schon im Jahr 1928 hat C. J. Davis in seinem „Theory and Practice of Breeding to Type" (Theorie und Praxis von der Zucht bestimmter Rassen) die ganze Thematik zusammengefasst:

Jeder Züchter hat schon einmal die Erfahrung gemacht, dass es Perioden gibt, in welchen ein Geschlecht überwiegt. Wenn er weiterhin mit ähnlichen Linien züchtet, wird sich ziemlich sicher herausstellen, dass sich gemäß dem Gesetz der Wahrscheinlichkeit schließlich annähernd ein Gleichgewicht einstellen wird, wenn die Beobachtung über eine ausreichend große Anzahl von Fällen erfolgt. Obgleich es enttäuschend ist, dass sich das Geschlecht weder durch Ernährung noch durch mechanische Mittel bestimmen lässt, ist es doch gleichzeitig befriedigend zu wissen, dass es Verschwendung von Zeit und Energie ist, durch solche Methoden die Erzeugung von Jungtieren eines bestimmten Geschlechtes herbeiführen zu wollen.

Die Aussagen von Davies trafen bis vor kurzem zu, bis die Versuche, Nachkommen eines bestimmten Geschlechtes zu erzeugen, erfolgversprechende Ergebnisse erbrachten. Wenn die experimentellen Methoden praktikabel werden, was sicherlich fast immer in Verbindung mit künstlicher Besamung wäre, würden sie einen erheblichen wirtschaftlichen Wert für Viehzüchter darstellen. Unter den heutigen Gegebenheiten wäre ihr Wert für Hundezüchter mit Ausnahme einiger spezialisierter Züchter weniger bedeutend. Es gibt aber Umstände, unter denen die Bestimmung des Geschlechts der Welpen ein Vorteil wäre.

Sperma kann mit Hilfe eines Fluss-Zytometers aufgeteilt werden, welches die kleinen Unterschiede im DNA-Gehalt von X- und Y-Chromosomen der enthaltenen Spermien erkennt. Die Technik wird seit 1986 bei Rindern, Schafen und Schweinen und seit 1989 bei Kaninchen angewendet. In den sechs Jahren bis 1993 konnten keine anatomischen Abnormitäten festgestellt werden. Seit 1993 gibt es eine weitere Sortiermethode, die einen Fluoreszens-Zellsortierer verwendet, der mit einem ultravioletten Laser ausgestattet ist. Beide Sortiermethoden sind jedoch zu langsam, um die Mengen von lebensfähigen Spermien zu erzeugen, die für eine künstliche Besamung notwendig sind. Bisher ist ihre Anwendung zur Erzeugung von Embryos mit vorbestimmtem Geschlecht auf die In-vitro-Befruchtung beschränkt.

Ernährung vor der Geburt

Obwohl die Entwicklung des Milchdrüsen- und Gebärmuttergewebes in der ersten Hälfte der Schwangerschaft dazu führt, dass einige Hündinnen rundlicher als gewöhnlich erscheinen, erfordert das Wachstum der Föten während dieser Zeit keine erheblich höhere Nährstoffversorgung. Wenn die Hündin zum Zeitpunkt der Paarung in guter Verfassung war, weder unter- noch erheblich übergewichtig ist und sie richtig ernährt wird, muss diesbezüglich bis etwa zur sechsten Woche der Schwangerschaft nichts verändert werden. Zu diesem Zeitpunkt ist eine allmähliche Steigerung der Futtermenge um wöchentlich 10 Prozent erforderlich, damit die Hündin zum Zeitpunkt der Geburt etwa 1,5 mal so viel Nahrung zu sich nimmt, um sich und ihre Welpen gesund zu erhalten.

Eine nicht ausreichende Ernährung kann dazu führen, dass die Hündin weniger den immensen Belastungen der Aufzucht ihrer Welpen, wenn sie geboren sind, gewachsen ist. Auf die ungeborenen Welpen hat sie aber nur wenig Auswirkungen. Das Futter der Hündin einzuschränken in der Hoffnung, das Wachstum der Welpen vor der Geburt zu vermindern, ist erfolglos. Andererseits kann eine bezüglich der Menge oder der Nährstoffe übermäßige Ernährung zu einem abnormen Wachstum der Welpen führen oder die Hündin verfettet so sehr, dass die Geburt erheblich erschwert wird. Zu guter Letzt führt zu viel Futter zu unnötigem Unbehagen für eine hochträchtige, aber gefräßige Hündin.

Bei einer hochträchtigen Hündin sollte die tägliche Futterration auf zwei oder mehr kleinere Mahlzeiten aufgeteilt werden, damit der eingeengte Magen nicht überlastet wird.

Entwurmen

Die beiden hauptsächlich bei Hunden vorkommenden Spulwürmer sind *Toxocara canis* und *Toxascaris leonina*. Bei erwachsenen Hunden können die Larven von *Toxocara canis* ins Gewebe wandern und dort als Zysten inaktiv bleiben, unerreichbar für Entwurmungsmittel. Hormonale Veränderungen während der Schwangerschaft reaktivieren die Larven und ab dem 40. Tag der

Schwangerschaft können sie über die Plazenta in die ungeborenen Welpen einwandern. Welpen infizieren sich auch über die Muttermilch. Sie infizieren wiederum die Mutter, da diese sie ableckt und ihren Kot auffrisst. Es ist durchaus möglich, dass Wurmbefall einen erheblichen Effekt auf die Überlebensrate vor und kurz nach der Geburt hat und aus diesem Grund allein ist es ein bedeutender, zu berücksichtigender Faktor. Das geringe, aber trotzdem vorhandene Risiko für den Menschen, sich zu infizieren und zu schädigen, erfordert den gewissenhaften Einsatz von wirksamen Entwurmungsmitteln.

Welche Präparate zur Entwurmung der trächtigen Hündin zu empfehlen sind und zu welchem Zeitpunkt sie jeweils verabreicht werden sollen, erfährt man vom Tierarzt. Die heutigen Entwurmungsmittel sind wesentlich wirksamer als früher und durch die Eingabe eines einzigen Präparates können die meisten Wurmarten, die gewöhnlich Hunde befallen, bekämpft werden.

Trevor Turner (siehe Literaturverzeichnis) hat ein System entwickelt, bei dem ab dem 40. Tag der Schwangerschaft bis 18 Tage nach der Geburt eine tägliche Dosis des Wirkstoffs Fenbendazol verabreicht wird, räumt aber ein, dass solch eine Methode zu kostspielig sei. Allerdings kommen die Unkosten wieder herein, wenn das System zu einer höheren Überlebensrate der Welpen führt und würde sowohl den Hunden als auch der öffentlichen Gesundheit zum Vorteil gereichen.

Eine 1993 vom „Canine Concern Scotland" durchgeführte Untersuchung ließ den Schluss zu, dass durch regelmäßige Entwurmung ein *Toxocara*-Befall bei Hunden wirksam eliminiert werden kann. Die untersuchten Hunde (meistens erwachsene Tiere) wurden durchschnittlich dreimal jährlich entwurmt. Nur bei einem Hund – der über acht Monate lang nicht entwurmt worden war – konnte ein Befall mit *Toxocara* nachgewiesen werden, wobei die Anzahl der produzierten Eier nur einem Sechstel der durchschnittlichen Menge bei anderen Untersuchungen entsprach. Die Schlussfolgerung wurde von George Leslie formuliert, der die Untersuchungen durchgeführt hatte: „Verantwortungsvoll gehaltene Hunde stellen kein ernsthaftes Gesundheitsrisiko für ihre Besitzer oder jeden anderen Mensch dar."

Nicht nur kleine Rassen bevorzugen es, im Haus ihre Jungen zur Welt zu bringen anstatt in einem Außenzwinger.

Wurfkiste

Das erste und wichtigste Kriterium für den Platz, an dem die Hündin gebären soll, ist, dass sie mit ihm vertraut ist und er ihren Bedürfnissen entspricht. Wenn der Platz in Hinblick auf das bevorstehende Ereignis gut vorbereitet ist, kann sie, nachdem sie noch die für sich notwendigen Veränderungen vorgenommen hat, damit vertraut werden und es als ihr Eigentum ansehen.

Die Gestaltung einer Wurfkiste ist fast unbegrenzt variierbar, vorausgesetzt dass die wichtigsten Kriterien erfüllt sind. Das Lager muss sauber – klinisch sauber – und in dem Stadium leicht zu pflegen sein, in welchem es von einer jungen und nicht besonders reinlichen, wachsenden Familie bewohnt wird. Es muss warm sein und warm gehalten werden können, besonders am Tag der Geburt und in der Zeit direkt danach. Die Wurfkiste muss sicher sein, sowohl um Ausflüge der zunehmend aktiv werdenden Bewohner als auch das Eindringen von neugierigen Hausbewohnern zu verhindern.

178

Eine Wurfkiste muss groß genug sein, damit sich die Hündin ausstrecken kann, und weich genug, damit es für sie und ihre Welpen bequem ist.

Die Kiste muss so groß sein, dass die Hündin bequem auf der Seite liegen kann, wobei Kopf und Beine voll ausgestreckt sind. Wenn sie rundherum geschlossen ist, was die Sicherheit erhöht und die Wärme besser hält, muss sie so hoch sein, dass die Hündin aufrecht stehen kann. Zu kleine Kisten erschweren es der Hündin, ihre Position zu verändern, ohne Angst haben zu müssen, ihre Welpen zu verletzen. Dieses Unbehagen kann schnell dazu führen, dass sie das Interesse an der Versorgung ihrer Jungen verliert.

Eine Schiene entlang der Innenwand der Kiste kann verhindern, dass die Welpen von einer schweren oder ungeschickten Hündin erdrückt werden, aber die meisten Hündinnen lernen schnell, sich selbst um ihre Welpen zu rollen und bilden so einen warmen und sicheren Raum zwischen ihrem Körper und ihren Beinen.

Das Lager kann mit Zeitungspapier ausgelegt werden, das die Hündin wahrscheinlich mit Begeisterung zerfetzen wird und daraus ein primitives Nest formt, bevor sie die Welpen zur Welt bringt. Handtücher lassen sich leicht waschen, aber viele Züchter bevorzugen heute die synthetischen fellähnlichen, waschbaren Gewebe, die ursprünglich zum Wohlbefinden von Langzeitpatienten entwickelt wurden.

Die Größe bestimmt vielleicht mehr als alles andere, ob die Hündin im Haus oder im Zwinger die Jungen zur Welt bringt. Wenn der Platz vorhanden ist, ist es zweckmäßiger, wenn die Geburt im Hause des Züchters stattfindet. Es ist einfacher, die Hündin unter ständiger Kontrolle zu halten, und wenn ihre Welpen heranwachsen, werden sie gleich mit den optischen und akustischen Reizen eines geschäftigen Haushaltes vertraut und der Züchter kann sich an ihren Ausflügen erfreuen.

Temperatur

Während der Schwangerschaft befinden sich die Welpen in einer Umgebung, die eine konstante Temperatur von 38,6 °C besitzt. Vielleicht um sie auf die Bedingungen in der Außenwelt vorzubereiten, fällt die Körpertemperatur der Hündin vor der Geburt und liegt bei der Geburt einige Grade tiefer. Die Welpen werden in eine Welt geboren, von der sie nichts wissen und mit der sie keine Erfahrung haben. Sie sind nass, müde und hilfsbedürftig und müssen zum ersten Mal ihre eigene Nahrung finden. Der Vorgang des Trocknens und das erste Erlangen der lebenswichtigen Nahrung zehrt schon die Energiereserven des Welpen auf und seine Körpertemperatur kann schnell fallen.

Sogar in einer warmen Umgebung von 26 °C kann ein isolierter, neu geborener Welpe schnell unterkühlen. Wenn es ihm kalt wird, beklagt er sich jämmerlich und sucht verzweifelt nach Wärme. Schließlich verstummt er und verfällt in eine Starre, seine motorischen Aktivitäten unterbleiben. In diesem Stadium kann der Welpe durch vorsichtiges Aufwärmen wiederbelebt werden, aber danach wird eine Wiederbelebung immer schwieriger. In den ersten Lebenstagen brauchen die Welpen eine Temperatur von 24 °C. Das Wurflager muss auf dieser Temperatur gehalten werden können. Eine besorgte Hündin in einer gut isolierten Wurfkiste erzeugt meistens ausreichend Wärme, aber bei extremer Kälte oder wenn sich die Hündin nicht so kümmert wie sie sollte, ist eine zusätzliche Beheizung notwendig.

Die Verträglichkeit von niedrigen Temperaturen verstärkt sich mit dem Wachstum der Welpen rapide und im Alter von zehn Tagen können sie eine Temperatur von 15 °C aushalten.

Eine gut isolierte, umschlossene Kiste benötigt vielleicht keine zusätzliche Heizung, aber während der ersten Tage nach der Geburt hilft eine zusätzliche Isolation in Form von Decken oder einer Überlebensfolie dabei, die notwendige Temperatur zu halten.

Zusätzliches Heizen erfolgt am einfachsten, billigsten und sichersten durch Infrarot-Heizlampen. Ihre Höhe muss sorgfältig eingestellt werden, damit die Familie ausreichend gewärmt wird, ohne gekocht oder ausgetrocknet zu werden. Heizmatten, die eine sanfte Wärme für die darauf liegenden Welpen bieten, gibt es auch. Vorausgesetzt, die Hündin kaut nicht an den Kabeln herum, sind sie eine ausgezeichnete Alternative.

9 Geburt

Normalerweise wird angenommen, die Tragzeit von Haushunden beträgt 63 Tage – neun Wochen – aber wie die Erfahrung den Züchtern immer wieder zeigt, ist darauf kein Verlass. Wenn keine zusätzlichen Probleme auftauchen, sind Welpen, die am oder nach dem 56. Tag geboren werden, gewöhnlich so weit entwickelt, dass sie überleben können. Ebenso kann sich die Geburt bis zum 72. Tag hinauszögern, ohne dass die Welpen gefährdet sind.

Was aber als normal bezeichnet wird, kann von Rasse zu Rasse variieren. Alle Größen von Pudeln scheinen einen etwas kürzere Tragzeit zu haben als eine Reihe anderer Kleinhunde. Die größeren Rassen wie beispielsweise Dogge und Dobermann scheinen dagegen eine längere Tragzeit zu haben.

Dies ist dann die Zeit, wenn die Nerven und das Selbstvertrauen sogar bei den erfahrensten Züchtern bis zur Grenze belastet werden und für den Neuling kann es eine traumatische Erfahrung sein. Alle notwendigen Vorbereitungen wurden getroffen. Man hat sich selbst darüber informiert, was eine Geburt mit sich bringt und welche Anzeichen signalisieren, in welchem Stadium sie sich befindet oder dass sie nicht normal verläuft. Sogar für erfahrene Züchter ist es jedoch schwierig, nicht ängstlich und nervös zu werden, wenn eine Hündin den Zeitpunkt erreicht, an dem sie werfen sollte. Wenn ein Züchter nicht das Glück hat, einen erfahrenen Freund zu haben, der die Lage überschaut, wird er auf sich alleine gestellt sein. Viele Tierärzte sind niemals bei einer normalen Geburt dabei gewesen. Nur wenige können sich die Zeit nehmen, mehr zu tun als nur zu helfen, wenn offensichtlich Schwierigkeiten auftauchen, und dieses werden sie aus gutem Grund wahrscheinlich nur in ihrer Praxis durchführen.

Einige Rassen, besonders solche mit kurzen Köpfen, ungewöhnlich kleine oder solche mit schmalen oder steil gewinkelten Beckengürteln haben häufig Probleme bei der Geburt. Bei solchen Rassen sind Schwierigkeiten zu erwarten und ein Züchter sollte

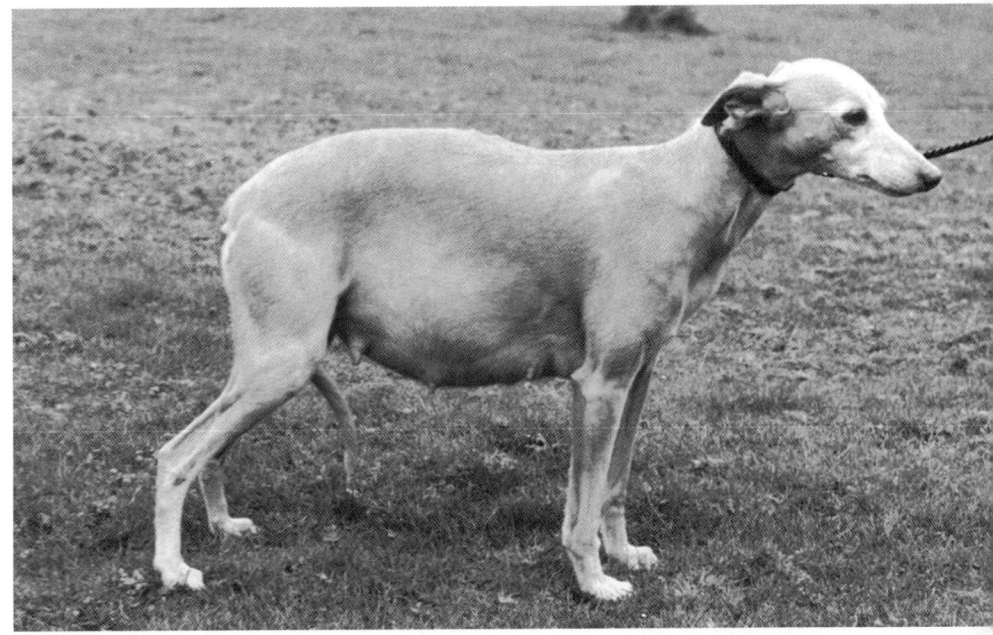

Eine Whippet-Hündin nur wenige Stunden vor dem Werfen. Die Welpen liegen jetzt tief, bereit für die Geburt.

darauf vorbereitet sein. Bei den meisten Rassen bleibt die Geburt jedoch ein normaler, wenn auch traumatischer Vorgang, den mit ein wenig Kenntnissen, einem gewissen Geschick und einem kühlen Kopf sogar ein neuer Züchter erfolgreich hinter sich bringen kann.

Sicherlich ist jede Geburt anders und einige laufen gänzlich undramatisch ab. Züchter von jeder Art von Tieren erkennen, dass, je mehr sie züchten, sie mit umso mehr Problemen konfrontiert werden. Sie versuchen sie entweder durch gute Planung oder Glück zu vermeiden, aber sie wissen, dass alle Arten von Komplikationen auf sie lauern können.

Die Geburt besteht nach biologischen Gesichtspunkten aus drei Phasen. In der Praxis ist es oft schwierig und sogar für einen erfahrenen Züchter unmöglich zu sagen, wann die erste Phase begonnen hat, wann sie in die zweite übergeht und zwischen der zweiten und dritten zu unterscheiden. Normale Geburten ohne

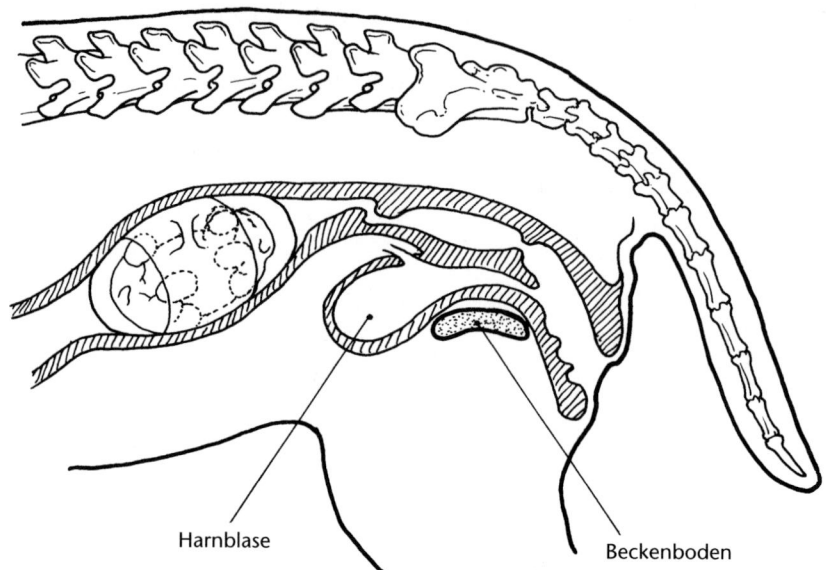

Harnblase   Beckenboden

Der erste Welpe, noch in fetaler Haltung und in die Fruchtblase eingehüllt, wartet auf die zweite Geburtsphase.

Komplikationen können nicht mehr als einige Stunden in Anspruch nehmen, können aber auch zwei oder drei Tage dauern. Trotzdem läuft die Geburt nach einer bestimmten Reihenfolge ab und es ist für den Züchter hilfreich, wenn er über den genauen Ablauf Bescheid weiß.

Erste Phase

Das vielleicht erste sicher Anzeichen, dass eine Hündin in die erste Geburtsphase eintritt, ist ein Absinken ihrer Körpertemperatur von den normalen 37,7 – 38 °C auf etwa 36,6 °C. Mit Hilfe eines sterilen, mit Gleitmittel versehenen Rektalthermometers lässt sich der Temperaturabfall bestimmen. Danach ist innerhalb von 24 bis 48 Stunden mit einer Geburt zu rechnen.

Mit der ersten Phase der Geburt sind unwillkürliche und komplexe Aktivitäten von Hypophyse, Eierstöcken, Nebennieren, Plazenta und den Welpen in der Gebärmutter verbunden. Die An-

184

zeichen selber sind meistens nur an den klinischen Veränderungen der Körpertemperatur der Hündin und an ihrem Verhalten zu erkennen. Die Hündin wird vermutlich rastlos und zeigt Anzeichen ziemlichen akuten Unbehagens. Sie kann suchend umher wandern – findet aber selten zur Ruhe. Es geht ihr offensichtlich jämmerlich und sie kann durcheinander, ja sogar ängstlich sein, wobei sich eine phlegmatische Hündin oder eine, für die dieser Vorgang nicht neu ist, wahrscheinlich ruhig ihrem Schicksal ergeben und nur wenige Anzeichen der bevorstehenden Geburt zeigen wird.

Wenn die erste Phase durchlaufen wird, tritt beim Uterusmuskel eine unregelmäßige Reihe von Kontraktionen auf, die weder zu sehen noch zu ertasten sind. Zweck dieser Kontraktionen ist es, Uterus, Vagina und Vulva zu entspannen, aber nicht die Welpen auszutreiben. Bevor dieser Vorgang der Entspannung und Erweiterung nicht abgeschlossen ist, kann die Geburt der Welpen nicht natürlich ablaufen. Der Geburtskanal wird weicher, vergrößert und schlüpfriger, damit die Welpen leichter hindurchgelangen können. Die erste Phase kann in einigen Stunden abgeschlossen sein oder auch länger dauern, was kein Anlass zur Sorge ist. Sie belastet die Hündin nicht übermäßig und die Welpen sind zu dieser Zeit noch im Uterus und somit in Sicherheit.

Zweite Phase

Die zweite Geburtsphase wird von deutlicheren Symptomen begleitet. Die Wehen werden regelmäßiger und erkennbar und zunehmend stärker, wenn die Geburt der Welpen kurz bevorsteht. Die Hündin hechelt und setzt oder legt sich in eine Position, die ihr ermöglicht, leichter zu pressen, und sie leckt häufig an ihrem Hinterteil.

Die Wehen selbst stammen von der Muskelaktivität der Gebärmutter, wodurch die Welpen umhüllt von der Fruchtblase und einer Flüssigkeit, die den Geburtsvorgang erleichtert, aus dem Uterus ausgetrieben werden. Dabei sind sie noch durch die Nabelschnur, durch welche sie während der vorhergehenden neun Wochen mit Nährstoffen versorgt wurden, mit der Plazenta verbun-

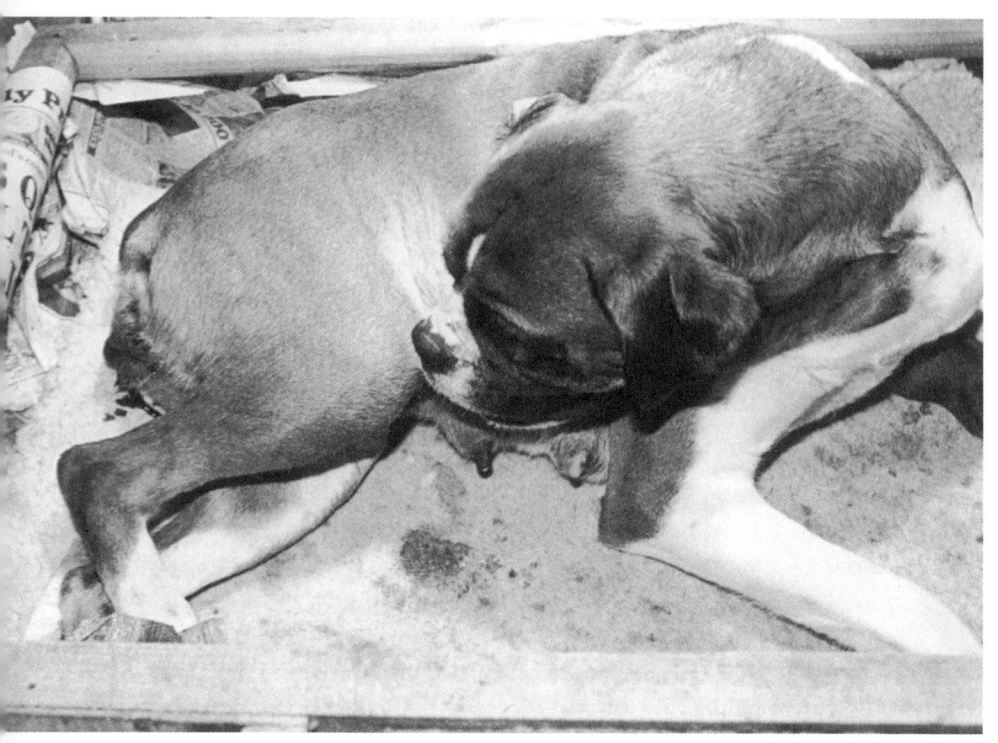

Eine Hündin dreht sich gewöhnlich nach hinten, um nachzuschauen, wann der nächste Welpe geboren wird.

den. Die Plazenta löst sich von der Gebärmutterwand ab und der Welpe wird aus der Gebärmutter durch den nun erweiterten Gebärmutterhals in die Vagina gepresst, wodurch er nach oben in Richtung Beckengürtel und durch diesen hindurch gedrückt wird. An diesem Punkt trifft der Welpe auf die unnachgiebigen Beckenknochen, wodurch Schwierigkeiten auftreten können.

Die Rassen mit einem ziemlich steilen Becken – wobei der Winkel zwischen Beckenboden und Vagina spitzer ist – können zusätzliche und vielleicht unnötige Probleme beim Verlauf einer natürlichen Geburt bekommen. Bei Rassen, bei denen ein steiles Becken auch noch recht schmal ist, ist es normal, dass die Welpen aufgrund des verengten Geburtskanals mit tierärztlicher Hilfe auf die Welt kommen ebenso wie bei Rassen mit kurzen Köpfen.

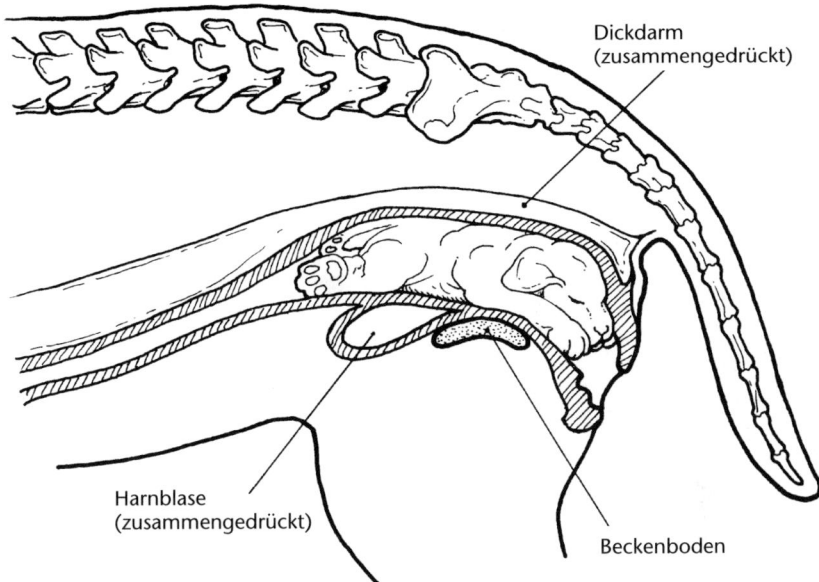

Dickdarm
(zusammengedrückt)

Harnblase
(zusammengedrückt)

Beckenboden

Eine normale Lage, bei der die Muskelarbeit und die hydraulischen Kräfte am wirkungs-
vollsten sind, um eine problemlose Geburt zu gewährleisten.

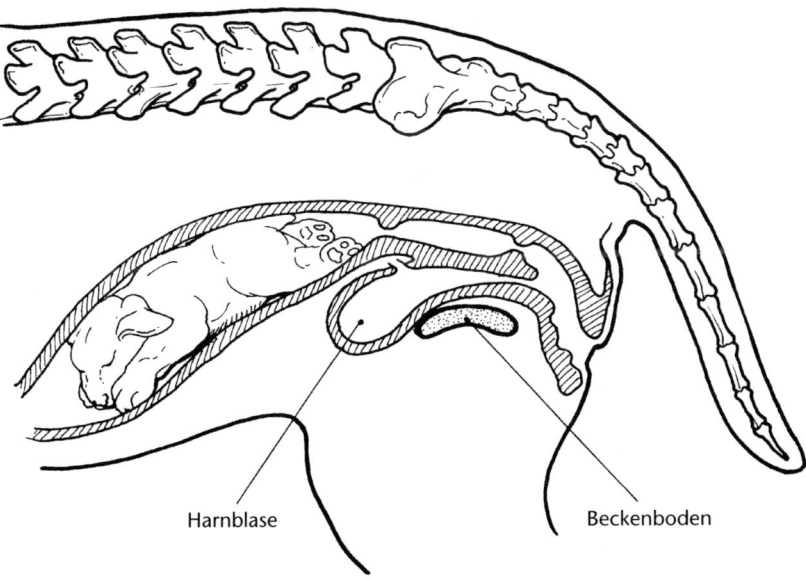

Harnblase

Beckenboden

Eine umgekehrte Lage, die vermutlich keine Probleme bereitet.

187

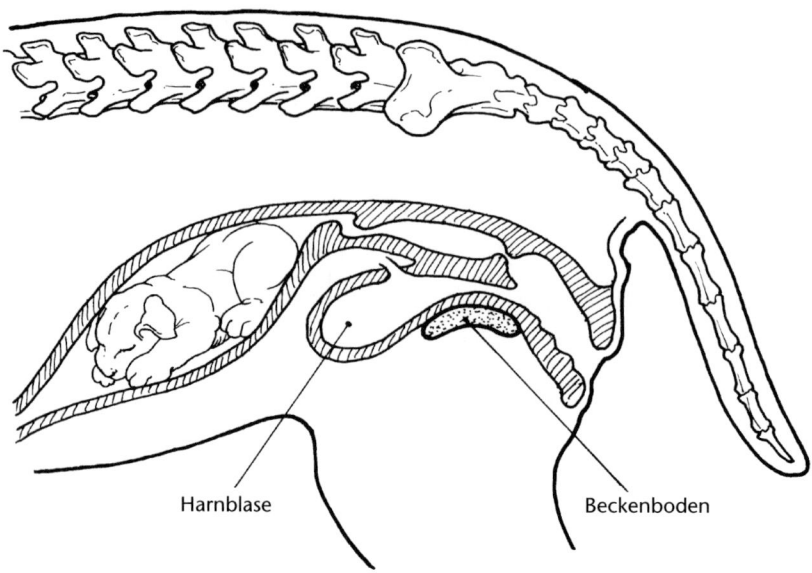

Harnblase   Beckenboden

Eine Steißlage, bei der die Hinterbeine nicht ausgestreckt sind, kann Schwierigkeiten bereiten.

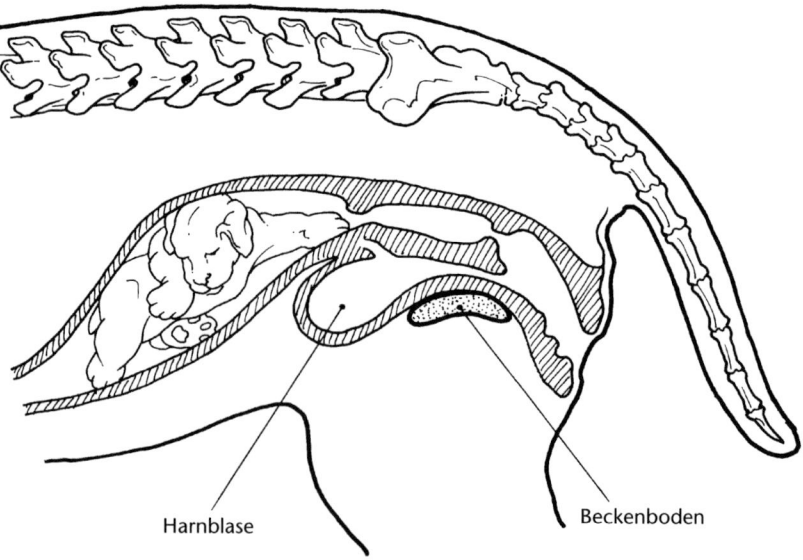

Harnblase   Beckenboden

Eine grundsätzlich normale Lage, bei der ein Vorderbein nach vorne zeigt und der Kopf nach hinten gedreht ist, kann Schwierigkeiten bereiten.

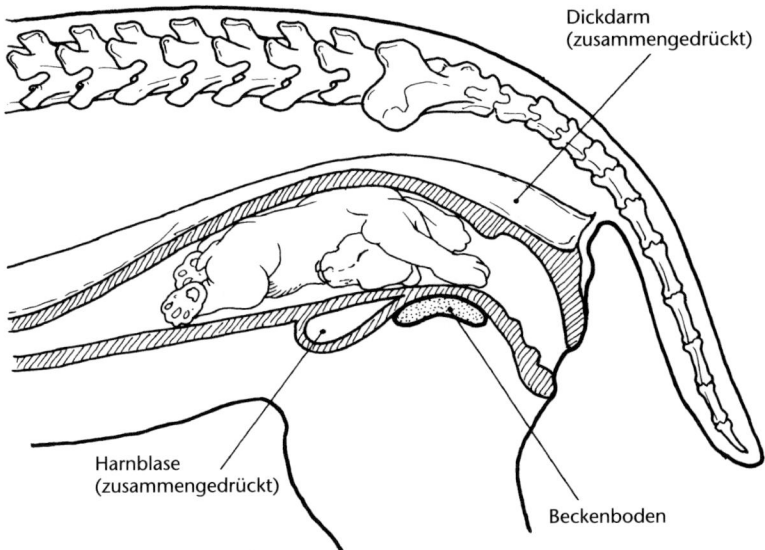

Dickdarm
(zusammengedrückt)

Harnblase
(zusammengedrückt)

Beckenboden

Ein nach unten gebeugter Kopf kann eine normale Geburt behindern.

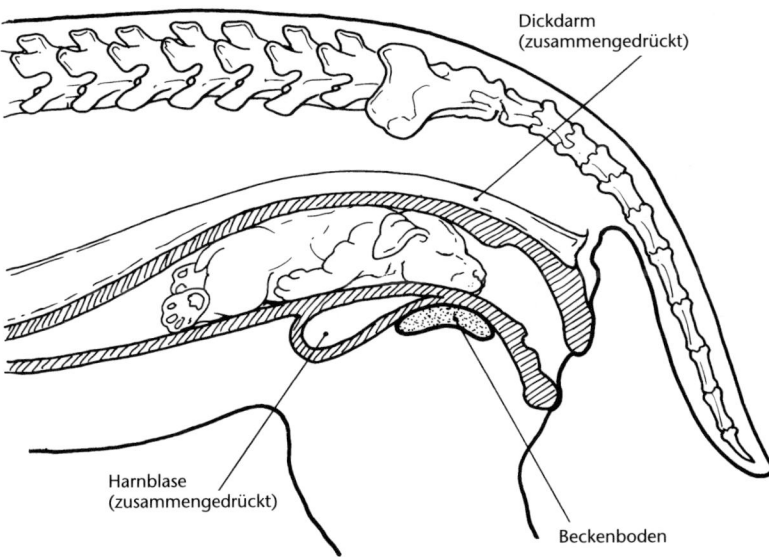

Dickdarm
(zusammengedrückt)

Harnblase
(zusammengedrückt)

Beckenboden

Ein vorgestreckter Kopf mit gleichzeitig nach hinten gestreckten Vorderbeinen lässt die Schultern vorwölben, wodurch sie ein Hindernis darstellen.

Wenn das Becken einmal erfolgreich überwunden ist, stehen den Welpen keine weiteren Hindernisse entgegen. Normalerweise werden die Welpen mit dem Kopf voran geboren, eine Lage, die wegen der Form der Welpen und der hydraulischen Wirkung der Flüssigkeit für das Austreiben der Welpen durch die Wehen am günstigsten ist. Viele Welpen werden jedoch mit den Füßen voran in Steißlage geboren. Bei Steißlagen ist eher mit Schwierigkeiten zu rechnen, da der Gleiteffekt geringer ist und eher die Möglichkeit besteht, dass sich die Gliedmaßen im Becken verkeilen können. Eine ausreichend große Zahl von Welpen wird jedoch ohne Probleme in Steißlage geboren. Daher muss man sich bei den meisten Rassen keine übertriebene Sorge machen.

Welpen können im Abstand von nur wenigen Minuten geboren werden, wobei die Abstände größer werden können, wenn die Hündin müde wird. Ein Abstand von bis zu zwei Stunden ist jedoch nicht ungewöhnlich und vorausgesetzt, die Hündin ruht sich aus und ist nicht in irgendeiner Weise gestresst, gibt es keinen Grund zur Sorge.

Dritte Phase

Die zweite und dritte Phase der Geburt scheinen sich zu überlappen. In der dritten Phase wird durch weitere Kontraktionen der Gebärmutter die Plazenta abgelöst und ausgestoßen. In der Praxis beginnt das Ausstoßen der Plazentas häufig, bevor alle Welpen geboren sind.

Der neugeborene Welpe

Wenn ein Welpe geboren ist, muss er von der Plazenta abgetrennt werden. Die meisten Hündinnen tun dies, indem sie die Nabelschnur durchbeißen, bevor sie die Plazenta auffressen, die eine Substanz enthält, welche den Milchfluss anregt. Dann fährt die Hündin weiter fort, den Welpen abzulecken und zu säubern. Dies erfolgt manchmal recht grob und wird begleitet von lautstarkem Protest des Welpen. Der Welpe wird durch diese Übung ge-

Die Hündin zerreißt das Amnion des neugeborenen Welpen.

reinigt und sein Kreislauf wird angeregt und er fängt bald an, eine Zitze zu suchen und zu saugen.

Einige Züchter hindern die Hündin daran, die Plazenta zu fressen im Glauben, dass sie deswegen erbricht. Diese Angst ist absolut unbegründet und rührt wahrscheinlich – zum größten Teil – von der persönlichen Abneigung der Züchter für diesen natürlichen Vorgang her. Andere Züchter gehen, besonders bei großen Würfen, einen Kompromiss ein und entfernen einen Teil der Plazentas und überlassen der Hündin den Rest.

Einige Hündinnen weigern sich oder sind nicht in der Lage (vielleicht wegen fehlerhafter Zahnstellung), die Nabelschnur durchzutrennen. Andere sind zu eifrig bei der Sache und können in ihrer Begeisterung den Welpen verletzen. Der Züchter muss den

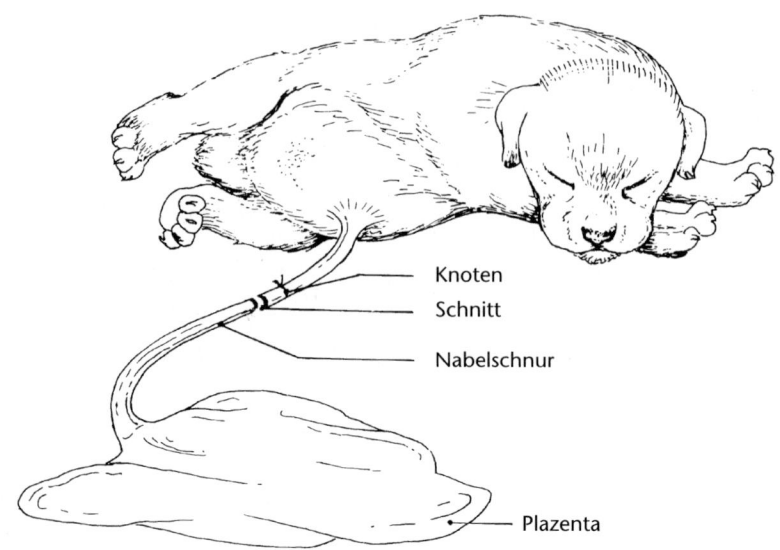

Manchmal muss der Züchter die Nabelschnur durchtrennen. Der Inhalt der Nabelschnur sollte behutsam in Richtung Welpe gedrückt und die Nabelschnur mit einer scharfen, sterilen Schere zerschnitten werden. Einige Züchter binden die Nabelschnur ab, bevor sie sie durchtrennen.

Vorgang überwachen und eingreifen, wenn sich die Hündin offensichtlich nicht normal verhält.

Wenn der Inhalt der Nabelschnur vorsichtig in Richtung des Welpen gedrückt wird, kann sie etwa 1,2 cm vom Welpen entfernt durchtrennt werden. Der Rest trocknet dann innerhalb der nächsten Tage ein und fällt ab. Ein sauberer Schnitt braucht anscheinend länger zum Heilen als eine ausgefranste Kante, wie sie entsteht, wenn die Hündin die Nabelschnur durchknabbert. Daher sollte der Züchter beim Durchtrennen der Nabelschnur auch versuchen, solch einen ausgefransten Rand zu erzeugen. Selbstverständlich sollte die Schere, mit der die Nabelschnur zerschnitten wird, absolut steril sein.

Wenn die Bemühungen der Hündin nicht sehr schnell eine Reaktion beim Welpen hervorrufen, muss der Züchter eingreifen. Zuerst muss er kontrollieren, ob der Welpe missgebildet oder irgendwie verletzt ist, was seine Lebensfähigkeit beeinträchtigen würde. Wenn alles in Ordnung zu sein scheint, sollte das Mäul-

192

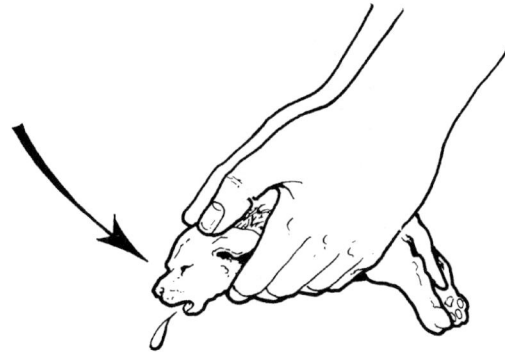

Um Flüssigkeit aus dem Mäulchen und den Lungen des Neugeborenen zu entfernen, den Welpen fest, aber vorsichtig mit beiden Händen ergreifen. Den Kopf stützen und den Welpen wie gezeigt in einem Bogen nach unten schwingen.

chen des Welpens von Schleim gereinigt, die Reste der Fruchtblase entfernt und der Welpe mit einem Handtuch kräftig gerubbelt werden. Wenn der Welpe nicht reagiert, nimmt man ihn in eine Hand, umfasst den Körper und stützt den Kopf auf jeder Seite mit einem Finger und schwingt ihn kräftig in einem langen Bogen von oben nach unten, um zu bewirken, dass Schleim und Flüssigkeit durch die Fliehkraft aus der Lunge entfernt werden. Nach zwei oder drei Schwüngen kann er erneut massiert werden. Wenn immer noch keine Reaktion erfolgt, kann es helfen, das Maul des Welpen zu öffnen und im Abstand von wenigen Zentimetern vorsichtig hineinzublasen. Sollte immer noch eine Reaktion ausbleiben, ist der Fall wahrscheinlich hoffnungslos, man sollte die Wiederbelebung aber noch einige Zeit weiter versuchen.

Einen Notfall erkennen

Wenn sich eine Hündin wesentlich länger als ein paar Stunden ohne offensichtliche Fortschritte angestrengt hat, ist anzunehmen, dass es Schwierigkeiten gibt und die Welpen in Gefahr sind. Wird in solch einer Situation nichts unternommen, führt dies dazu, dass die Hündin, sogar wenn sie durch weitere Bemühungen die Schwierigkeiten überwindet, so erschöpft ist, dass sie die restlichen Welpen nicht gebären kann, welche nach einer solchen Verzögerung eine wesentlich geringere Überlebenschance haben.

Das Austreten einer dunkelgrünen oder blutigen Flüssigkeit vor der Geburt des ersten Welpen lässt darauf schließen, dass sich die Plazenta von der Gebärmutterwand gelöst hat. Der Welpe bekommt dann keinen Sauerstoff und muss möglichst schnell ausgetrieben werden, damit er überlebt. Das Auftreten solch eines Ausflusses vor der Geburt der nachfolgenden Welpen ist völlig normal.

Eine gelbe Flüssigkeit besagt, dass die Fruchtblase geplatzt ist. Der Welpe sollte dann innerhalb von 30 Minuten geboren werden, wenn seine Überlebenschance nicht vermindert werden soll.

Es ist nicht ungewöhnlich, dass sich eine Hündin zwischen der Geburt eines Welpen und der nächsten ausruht, aber gewöhnlich werden Welpen in Intervallen von 15 Minuten bis zwei Stunden geboren. Die Abstände werden länger, wenn die Hündin ermüdet. Ein Abstand von drei Stunden sollte als Alarmzeichen angesehen werden.

Wenn die Hündin nicht mehr presst, sollten verschiedene Möglichkeiten in Betracht gezogen werden. Die erste und wahrscheinlichste ist, dass sie alle Welpen geboren hat. In diesem Fall rollt sie sich schützend um ihre Familie, um eine wohlverdiente Ruhepause einzulegen.

Die zweite Möglichkeit ist, dass sie sich einfach ausruht. Die dritte ist, dass aufgrund von Erschöpfung oder Schmerz eine gewisse Trägheit, die sogenannte Inertie, einsetzt. Wenn nicht klar ist, dass die Geburt abgeschlossen ist oder sie nicht innerhalb von einer angemessenen Zeit wieder presst, muss der Tierarzt gerufen werden.

Dystokie

Der häufigste Grund, warum Welpen tot zur Welt kommen, ist die sogenannte Dystokie (Geburtsstockung oder -verzögerung). Die häufigsten Ursachen sind die mütterliche Dystokie, bei der die Öffnung im Beckengürtel zu klein oder abnormal geformt ist, und die fetale Dystokie, wenn die Welpen zu groß sind oder falsch liegen, um dieses Hindernis leicht zu überwinden.

Andere Ursachen, die unnötigerweise häufig eine Rolle spielen, sind Hündinnen, die zu dick oder in schlechter Verfassung sind,

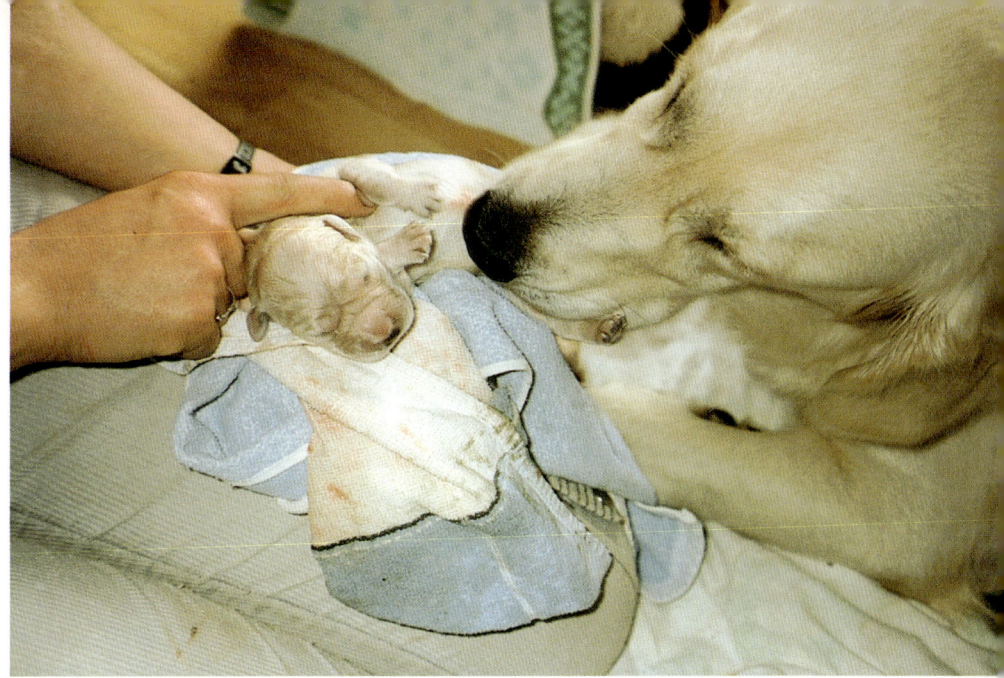

Die Hündin muss erst einmal das Neugeborene begutachten.

wodurch die Geburt für sie eine Belastung ist, auf die sie nicht vorbereitet sind.

Inertie (Trägheit)

Es gibt zwei Formen von Inertie, die primäre und die sekundäre. Die primäre Inertie zeichnet sich dadurch aus, dass die Hündin die Eröffnungsphasen der Geburt durchlaufen hat, aber dann unfähig ist, mit den Wehen zu beginnen, die dann schließlich zur Geburt der Welpen führen. Die primäre Inertie kann erblich bedingt sein, kann aber auch durch eine Erkrankung der Hündin hervorgerufen werden, die gerade dann auftritt, wenn sie gebären soll. Sie kommt auch bei Hündinnen vor, die in keiner guten körperlichen Verfassung sind oder einen abnorm großen Wurf in sich tragen. Wenn und **nur** wenn der Gebärmutterhals voll geweitet ist, kann eine Injektion mit Hypophysenhormonen die Wehen auslösen und eine normale Geburt ermöglichen, ansonsten ist ein chirurgischer Eingriff notwendig.

Die sekundäre Inertie kann auftreten, nachdem eine Hündin Wehen gehabt und sogar schon Welpen geboren hat. Die Wehen hören dann auf, vielleicht wegen Erschöpfung, vielleicht wegen eines nicht entfernbaren Hindernisses. Wenn die Wehen nach einer kurzen Ruhepause nicht wieder einsetzen, sollte eine Injektion mit Oxytocin die notwendige Stimulierung liefern, ansonsten ist ein Kaiserschnitt notwendig.

Das Auftreten der Inertie in beiden Formen kann vermindert werden, indem alle Hündinnen von der Zucht ausgeschlossen werden, die unter dieser Schwäche leiden, übertriebene Rassemerkmale, die zu Geburtsproblemen führen, vermieden werden und sichergestellt wird, dass die Hündin vor und zum Zeitpunkt der Geburt in guter körperlicher Verfassung ist.

Gebärmutterriss und –torsion

Beide Fehler kommen nur sehr selten bei Hunden vor. Die Torsion ist so selten, dass nur sehr wenige Züchter und Tierärzte damit Erfahrung haben. Ein Riss kommt ebenso selten vor und kann durch unsachgemäßes Eingreifen durch den Menschen – beispielsweise in Form einer Anregung der Wehentätigkeit, bevor der Gebärmutterhals voll geweitet ist – verursacht werden und zu Bauchfellentzündung führen, wenn nicht operiert wird. Eine Torsion führt zu Dystokie und erfordert einen sofortigen chirurgischen Eingriff.

Geburtshilfe

Idealerweise sollte der Züchter die Geburt ständig überwachen, aber so wenig wie möglich eingreifen. Gut gemeinte, aber unnötige Versuche zu helfen erschweren den Vorgang meistens, anstatt ihn zu erleichtern. Wenn jedoch das Fruchtwasser vor der Geburt eines Welpen abgeht, ist sofortiges Handeln erforderlich, um das Leben des Welpen zu retten.

Mit einer Hand kann man den Welpen im Unterleib fühlen und durch sanften Druck lässt sich verhindern, dass er die Vagina wieder hinaufrutscht. Mit einem sauberen, eingefetteten Finger, der in die Vulva eingeführt wird, kann man fühlen, ob der Welpe mit

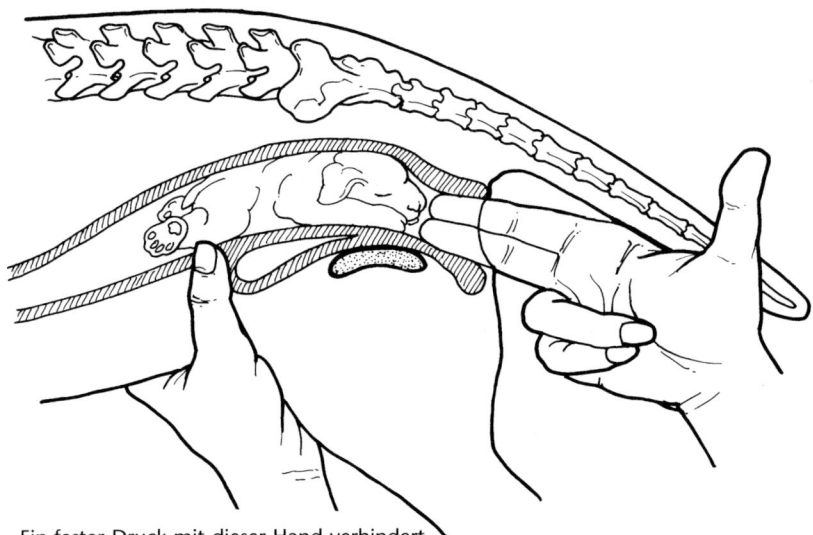

Ein fester Druck mit dieser Hand verhindert,
dass der Welpe zurück Richtung Gebärmutter rutscht.

Ein Eingreifen bei einer erschwerten Geburt ist nur bei den größeren Rassen möglich.

dem Kopf oder dem Steiß voran im Geburtskanal steckt. Fühlt man den Kopf, kann man leicht feststellen, ob ein Problem auftritt, weil der Kopf zur Seite gedreht ist. In diesem Fall kann man einen Finger vorsichtig in das Mäulchen stecken und so den Kopf gerade ziehen und dadurch die Blockierung auflösen.

In Steißlage wird die Geburt gewöhnlich durch eines der beiden Hinterbeine behindert. In diesem Fall ist es häufig besser, nachdem man die Blockade gelöst hat, die Beine zwischen zwei Finger zu nehmen und **nur** in Verbindung mit einer Wehe den Welpen vorsichtig in Richtung Vulva zu ziehen. Es ist wichtig, dass der Welpe **nicht** zwischen den Wehen gezogen wird.

Ebenso kann man bei einem Problem, dass nur durch die Größe des Welpen verursacht wird, je einen Finger rechts und links hinter den Kopf legen und den Welpen so vorsichtig herauszuziehen.

Wenn ein Welpe in der Vulva sichtbar wird, dann aber wieder zurückrutscht, sollte eine Hand unter den Bauch der Hündin gelegt werden, um dieses Zurückrutschen zu verhindern, während mit der anderen Hand der Welpe, mit Hilfe eines Hand-

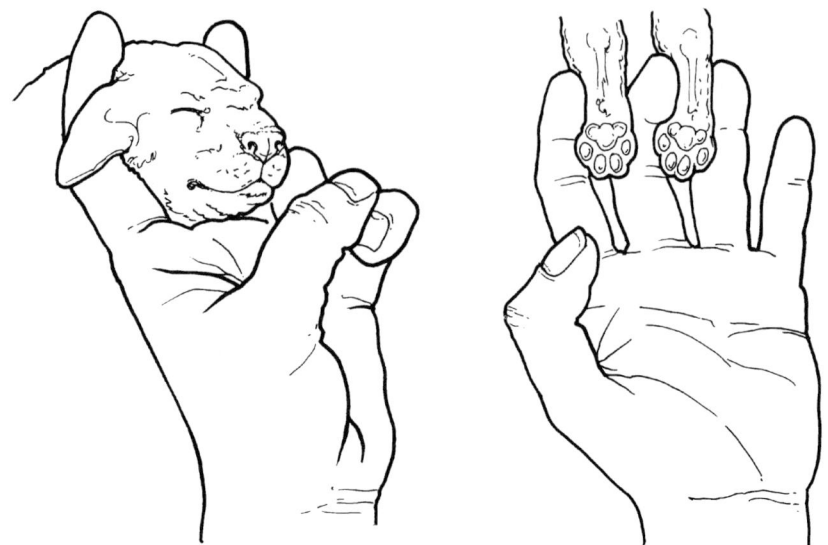

Herausziehen am Kopf oder den Hinterbeinen, nachdem die Ursache für die Blockierung festgestellt wurde. Auch dies ist nur bei größeren Rassen möglich.

tuches für einen besseren Griff, sanft durch die Vulva herausgezogen wird.

Kaiserschnitt

Mechanische Blockierung, gewöhnlich verursacht durch unzureichende Größe der Beckenhöhle, Erschöpfung der Hündin nach einem vergeblichen Versuch zu gebären oder Inertie (hervorgerufen durch Erschöpfung, Schmerz, Hormonmangel oder das Fehlen von Gleitmitteln im Geburtskanal) sind die häufigsten Probleme, die einen chirurgischen Eingriff erforderlich machen.

Leider ist bei einigen Rassen, gewöhnlich Zwerg- oder kurzköpfigen (brachycephalischen) Rassen, ein Kaiserschnitt an der Tagesordnung und es muss die Frage gestellt werden, ob die Zucht von Tieren, die nicht in der Lage sind, normal zu gebären, überhaupt in Erwägung gezogen werden sollte.

Der Kaiserschnitt erfolgt unter Vollnarkose und wenn er rechtzeitig durchgeführt wird, ist das Risiko für die Hündin gering und die Überlebensrate der Welpen hoch. In der Hand eines erfahrenen Tierarztes beginnt die Hündin aufzuwachen, wenn die letzten Stiche gemacht wurden. Die Welpen werden schnell anfangen zu saugen und der Wurf kann aufgezogen werden, als wäre er auf normalem Wege zur Welt gekommen.

Wenn der Anlass für den Kaiserschnitt bei nachfolgenden Schwangerschaften vermutlich nicht wieder auftritt, gibt es keinen Grund, warum mit der Hündin nicht weitergezüchtet werden soll, wenn zu erwarten ist, dass sie eine normale Geburt haben wird. Wenn das Problem jedoch wahrscheinlich wieder auftreten wird, werden einfühlsame Züchter einer Hündin selten einen zweiten Kaiserschnitt zumuten.

Wurfgröße

Im Allgemeinen neigen kleine Rassen dazu, weniger Welpen zu bekommen als große, aber diese Regel wird jedesmal in Frage gestellt, wenn eine Zwerghündin einen unerwartet großen Wurf bekommt und eine große Hündin nur einen Welpen zur Welt bringt. Die Variationsbreite ist so groß und wird noch durch die veränderliche Anzahl der Totgeburten vergrößert, so dass genaue Angaben für einzelne Rassen immer zweifelhaft sind. Im Allgemeinen befinden sich jedoch sogar in einem ungewöhnlich großen Wurf einer kleinen oder Zwergrasse sechs oder sieben lebende Welpen, wogegen ein durchschnittlicher Wurf aus drei oder vier Welpen besteht. Bei Rassen von ähnlicher Größe wie Basenji, Boston Terrier, Lakeland Terrier und Zwergpudel kommen in ungewöhnlich großen Würfen bis zu acht lebende Welpen zur Welt und zehn oder mehr sind auch schon vorgekommen, wogegen die durchschnittliche Wurfgröße vier oder fünf lebende Welpen umfasst. Rassen von ähnlicher Größe wie Chow Chow, Dalmatiner, Kerry Blue Terrier, Samojede und Springer Spaniel können alle zehn oder mehr Welpen in einem außergewöhnlich großen Wurf bekommen, wobei die durchschnittliche Wurfgröße eher sieben als sechs Welpen umfasst. Die durchschnittliche Wurfgröße bei noch größeren Rassen wie Neufundländer, Rottweiler, große Retriever und Setter, Siberian Huskey und Bernhardiner bekommen eher sieben

Große Rassen ohne übertriebene Merkmale bringen große Würfe problemlos zur Welt.

als acht Welpen, aber ungewöhnlich große Würfe umfassen bis zu 13 oder 15 Welpen und sogar noch mehr sind keine Seltenheit.

Totgeburten

Nicht alle Welpen werden lebend geboren. Einige sterben, bevor der Geburtsvorgang beginnt, und einige während der Geburt. Zwischen 2 und 2,5 Prozent aller Welpen werden tot geboren. Sie tragen zu den 15 Prozent Welpensterblichkeit bei. Der Prozentsatz ist etwas höher als der Durchschnitt sowohl bei ungewöhnlich kleinen als auch großen Würfen. Bei extrem großen Würfen kann die Zahl der Totgeburten auf 7,5 Prozent ansteigen. Es scheint, dass Totgeburten bei männlichen Welpen häufiger auftreten als bei weiblichen. Da auf 103 männliche Welpen 100 weibliche ge-

Bei einigen Rassen ist die Zeichnung extrem wichtig. Daher müssen Züchter entscheiden, ob sie Welpen mit Fehlzeichnungen aufziehen oder nicht.

boren werden, gleicht die geringere Überlebensrate der Männchen dieses Ungleichgewicht zwischen den Geschlechtern wieder aus.

Auslese

Ungeachtet der Größe einer Hündin besitzt sie nicht mehr als acht Zitzen und viele, besonders bei kleineren Rassen, haben nicht mehr als sechs voll funktionsfähige Zitzen. Daher herrscht bei einem Wurf mit mehr als sechs oder acht Welpen ein Konkurrenzkampf um die Nahrung, wobei kleine oder schwache Welpen im Wurf benachteiligt sind. Sich selbst überlassen überleben einige vielleicht nicht und so hat der Züchter die Wahl zwischen einer Reduzierung der Wurfgröße auf eine Anzahl, welche die Hündin in der Lage ist zu ernähren, und einer ergänzenden Fütterung von Geburt an, damit die Hündin ihre Welpen versorgen kann.

In jedem Fall müssen die Welpen bei der Geburt untersucht werden, um sicher zu gehen, dass sie nicht missgebildet sind oder während der Geburt verletzt wurden. Solche Welpen sollten nach der Geburt getötet werden. Bei einigen Rassen, besonders den gefleckten Doggen und den Dalmatinern, ebenso wie bei einigen Rassen, bei denen weiße Individuen nicht akzeptiert werden und anfällig für Taubheit sind, können die Züchter entscheiden, ob sie Welpen mit erheblicher Fehlzeichnung großziehen. Neugeborene Welpen zu töten ist eine schreckliche Aufgabe, aber es ist eine Aufgabe, vor der sich der gewissenhafte Züchter nicht drücken darf. Schwache, verletzte oder missgebildete Welpen aufzuziehen mag human erscheinen, aber es führt mit großer Wahrscheinlichkeit zur Erzeugung noch mehr schwacher oder missgebildeter Welpen, wenn mit ihnen gezüchtet wird, was in einigen Fällen sicherlich der Fall sein wird. Auslese ist weder einfach noch angenehm, aber ist manchmal notwendig, wenn die Rasse und der gute Ruf des Züchters bewahrt bleiben sollen.

Welpensterblichkeit

Die Überlebensrate der Welpen variiert erheblich von Rasse zu Rasse, von Hündin zu Hündin und von Züchter zu Züchter. Veröffentlichte Informationen zeigen, dass irgendwo zwischen 12 Prozent und 33 Prozent aller Welpen sterben, bevor sie entwöhnt sind. Diese erschreckend hohe Zahl von Todesfällen ist an sich besorgniserregend genug und die erfolglosen Aufzuchtsversuche von Hündin und Züchter, die verpassten Gelegenheiten und enttäuschten Erwartungen, die sie repräsentieren, machen es dringend erforderlich, dass Züchter durch die richtige Vorgehensweise bestrebt sind, diese tragische Verschwendung zu reduzieren.

Über zwei Drittel aller Todesfälle bei Welpen treten vor der Geburt, während der Geburt oder während der ersten Woche nach der Geburt auf, wobei etwas mehr als die Hälfte davon vor der Geburt und etwas weniger als die Hälfte während der ersten Lebenswoche auftreten. Dies scheint daher der Zeitraum zu sein, bei dem die Züchter größte Aufmerksamkeit walten lassen sollten.

Die richtige Ernährung ist wichtig für eine säugende Hündin.

Totgeburten, Dystokie und Tod während der Geburt sind für 26 Prozent aller Todesfälle bei Welpen verantwortlich. Eine bessere Auswahl der Hündinnen, die eher in der Lage sind, ohne Probleme zu gebären, gekoppelt mit besserer Versorgung während der Schwangerschaft, hätte den größten Einfluss auf Verluste vor und während der Geburt.

Eine bessere Auswahl der Hündinnen und besseres Management von den Züchtern würde auch die Verluste während der ersten Wochen beträchtlich vermindern. Besonders in der ersten Lebenswoche tritt ein Viertel aller Todesfälle im Rahmen der Welpensterblichkeit auf. 16 Prozent davon sind auf unzureichende Umweltbedingungen und 6 Prozent auf Unfälle zurückzuführen – beides Faktoren, die völlig unter der Kontrolle des Züchters sind. Hinzu kommen noch etwa 10 Prozent, die einer Krankheit erliegen – besseres Management könnte sicherlich diese Verluste vermindern. Weitere Todesfälle bei Welpen sind darauf zurückzuführen, was man zumindest teilweise als Fehler der Hündin bezeichnen kann. Zerdrücken, Kannibalismus, übermäßiges Lecken und

Schock sind zusammen für 29 Prozent aller Todesfälle verantwortlich. Einige Beweise sprechen dafür, dass übermäßige Verluste aus diesen Gründen rassespezifisch sind. Die Auswahl der Hündinnen nach ihren mütterlichen Fähigkeiten kann diese unnötigen Verluste erheblich reduzieren.

Nachgeburtliche Versorgung

Wenn der Züchter sicher ist, dass die Geburt vorüber und abgeschlossen ist, sollten die Unterlage ausgewechselt und die Welpen noch einmal auf Verletzungen, Funktionsstörungen, Geschlecht und Gewicht untersucht werden. Die Hündin sollte ein isotonisches Getränk erhalten und dazu ermutigt werden sich zu lösen, obwohl sie sich vielleicht strikt weigert, das Nest zu verlassen. Der erste Stuhlgang nach der Geburt kann dunkel und fast sirupähnlich sein aufgrund des darin enthaltenen plazentalen Materials. Die Hündin kann auch einen grünen oder bräunlichen Scheidenausfluss bis zu drei Wochen lang haben, was aber kein Grund zur Besorgnis ist.

Nach etwa 24 Stunden sollte die Milchversorgung kontrolliert werden. Ein perlender Flüssigkeitsaustritt ist normal. Ein dickes, gelbes Sekret lässt auf eine Infektion schließen. Die Hündin sollte auch auf die Anwesenheit eines nicht geborenen Welpen oder Rückstände von Plazentamaterial untersucht werden. Wenn alles in Ordnung erscheint, sollte sie mit ihrer neuen Familie in Ruhe gelassen werden und der Züchter hat vor sich einige Wochen anstrengender, aber unterhaltsamer Aufgaben.

Fütterung der Hündin

Die Schwangerschaft und die Aufzucht der Jungen ist für eine Hündin eine enorme Belastung, besonders wenn sie schon älter oder der Wurf sehr groß ist. Züchter müssen gewährleisten, dass die Hündin in hervorragender körperlicher Verfassung ist, bevor sie gedeckt wird, und sie müssen ihr Möglichstes tun, damit Schwangerschaft und Säugen sie nicht schwächen. Vor der Geburt sollte das Futter etwas nährstoffreicher als im Normalfall sein und die Menge sollte leicht erhöht werden. Nach der Geburt sollte nicht nur die nährstoffreicherer Ernährung fortgesetzt werden, sondern, da die Ansprüche der Welpen steigen, sollte auch die Menge allmählich gesteigert werden. Die genaue Menge und die Häufigkeit der Mahlzeiten ist von Rasse zu Rasse unterschiedlich, aber es gilt die Faustregel, dass zu dem Zeitpunkt, wenn die Welpen drei Wochen alt sind, die Hündin mehr als die dreifache Futtermenge im Vergleich zur normalen Menge erhalten soll.

Die Spezialnahrung, die für tragende und säugende Hündinnen angeboten wird, hat die richtige Zusammensetzung, ist für den Züchter bequem anzuwenden und erspart das Zusammenstellen von hausgemachter Nahrung, die nicht immer ideal ist. Die Packungen der heute erhältlichen Spezialnahrungen enthalten Informationen über den Nährstoffgehalt und es ist einfach, die Nahrung für eine tragende oder säugende Hündin auf ihre aktuellen Bedürfnisse abzustimmen.

10 Postnatale Pflege und Entwicklung

Wenn die Welpen geboren werden, waren sie bis dahin fast neun Wochen lang individuelle, wenn auch parasitische, Lebewesen und haben sich entsprechend ihrer Position in der Gebärmutter und abhängig davon, wie ihre Mutter vor und während der Schwangerschaft behandelt wurde, entwickelt. Einige Welpen sterben vor oder während der Geburt, andere kurz danach. Niedriges Geburtsgewicht, große Wurfgröße und geringe Antikörperzahl haben einen großen Einfluss auf die Überlebensrate. Die drei Faktoren sind miteinander gekoppelt: Kleine Individuen treten häufig in großen Würfen auf und große Würfe erschweren den kleinen Welpen das Säugen, während das Kolostrum, das die Antikörper enthält, die zum Abwehren von Infektionen notwendig sind, in der Muttermilch enthalten ist. Der Nachteil, mit dem kleine Welpen bei der Geburt zu kämpfen haben, vergrößert sich

Das Ziel jedes Züchters ist es, Würfe hervorzubringen, deren Welpen in Typ und sogar Größe einheitlich sind.

immer mehr, da kräftigere Geschwister schneller wachsen. Das frühe Wachstum ist deshalb wichtig als Anzeiger für Gesundheit und Energie und auch für die Möglichkeit, zu einem hervorragenden Tier heranzuwachsen. Schwache Welpen nehmen einen Anteil von 5 Prozent bei den postnatalen Todesfällen ein.

Die Mehrheit der Todesfälle nach der Geburt wird durch Faktoren verursacht, von denen die niedrige Temperatur wahrscheinlich der wichtigste ist, der gänzlich unter der Kontrolle des Züchters liegt. Die Hündin ist auch häufig für den Tod ihrer Welpen verantwortlich. Schock oder Zerdrücken ist eine häufige Todesursache bei Welpen.

Wenn ein Wurf gesunder Welpen geboren wurde, liegt vor dem Züchter die anstrengende, aber gewöhnlich erfreuliche Aufgabe, die Welpen so lange großzuziehen, bis sie eigenständig sind und in ihr neues Heim umziehen können. Während der ersten Lebenstage wird das Überleben zum größten Teil durch das Geburtsgewicht, durch die Anzahl der Welpen im Wurf, durch die Widerstandskraft gegen Infektionen, durch den Gesundheitszustand der Hündin und ihrer Haltung dem Wurf gegenüber und durch die Umweltbedingungen bestimmt.

In den ersten Tagen nach der Geburt sollte jeder Welpe sorgfältig beobachtet werden, um sicherzugehen, dass er wächst, dass die Hündin ihn richtig reinigt und dass die Nabelschnur gut abheilt. Auch das Gesäuge der Hündin sollte vorsichtig untersucht werden, damit man sicher ist, dass alle Zitzen richtig arbeiten. Ein weiterhin leichter Ausfluss aus der Scheide ist auch kein Grund zur Sorge.

Wenn der Ausfluss nur gering, dunkel-rötlich oder grünlichbraun ist und nicht riecht, ist alles in Ordnung. Wenn er riecht, ist es Zeit, einen Tierarzt zu holen. Einige Tierärzte machen keine Hausbesuch mehr, aber kein verantwortungsbewusster Tierarzt würde erwarten, dass einen Hündin mit einem wenige Tage alten Wurf dem Schock und dem Infektionsrisiko, den ein Besuch in der Praxis mit sich bringt, ausgesetzt wird.

Zu Beginn muss der Züchter eine Entscheidung fällen, ob er sehr kleine und schwache Welpen, besonders solche in großen Würfen, aussortieren will oder ob er versuchen will, sie vor dem unvermeidlichen Verkümmern und Tod zu retten.

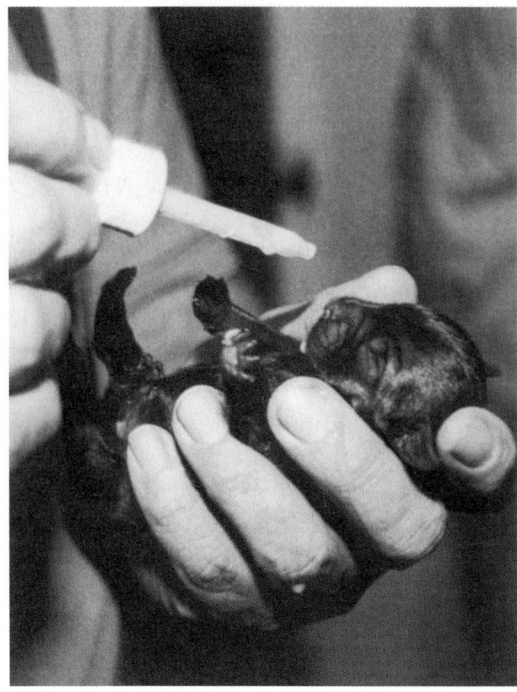

Einige Züchter geben ihren neugeborenen Welpen routinemäßig Antibiotika.

Viele Züchter geben routinemäßig eine orale Dosis eines schwachen Breitbandantibiotikums, damit alle Welpen einen gewissen Schutz gegen Infektionen erhalten. Einige haben herausgefunden, dass regelmäßige Anwendung von Antibiotika die Überlebensrate erheblich vergrößert.

Gewicht

Viele Züchter wiegen ihre Welpen bei der Geburt und sammeln im Laufe der Zeit eine Menge wertvoller Informationen, die aber selten für neue Züchter zugänglich sind. Das Wiegen der Welpen bei der Geburt und regelmäßig danach gibt Aufschluss über deren Entwicklung und man kann nach Bedarf zusätzlich oder weniger füttern.

Niedriges Geburtsgewicht ist häufig korreliert mit großen Würfen und mit Hündinnen in schlechtem Gesundheitszustand oder schlechter Verfassung.

Ein gesunder, gut ernährter Welpe verdoppelt sein Geburtsgewicht in den ersten neun Lebenstagen und nach drei Wochen hat er das Geburtsgewicht vervierfacht. Ein normales menschliches Kind verdoppelt sein Geburtsgewicht in fünf Monaten und erreicht das vierfache Gewicht nicht, bevor es zwei Jahre alt ist. Menschliche Babynahrung ist auf die Bedürfnisse einer relativ langsamen Wachstumsrate abgestimmt und daher ungeeignet für rapide wachsende Welpen.

Beim Wachstum von jungen Säugetieren wird die Nahrung zuerst für die Entwicklung des Gehirns, dann der Knochen, der Muskeln und zum Schluss der Fettreserven verwendet. Eine ausreichende Ernährung ist wichtig für Intelligenz, Körpergröße und Gestalt. Züchter, die den Welpen absichtlich Futter vorenthalten, damit sie nicht so groß werden, mögen dieses Ziel erreichen, erhalten dadurch aber weniger intelligente Hunde mit schlechter Gestalt.

Postnatale Probleme lassen sich bequem unterscheiden in solche, die die Hündin betreffen, und solche, die die Welpen betreffen, obwohl man sich darüber klar sein muss, dass jegliche Auswirkung auf die Hündin auch die Welpen beeinflusst.

Postnatale Probleme bei der Hündin

Akute oder nachgeburtliche Gebärmutterentzündung

Eine Infektion der Gebärmutter und des Geburtskanals wird meistens durch zurückgebliebenes fetales Gewebe, eine Plazenta oder sogar einen toten Welpen verursacht. Eine Infektion kann auch durch die Verwendung schmutziger Instrumente oder Finger ausgelöst werden.

Eine Hündin, der es schlecht geht, die kein oder wenig Interesse an ihren Welpen zeigt, erhöhte Temperatur und einen dicken, grünlich-braunen und faulig riechenden Ausfluss hat, leidet vermutlich an einer Infektion. Es ist eine äußerst ernste Erkrankung, die fatal enden kann. Antibiotika können wirken, aber führen

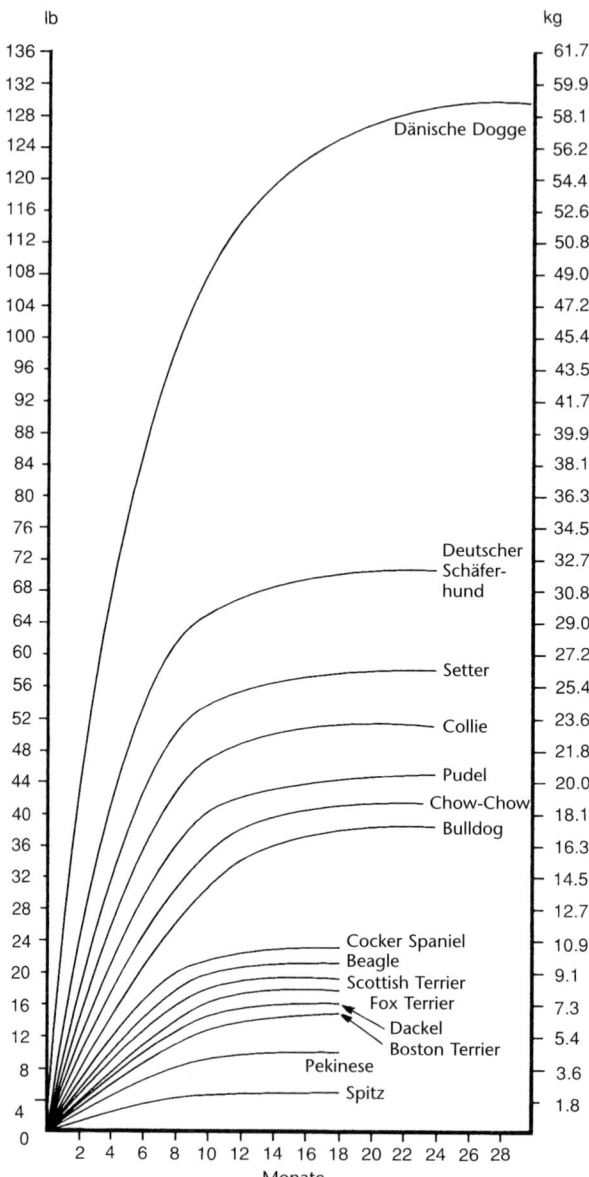

Wachstumskurven von 15 Hunderassen. Kleinere Rassen erreichen ihr Endgewicht viel schneller als größere Rassen. (Freundlicherweise zur Verfügung gestellt von R. W. Kirk, Cornell University, Ithaca, New York.)

nicht unbedingt eine Heilung herbei. Gelegentlich ist das Entfernen von Eierstöcken und Gebärmutter erforderlich. Es sollte sofort tierärztlicher Rat eingezogen werden und es müssen Vorbereitungen erfolgen, um den Wurf mit der Hand aufzuziehen, obwohl eine sofortige Bekämpfung der Infektion und ihrer Ursache durchaus dazu führen kann, dass die Hündin ihren Wurf weiterhin versorgen kann.

Mastitis (Milchdrüsenentzündung)

Eine deformierte Zitze, ein kleiner Wurf oder eine Überproduktion von Milch kann zu einer Mastitis führen, bei der ein oder mehrere Zitzen anschwellen, heiß und hart werden und schmerzen. Der Züchter sollte das Gesäuge täglich daraufhin untersuchen.

Bei geringen Beschwerden kann das Herausdrücken der Milch mit der Hand Linderung bringen und wenn die Welpen wachsen und die Milchproduktion an den Bedarf angepasst wird, kann das Problem spontan verschwinden.

Entzündung und Anschwellen von einer oder mehrerer Zitzen aufgrund einer Infektion kann durch Kratzwunden, hervorgerufen von den Krallen erwartungsvoller Welpen, verursacht werden. Die Hündin kann sich dann weigern, ihre Welpen zu säugen, ist selbst teilnahmslos und hat Fieber. Die Infektion kann auf alle Welpen übertragen werden, die an den betroffenen Zitzen saugen.

Wird peinlich genau auf Hygiene geachtet und schneidet man die Krallen der Welpen regelmäßig, kann unter gleichzeitiger routinemäßiger Anwendung von Antibiotika das Problem vermieden werden. Eine Behandlung mit Antibiotika heilt die Entzündung, aber kann dazu führen, dass die Welpen zu früh entwöhnt werden.

Eklampsie

Dieses Problem wird auch als Milchkrämpfe bezeichnet und tritt häufiger bei Hündinnen auf, die große Würfe säugen, und bei Zwergrassen. Es wird durch den Entzug des Kalziums bei der Hündin verursacht.

Sie kann rastlos und nervös erscheinen und sich auf eine ruckartige und unkoordinierte Art bewegen. Ihr Gesicht und ihre Lippen sind gespannt und wenn die Erkrankung fortschreitet, speichelt sie heftig und kann nicht mehr stehen. Dies ist ein Notfall und wenn nichts unternommen wird, stirbt die Hündin.

Intravenöse Kalziumspritzen müssen so schnell wie möglich gegeben werden, wenn diese Symptome bemerkt werden. Dann sollte ein ausgewogenes Ergänzungspräparat mit Kalzium, Phosphor und Vitamin D der Nahrung zugesetzt werden. Dies ist aber nicht dazu geeignet, das Problem von Anfang ausschließlich zu behandeln. Tierärztliche Hilfe muss sofort in Anspruch genommen werden.

Eklampsie ist meistens die Folge einer Unterversorgung mit Kalzium, Phosphor und Vitamin D, scheint aber auch bei einigen Rassen besonders häufig vorzukommen.

Plazentale Subinvolution

Die plazentale Subinvolution – die Unfähigkeit der Gebärmutter, sich auf ihre normale Größe zurückzubilden – kann einen leichten, blutigen Ausfluss verursachen, der, wenn er auch lästig ist, nicht gesundheitsgefährdend ist und sich gewöhnlich bei der nächsten Hitze der Hündin von alleine gibt.

Plazenta-Retention

Vor der Geburt löst sich die Plazenta von der Uteruswand, bleibt noch mit dem Welpen verbunden, wandert mit ihm den Geburtskanal entlang, wird ausgestoßen und schließlich von der Hündin aufgefressen, wenn sie die Nabelschnur durchtrennt hat. Gelegentlich löst sich eine Plazenta vor der Geburt von dem Welpen. Es kann aber auch geschehen, dass sich zwei Welpen eine Plazenta teilen, so dass die Anzahl der geborenen Welpen nicht immer der Anzahl der Plazentas, die der Züchter entdeckt, entspricht. Diese Situation gibt Anlass zu der Sorge, dass eine Plazenta bei der Geburt nicht ausgestoßen wurde.

Während der nächsten Tage wird der grün gefärbte, blutige Ausfluss allmählich rosa, bis er völlig aufhört. Ein Ausfluss, der

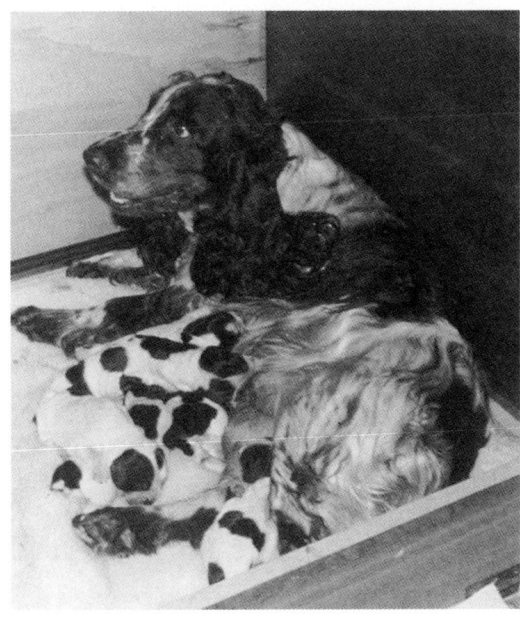

Eine stolze Mutter mit ihren Jungen.

dunkler wird oder übel riecht, kann ein Anzeichen dafür sein, dass plazentales oder fetales Gewebe nicht abgestoßen wurde oder dass sich eine Gebärmutterentzündung entwickelt. Der Tierarzt sollte unverzüglich hinzugezogen werden.

Verhaltensprobleme der Hündin

Gelegentlich weigern sich stark unter Spannung stehende Hündinnen oder solche, deren natürliche Instinkte verkümmert sind, ihre Welpen zu versorgen, verhalten sich feindselig ihnen gegenüber oder können ihr Wohlbefinden durch übertriebene Mutterfürsorge gefährden – durch ständiges Lecken, Knabbern am Nabel, Herumtragen von einer Ecke der Wurfkiste in die andere und sogar durch Versuche, die Welpen außerhalb des Nestes zu verstecken. In solchen Fällen lässt sich das Problem nur noch dadurch lösen, dass die Welpen als Waisen aufgezogen werden. Das Problem tritt weniger häufig auf, wenn die Auswahl der Zuchthündinnen bis zu einem gewissen Grad nach ihrem mütterlichen Verhalten erfolgt.

Geduld und Toleranz der Hündin werden von den Welpen bis zum Äußersten strapaziert.

Während es für Hündinnen völlig normal ist, ihre Welpen zu beschützen, scheinen gut an Menschen angepasste Hündinnen auch die Aufmerksamkeit des Besitzers und anderer Familienmitglieder zu genießen, wobei aber immer die Wünsche der Hündin respektiert werden sollten. Einige Hündinnen fühlen sich jedoch so gestört – sogar bei den notwendigen Arbeiten, um das Wurflager sauber zu halten – dass sie ein Verhalten zeigen, das entweder für die Welpen oder den Züchter gefährlich wird. Dieses Unbehagen kann zu verzweifelten Versuchen führen, die Welpen zu verstecken, oder zu Aggression gegenüber der Ursache der Störung.

Wenn die Welpen nicht einer toleranteren Hündin untergelegt oder mit der Hand aufgezogen oder entwöhnt werden können, ist es ein akutes Problem für den Züchter, Methoden herauszufinden, wie er die regelmäßigen Reinigungsarbeiten des Wurflagers und die Untersuchung der Welpen durchführen kann. Eine leichte Ruhigstellung der Hündin durch Medikamente kann auch helfen. Wenn die Hündin zum Fressen oder unter einem anderen Vorwand weggelockt werden kann, ist es umso besser.

Wenn das Problem gelöst ist, sollte der Züchter überlegen, ob mit der Hündin überhaupt noch einmal gezüchtet werden sollte und ob tatsächlich mit einem der überlebenden Welpen weiter-gezüchtet werden soll.

Postnatale Probleme bei Welpen

Plötzliches Welpensterben

Einige Welpen, die bei der Geburt offensichtlich gesund sind, entwickeln sich einfach nicht weiter und sterben innerhalb weni-ger Tage nach der Geburt. Manchmal ist ein einzelner Welpe in einem Wurf, manchmal sind mehrere und gelegentlich ist der gan-ze Wurf betroffen. Verschiedene mögliche Ursachen wurden für dieses plötzliche Welpensterben gefunden. Hierzu gehören ß-hä-molysierende Streptokokken, *Escherichia coli, Brucella canis, Toxo-plasma gondii,* Hunde-Adenovirus, Herpes-Virus-Infektionen und die Wirkung von verschiedenen anaeroben Organismen. Geburts-fehler, schlechte Umweltbedingungen, Nährstoffmangel und die Folgen einer schwierigen Geburt tragen vermutlich auch dazu bei.

Routinemäßige Anwendung von geeigneten Antibiotika, bevor die Hündin gedeckt wird und bei den neugeborenen Welpen, gekop-pelt mit strenger Hygiene, sorgfältiger Überwachung der Umwelt-bedingungen und ständiger Aufsicht tragen dazu bei, den plötz-lichen Welpentod zu vermindern, wenn er auch vermutlich nicht völlig ausgeschlossen werden kann. Wenn ein Welpe davon betrof-fen zu sein scheint, sollte der Tierarzt zu Rate gezogen werden.

Milchunverträglichkeit

Ein anderes Problem, das bisher noch eine Reihe ungeklärter Ursachen zu haben scheint, ist eine Art Milchunverträglichkeit. Die Symptome sind Speichelfluss, Durchfall, aufgeblähter Bauch, Unbehagen und Unwohlsein und scheinen vom 3. bis zum 15. Tag nach der Geburt aufzutreten. Die Welpen müssen von der Hündin entfernt und mit der Hand aufgezogen werden.

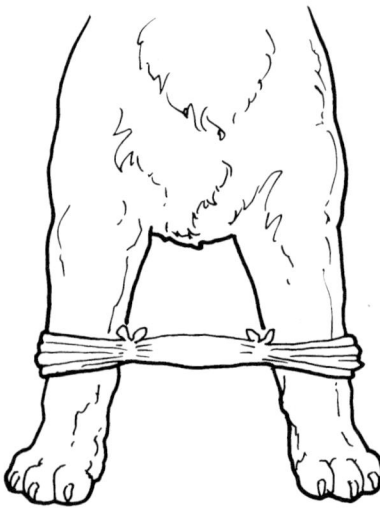

Eine seitliche Stütze an den Vorderbeinen eines „Schwimmers" kann dabei helfen, dass er stehen lernt.

Schwimmer

Das charakteristische ausgestreckte Liegen von Welpen mit dem sogenannten Schwimmer-Syndrom, auch Quadriplegia oder „Flat Puppy Syndrome" genannt, wird zunehmend deutlich, wenn die Welpen ein Alter von zwei Wochen erreichen und keine Anstalten machen aufzustehen. Ihre Beine bleiben beidseitig vom Körper abgespreizt und der Brustkorb wird immer flacher. Dieses Problem scheint am häufigsten bei ungewöhnlich schweren Rassen und fettleibigen Welpen vorzukommen. Es wird noch verschlimmert durch glatte Böden, auf denen die Welpen nicht den nötigen Halt zum Aufstehen finden. Einige Welpen können sich spontan erholen oder erst, wenn sie beim Gehen durch eine Art Fußfessel unterstützt werden, die verhindert, dass die Beine nach außen gespreizt werden. Die Wahrscheinlichkeit von späteren Herz- und Atmungsproblemen wirft jedoch Zweifel an der Aufzucht solcher Welpen auf.

Herpes

Die Symptome einer Herpes-Infektion – Nahrungsverweigerung, Absondern, Weinen, aufgeblähter Bauch und Krämpfe verbunden mit grünlich-gelbem Durchfall – treten auf, bevor die Welpen drei Wochen alt sind, wenn ihre Temperatur über 36,6 °C ansteigt, was für eine Vermehrung der Viren notwendig ist. Die Todesrate ist hoch und Welpen, die sich erholen, tragen häufig dauerhafte Nierenschäden davon, die innerhalb von wenigen Monaten zum Tode führen können.

Nabelinfektion

Das Durchtrennen der Nabelschnur mit schmutzigen Instrumenten, der Kontakt mit dreckigen Oberflächen im Nest, die Verweigerung der Hündin, ihre Welpen zu säubern, und der Versuch, Waisen unter nicht sterilen Bedingungen aufzuziehen, dies alles kann zu einer Infektion des Nabels führen. Der Nabel muss gesäubert und mit Antibiotika behandelt werden und die Ursachen für die Infektion müssen beseitigt werden.

Blutungen

Welpenblut gerinnt noch nicht richtig, bis der Welpe drei oder vier Tage alt ist. Danach können aufgrund von vererbten Defekten Gerinnungsschäden auftreten. Regelmäßige Kontrolle der neugeborenen Welpen, besonders rund um Nabel und After – Bereiche, in denen innere Blutungen auftreten können – lassen das Problem in einem frühen Stadium erkennen, wenn noch eine Behandlung mit Vitamin K zur Heilung führt.

Bindehautentzündung

Gelegentlich ist eine Sekretion aus den noch ungeöffneten Augen zu bemerken. Diese Erkrankung wird durch eine Infektion unter den Augenlidern verursacht und eine Behandlung ist schwierig, bis sich die Augen öffnen. Dann führt das Baden der Augen zur Heilung.

Eiterpusteln

Schmutzige und besonders rauhe Unterlagen können dazu führen, dass die Welpen einen Ausschlag von eitergefüllten Pusteln bekommen.

Saubere Unterlagen, auf denen sich die dafür verantwortlichen Bakterien nicht halten können, sind die beste Vorbeugung. Eine Heilung erfolgt am besten durch ein Auswechseln der Unterlage und einer Behandlung der Welpen mit einer geeigneten Antibiotikatinktur.

Hypoglykämie

Ein niedriger Blutzuckerspiegel verursacht Teilnahmslosigkeit und Depression, Muskelschwäche, Zittern, Schüttelkrämpfe, Koma und Tod. Stress durch unregelmäßige Mahlzeiten, niedrige Temperaturen, zu viel Bewegung oder Aufregung insbesondere in Verbindung mit einem Ortswechsel können diese Erkrankung noch beschleunigen. Wiederholte Anfälle können zu dauerhaften Hirnschäden führen.

Das Darreichen von isotonischen Getränken und sorgfältige Pflege und Ernährung vermeiden dieses Problem. Eine Behandlung mit Glukose, oral oder intravenös verabreicht, ist gewöhnlich erfolgreich, wenn die Schwäche nicht durch einen genetisch bedingten Enzymmangel verursacht wird.

Welpen-Hypoglykämie

Dies ist die häufigste Stoffwechselstörung, die bei jungen, entwöhnten Welpen auftritt. Sie ist charakterisiert durch Anfälle, Desorientierung, Schwäche, Koordinationsprobleme, Kollaps, Unterkühlung, Depression und Verhaltensänderungen und scheint durch Stress aufgrund von Wurmkuren, Impfung und Infektionen verschlimmert zu werden.

Weil Welpen, besonders solche von Zwergrassen, kleine Lebern und wenig Muskelmasse besitzen, können sie nicht so viel Zucker und Glykogen speichern. Bei Welpen, die über zu lange Zeit kein Futter erhalten haben, können diese Reserven erschöpft sein und die Symptome einer Hypoglykämie treten auf.

Betroffene Welpen erholen sich gewöhnlich vollständig, aber häufige Mahlzeiten – zusammen mit isotonischen Getränken, die man früher als für Welpen schädlich erachtet hatte – helfen, dieses Problem zu vermeiden.

Hernie (Eingeweidebruch)

Hernie kann sowohl als Nabel- wie auch als Leistenbruch auftreten. Ein Eingeweidebruch besteht aus einer kleinen, äußerlichen, weichen Schwellung, hervorgerufen durch abnormales Vortreten von Unterleibsorganen und ihren Inhalten.

Nabelbrüche treten durch einen unvollständig geschlossenen Nabelring hervor. Die Veranlagung dazu wird vermutlich vererbt. Nabelbrüche können spontan verschwinden oder operativ behandelt werden.

Leistenbrüche resultieren aus Vorstülpungen durch den Leistenkanal, wodurch eine kleine Schwellung in der Leiste auftritt. Dadurch kann das Absteigen der Hoden verhindert werden und, wenn die Gebärmutter betroffen ist, zu Problemen bei erwachsenen Hündinnen führen. Leistenbrüche sollten operativ behandelt werden.

Kieferdeformationen

Ein Vor- oder Rückbiss wird oft, außer in den schwersten Fällen, erst bemerkt, wenn die Milchzähne ausgefallen sind oder sogar erst, wenn die zweiten Zähne mit Alter von etwa vier Monaten voll ausgebildet sind. Bei einigen, hauptsächlich kurzköpfigen (brachycephalischen) Rassen, ist ein Rückbiss akzeptabel. Bei den meisten Rassen werden jedoch sowohl Vor- als auch Rückbiss als Fehler gewertet. Die Fehler werden vererbt und sollten in jeder Zuchtlinie vermieden werden.

Gaumenspalte

Wenn die beiden Hälften des harten Gaumens nicht kurz nach der Geburt zusammenwachsen, hat der Welpe Schwierigkeiten beim Saugen und wird sich schlecht entwickeln, wobei eine kleine

Spalte keine weiteren erkennbaren Auswirkungen haben kann als ein Austreten von Milch aus der Nase. Kurzköpfige und andere Rassen mit kurzen Schnauzen sind am meisten gefährdet. Welpen mit Gaumenspalte sollten ausgesondert werden.

Hasenscharte

Häufig verbunden mit einer Gaumenspalte entsteht eine Hasenscharte, wobei die beiden Hälften der Oberlippe nicht zusammenwachsen. Die Welpen haben Probleme beim Saugen, besonders wenn auch eine Gaumenspalte vorliegt. Die Tiere müssen ausgesondert werden.

Offene Fontanelle

Chihuahuas können ihr Leben lang eine offene Fontanelle behalten, aber bei anderen Rassen ist eine Spalte, die bestehen bleibt, weil die Schädelknochen nicht richtig zusammenwachsen, ein ernstes Problem. Solche Welpen sind anfällig für Hirnschäden und sollten ausgesondert werden.

Knickschwanz

Ein korkenzieherförmiger oder abgeknickter Schwanz gilt nur bei der Bulldogge als normal und ist eher ein entstellender als ein beeinträchtigender Fehler. Eine Verletzung bei oder kurz nach der Geburt wird häufig als Ursache angeführt, aber in den meisten Fällen ist ein Knickschwanz als Deformation der Wirbelsäule anzusehen. Es gibt einige Beweise dafür, dass Knickschwänze in Verbindung mit Spaltwirbeln (*Spina bifida*) auftreten.

Ersticken

Staphylokokkeninfektionen, die zu einem plötzlichen Anschwellen von Kopf und Hals führen, können bei einem oder mehreren Welpen eines Wurfes auftreten. Man nimmt an, dass diese Erkrankung als Folge einer Immunsystemschwäche auftritt. Betroffene Welpen müssen isoliert werden, aber eine wirkungsvolle Behandlung ist problematisch und die Prognose zweifelhaft. Eine Aussonderung muss in Betracht gezogen werden.

Waisen und Zusatzfütterung

Da kräftigere Welpen schneller wachsen als ihre schwächeren Geschwister, können kleine Welpen im Kampf ums Überleben immer weiter zurückbleiben. Wenn der Züchter nicht versucht, ihren Nahrungsbedarf zu decken, haben sie nur wenig Chancen zu überleben und noch weniger, zu kräftigen und gesunden Tieren heranzuwachsen. Eine Zusatzfütterung von schwachen Welpen erfolgt grundsätzlich nach demselben Prinzip wie das Aufziehen von Waisen oder nicht angenommenen Welpen. Da die Hündin oder eine Pflegemutter sie aber wärmt, leckt, um die Verdauung zu fördern, sauber hält und ihre physische und geistige Entwicklung fördert, ist diese Aufgabe wesentlich einfacher als das reine Aufziehen von Hand.

Die Milch der Hündin hat einen mehr als doppelt so hohen Kaloriengehalt wie Kuh- oder Ziegenmilch. Sie ist auch doppelt so reich an Fett, Eiweiß, Kalzium, Phosphor und Trockenmasse. Weder Kuh- noch Ziegenmilch sind ein geeigneter Ersatz für die Milch der Hündin, ebenso wie menschliche Babynahrung, die für langsam wachsende Säuglinge geeignet ist und nicht für die schnelle Entwicklung eines Welpen, die er durchmachen muss, um zu einem gesunden Hund heranzuwachsen.

Ein Welpe trinkt an einer Flasche mit Haltevorrichtung.

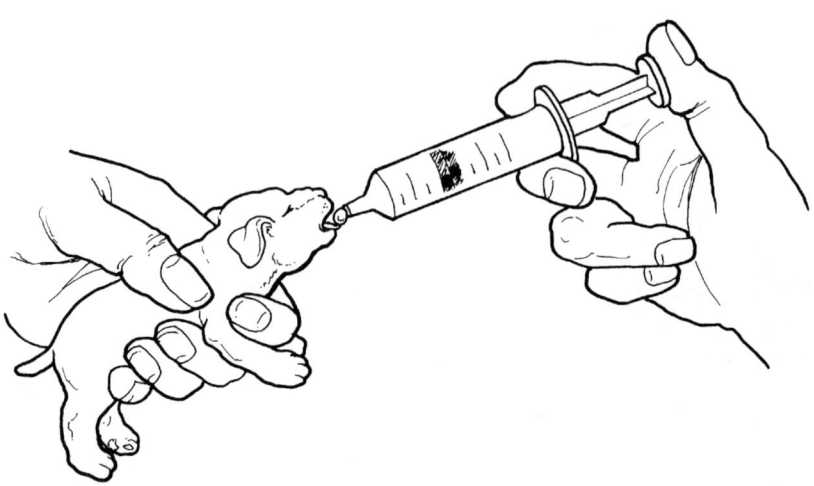

Das Füttern eines Welpen mit einer Spritze sollte mit größter Vorsicht erfolgen. Der Welpe sollte in der gezeigten Position gehalten werden – niemals auf dem Rücken liegend – während die Flüssigkeit in sein Mäulchen gespritzt wird. Es ist sicherer, die Flüssigkeit ins Maul zu tropfen, so dass man sehen kann, wie jeder Tropfen verschluckt wird, bevor mehr gegeben wird. Sieht man nicht, wie viel eingetropft wird, kann zu viel Flüssigkeit ins Mäulchen und dadurch auch in die Lungen gelangen (erkennbar daran, dass Flüssigkeit aus den Nasenlöchern austritt), was zu Lungenentzündung führen kann.

Es gibt eine Reihe guter Ersatzstoffe für die Muttermilch im Handel, die entweder zur Zusatz- oder Ersatzfütterung verwendet werden. Die vom Hersteller gegebenen Hinweise sollten genauestens befolgt werden. Gut gemeinte Abänderungen haben unweigerlich zur Folge, dass die Nahrung eher schlechter als besser und für sehr kleine Welpen sogar völlig ungeeignet wird. Vor der Geburt der Welpen sollte der Züchter dafür sorgen, dass für den Notfall Säuglingsnahrung für Welpen und entsprechende Hilfsmittel zur Verabreichung zur Verfügung stehen. Ist dies nicht der Fall, verhindert abgekochtes Wasser ein Austrocknen der Welpen, bis die Nahrung beschafft worden ist. Wenn mehr als einige Stunden vergehen, bevor ein geeigneter Ersatz für die Muttermilch verabreicht werden kann, dient ein halber Liter fettreiche, homogenisierte Kuhmilch vermischt mit einem Teelöffel hochwertigem, frischem Speiseöl und 28 g Milcheiweißpulver als akzeptabler Ersatz. Einige Züchter sammeln regelmäßig sehr kleine Mengen an Kolos-

In den ersten Lebenswochen hält die Hündin ihre Welpen sauber.

tralmilch von ihren säugenden Hündinnen und frieren sie ein, um sie später aufgewärmt an verwaiste Welpen verfüttern zu können.

Die Nahrung, erwärmt auf 38 °C, kann mit Hilfe einer kleinen Plastikspritze, einer Welpentrinkflasche oder einer Magensonde verabreicht werden. Eine Spritze ist wahrscheinlich die beste Methode für zusätzliche Fütterung, damit der Welpe nicht aufgrund von zwei verschiedenen Saugtechniken durcheinander kommt. Nachdem ein Tropfen Milch, der auf die Zunge gegeben wurde, verschluckt ist, kann der nächste verabreicht werden. So lernt der Welpe schnell, auf den nächsten Tropfen zu warten, wenn er den vorhergehenden verschluckt hat. Kleine Portionen, die in Abständen von zwei bis drei Stunden gegeben werden, sind anfangs notwendig, aber wenn der Welpe kräftiger wird, können die Abstände auf fünf bis sechs Stunden verlängert werden. Natürlich muss die Fütterung in gleichmäßigen Intervallen sowohl tagsüber als auch nachts erfolgen und ist somit eine Vollzeitaufgabe.

Bei verwaisten Welpen, wenn die gesamte Verantwortung für die Ernährung beim Züchter liegt, bevorzugen einige eine Magensonde. Verwaiste Welpen brauchen nicht nur Nahrung:

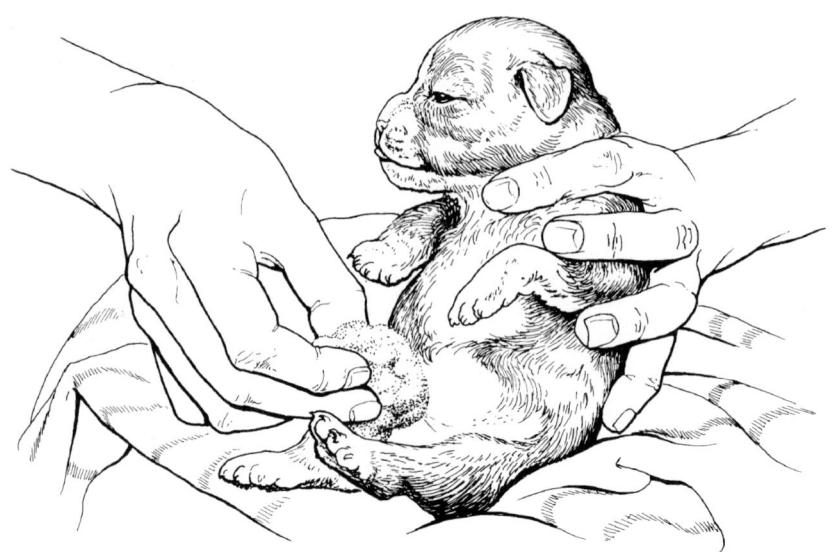

Das sonst von der Hündin durchgeführte Säubern und Massieren muss beim verwaisten Welpen simuliert werden, damit Darm- und Blasentätigkeit angeregt werden. Dies sollte nach jedem Füttern mit einem angefeuchteten Wattebausch oder Stück Stoff erfolgen.

sie brauchen auch einen künstlichen Ersatz für die feuchte Wärme, die sie normalerweise von einer fürsorglichen Mutter erhalten. Ein Brutkasten ist sicherlich der ideale Weg, um die richtigen physikalischen Umweltbedingungen zu schaffen, aber eine beheizte Unterlage in einer Kiste von geeigneter Größe kann auch verwendet werden, um den Welpen die nötigen Bedingungen zu bieten. Wenn weder eine Ersatzmutter verfügbar ist noch eine andere Mutterhündin, welche die anderen Aufgaben außer der Ernährung durchführen kann, muss der Züchter auch diese Arbeit übernehmen. Ein warmes, feuchtes Stück Baumwoll- oder Wollstoff wird zur Massage der Bäuchlein der Welpen nach jeder Mahlzeit verwendet, wodurch die Abgabe von Urin und Kot angeregt wird. Dies ist äußerst wichtig, weil bei sehr jungen Welpen diese grundlegenden Körpervorgänge nicht spontan ablaufen. Ebenso müssen Augen, Nasenlöcher und After sauber gehalten werden.

Einige Züchter finden, dass die nicht nachlassenden physischen und emotionalen Anforderungen, welche die Aufzucht

224

von verwaisten Welpen an sie stellen, sie überfordern. In diesem Fall muss, wenn die Welpen überleben sollen, jemand gefunden werden, der diese Aufgabe übernimmt. Zuchtvereine und Tierärzte sollten Informationen über einen spezielle Aufzucht-Service liefern können, dessen Ausrüstung und Kenntnisse diejenigen der meisten Züchter bei weitem übersteigen.

Unerfahrene Züchter haben wenig Anhaltspunkte darüber, ob Welpen eine Zusatzfütterung benötigen oder nicht. Welpen von Rassen ähnlicher Größe können selbst erheblich in ihrer Größe variieren. Sogar innerhalb derselben Rasse kann die Größe neugeborener Welpen recht unterschiedlich sein.

Kennzeichnung

Bei Würfen, in denen die Welpen die gleiche Größe, die gleiche Farbe und das gleiche Geschlecht besitzen, ist es wichtig, dass sie irgendwie gekennzeichnet werden. Züchter haben eine Reihe fantasievoller Methoden entwickelt, die vom Scheren kleiner Fellbereiche über das Markieren von Nägeln mit Nagellack oder von Fell mit wasserfesten Kosmetika bis zu einigen harmlosen, wasserunlöslichen Stoffen reichen, wie Gentianaviolett oder Farbe, mit denen Lämmer markiert werden.

Kupieren und Entfernen der Wolfskrallen

Das operative Kupieren der Schwänze oder das Entfernen von Wolfskrallen – wenn es überhaupt durchgeführt werden soll – erfolgt, bevor die Welpen ihre Augen geöffnet haben, gewöhnlich zwischen dem dritten und vierten Lebenstag. In einigen Ländern wie auch Großbritannien ist das Kupieren nur durch Fachleute erlaubt. In Deutschland darf bis zum siebten Lebenstag dieser Eingriff auch vom Züchter vorgenommen werden, danach – laut Tierschutzgesetz – nur vom Tierarzt unter Vollnarkose.

Die Wolfskrallen sind rudimentäre Daumenkrallen, die normalerweise nur an den Vorderbeinen zu finden sind. Bei einigen Rassen werden Wolfskrallen an den Hinterbeinen verlangt. Bei den

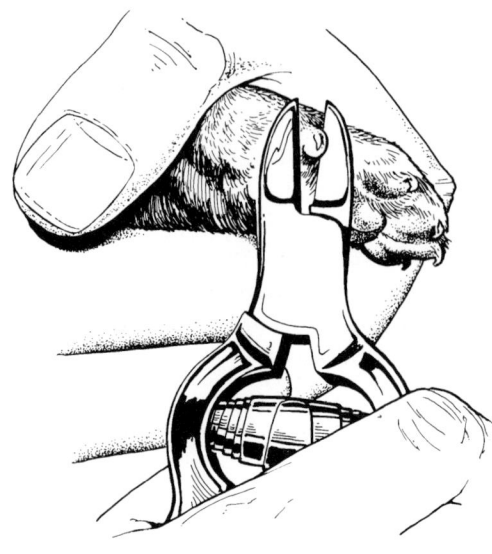

Wolfskrallen sollten entfernt werden, bevor die Augen sich öffnen, gewöhnlich etwa drei Tage nach der Geburt, entweder von einem Tierarzt oder einer erfahrenen Person mit einer scharfen, sterilen Schere oder Zange.

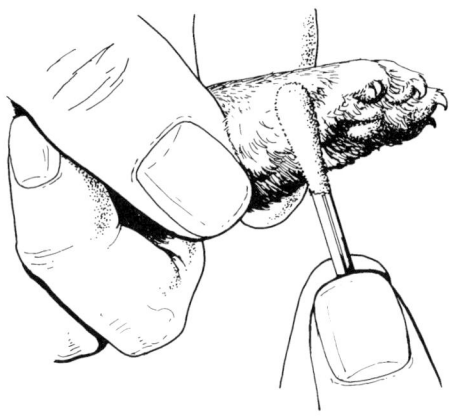

Kaliumpermanganat oder ein blutstillender Stift versiegelt die Wunde, stoppt die Blutung und verhindert eine Entzündung. (Zeichnungen nicht maßstabsgetreu.)

meisten werden sie aber als unerwünscht angesehen und üblicherweise entfernt. Sie lassen sich einfach mit einer scharfen, sterilisierten Schere entfernen. Dieser Eingriff verursacht nicht mehr als ein kurzzeitiges Unbehagen.

Parasiten

Hunde unterscheiden sich von keiner anderen Tierart, einschließlich uns, dahingehend, dass sie Wirtsorganismus für eine Reihe mehr oder weniger unangenehmer, innerer Parasiten sind, von denen einige in regelmäßigen Abständen zu unbegründeten Massenhysterien führen.

Zu den Innenparasiten gehören einzellige Protozoen, von denen manche harmlos, manche gesundheitsgefährdend sind. Sie besiedeln wahlweise den Verdauungs- oder Atmungstrakt oder das Blut oder lymphatische System. Sie verursachen eine Reihe von Symptomen, die eine fachmännische tierärztliche Diagnose und Behandlung erfordern. In manchen Ländern wie Großbritannien kommen viele dieser Erreger nicht vor. Solche, die mit importierten Hunden eingeschleppt werden, werden während der Quarantäne behandelt und eliminiert. Dieser wichtige Aspekt der Quarantäne wird häufig unterschätzt und ihre Notwendigkeit nur mit der Tollwutgefahr begründet.

Würmer sind die anderen wichtigen Innenparasiten. Hierzu gehören Nematoden oder Spulwürmer, Bandwürmer und eine Vielzahl an hauptsächlich tropischen Plattwürmern. Glücklicherweise bietet die moderne pharmazeutische Industrie eine zunehmende Auswahl an immer wirkungsvolleren Medikamenten, welche die Parasiten abtöten und manchmal sogar ihr Wiederauftreten verhindern.

Die meisten Spulwürmer werden von Hund zu Hund übertragen. Einige können auch Menschen und andere Tierarten befallen und viele können – in Ei- oder Larvenform – für eine erhebliche Zeit lebensfähig bleiben. Die häufigsten Arten von Spulwürmern sind *Toxocara canis* und *Toxascaris leonina*. Bei Welpen gehören zu den Symptomen Husten, ein aufgeblähter Bauch und allgemeine Schwäche. Bei erwachsenen Hunden, in denen *Toxocara canis* gewöhnlich im Ruhestadium vorkommt, treten selten Symptome auf.

Eine Menge unverantwortlicher und alarmierender Unsinn ist über die angeblichen Gefahren eines *Toxocara*-Befalls, besonders bei kleinen Kindern, gesprochen und geschrieben worden. In Großbritannien, einem Land mit über 56 Millionen Einwohnern

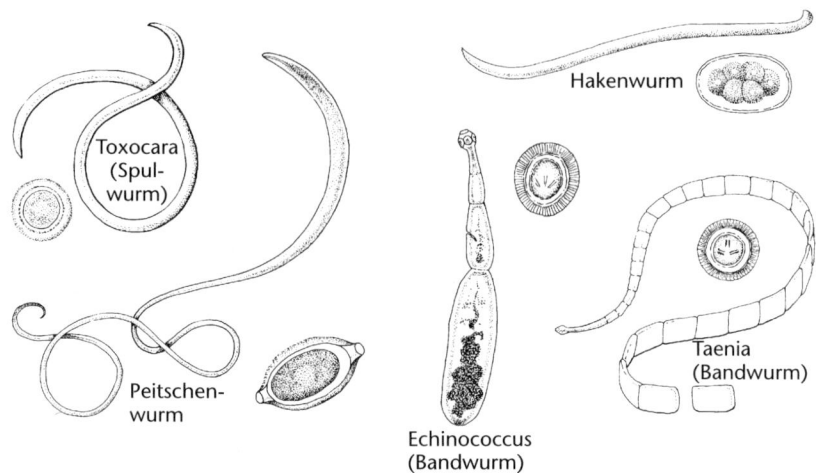

Einige parasitische Würmer und ihre Eier (nicht maßstabsgetreu).

und über 7 Millionen Hunden werden jedes Jahr etwa 20 bis 30 Patienten im Tropenkrankenhaus in London auf *Toxocara*-Befall behandelt, wobei sich längst nicht alle durch Hunde infiziert haben. Die meisten erleiden keine bleibenden Schäden durch diese Infektion und im Gegensatz zu den Sensationsmeldungen gibt es keinen Bericht darüber, dass jemals eine Person dadurch erblindet ist, obwohl bei einigen die Sehkraft eines Auges beeinträchtigt war.

Neuere Untersuchungen in verschiedenen Landesteilen Großbritanniens haben gezeigt, dass 3,15 Prozent der getesteten Hunde von *Toxocara* befallen waren, verglichen mit 45,7 Prozent der Füchse, 11,5 Prozent der Hauskatzen und 53,3 Prozent von wilden Katzen. Sämtliche Hunde und Katzen sollten regelmäßig entwurmt werden.

Es hat sich herausgestellt, dass Piperazin, welches bei Welpen im Alter von zwei, vier und sechs Wochen angewendet wird und den Befall um über 86 Prozent reduziert, nur wenig Wirkung auf die Eiproduktion, die Quelle von erneuten Infektionen, hat. Fenbendazol reduziert jedoch die Eiproduktion um 95 Prozent. Da Welpen schon im Uterus und über die Muttermilch infiziert werden, können sie schon im Alter von drei Wochen Eier ausscheiden. Eine Behandlung muss deshalb vorher, bevorzugt im Alter von zwei Wochen, erfolgen und sollte mit Fenbendazol in Abständen von zwei Wochen bis zum Alter von sechs oder acht Wochen durchgeführt werden.

Eine alternative Methode ist das Entwurmen der Welpen in wöchentlichen Abständen vom 14. bis zum 42. Tag, dann in monatlichen Abständen bis zum Alter von sechs Monaten und danach alle halbe Jahr (oder häufiger bei Piperazin oder Pyrantelembonat).

Untersuchungen haben gezeigt, dass die Behandlung erwachsener Hunde mit Piperazin an drei aufeinanderfolgenden Tagen zu einer Verminderung des Befalls mit *Toxocara canis* von 35,5 Prozent und mit *Toxascaris leonina* von 63 Prozent führte. Dieselbe Methode durchgeführt mit Fenbendazol erreichte eine Reduktion des Befalls mit *Toxocara canis* um 94 Prozent und mit *Toxascaris leonina* um 92 Prozent. Fenbendazol ist auch 100%ig wirksam gegen den Peitschenwurm *Trichuris vulpis*, bei dem Piperazin keine erkennbare Wirkung zeigt.

Da aufgrund dieser Untersuchungsergebnisse Piperazin im Vergleich zu den anderen Präparate weniger wirksam ist, findet es heute bei der Behandlung von Hunden nur noch wenig oder keine Anwendung mehr.

Bandwürmer wie *Dipylidium caninum* und *Echinococcus granulosus* erfordern eine etwas andere Bekämpfungsmethode, obwohl es Breitbandpräparate gibt, die sowohl gegen Spul- als auch Bandwürmer wirken. *Dipylidium*-Bandwürmer werden durch Flöhe übertragen, *Echinococcus*-Arten durch Innereien, insbesondere von Schafen, oder durch kontaminierte Erde. *Echinococcus* ist nicht weit verbreitet, kann aber häufig in schafreichen Gegenden vorkommen. Die Larven dieses Wurmes bilden lebensbedrohende Zysten im Menschen, einem seiner Zwischenwirte. In vielen Ländern, wo Schafzucht betrieben wird, haben regelmäßige und wirksame Entwurmungsprogramme diesen Parasit aber glücklicherweise fast ausgerottet. Bandwürmer scheinen für Hunde vergleichsweise harmlos zu sein, obwohl zu den Symptomen Gewichtsverlust und Bauchschmerzen gehören können. Im Kot sind häufig die Bandwurmglieder zu erkennen. Durch die Bekämpfung von Flöhen und gründliches Abkochen von Fleisch oder – noch besser – durch die Maßnahme, nichts zu verfüttern, was infiziert sein könnte, ist es gewöhnlich möglich, einen Bandwurmbefall zu vermeiden. Eine Behandlung mit Praziquantel ist erfolgreich.

Weitere Wurmarten sind Hakenwürmer (der häufige *Uncinaria stenocephala*, *Ancylostoma caninum*, der tropische *Ancylostoma brasiliense* und der asiatische *Ancylostoma ceylanicum*), Peitschenwürmer (*Trichuris vulpis*), Herzwürmer (*Dirofilaria immitis*) und Lungenwürmer (*Filaroides osleri*).

Hakenwürmer werden durch den Kontakt mit infizierten Hunden und Fäkalien aufgenommen. Sie dringen entweder durch die Haut ein oder werden oral aufgenommen. Bei schwerem Befall führen sie zu Gewichtsverlust, blutigem Durchfall und Hautentzündungen. Eine Behandlung mit Pyrantelembonat oder Fenbendazol bringt den Befall unter Kontrolle, kann ihn aber nicht völlig eliminieren.

Peitschenwürmer werden durch den Kontakt mit infizierten Fäkalien übertragen. Sie verursachen Durchfall, der in schweren Fällen von Austrocknung und Bauchschmerzen begleitet wird. Eine Behandlung mit Oxantelpamoat oder Fenbendazol alle sechs Wochen ist erfolgreich.

Herzwürmer kommen nur dort vor, wo es Moskitos (den Zwischenwirt) gibt und sind eine häufige Ursache für Herzerkrankungen in warmen Klimaten. Trockener Husten, Gewichtsverlust, Mattigkeit, Ödeme und Anämie sind die wichtigsten Symptome. Eine tierärztliche Behandlung über eine lange Zeit mit Injektionen von Levamisol und Dithiazinjodid können den Befall bekämpfen, aber die Schäden an Herz und Lunge bleiben erhalten.

Geeignete Wurmmittel gibt es in Form von Pasten, Granulat oder Tabletten, wobei die beiden ersten zum Entwurmen von Welpen besser geeignet sind.

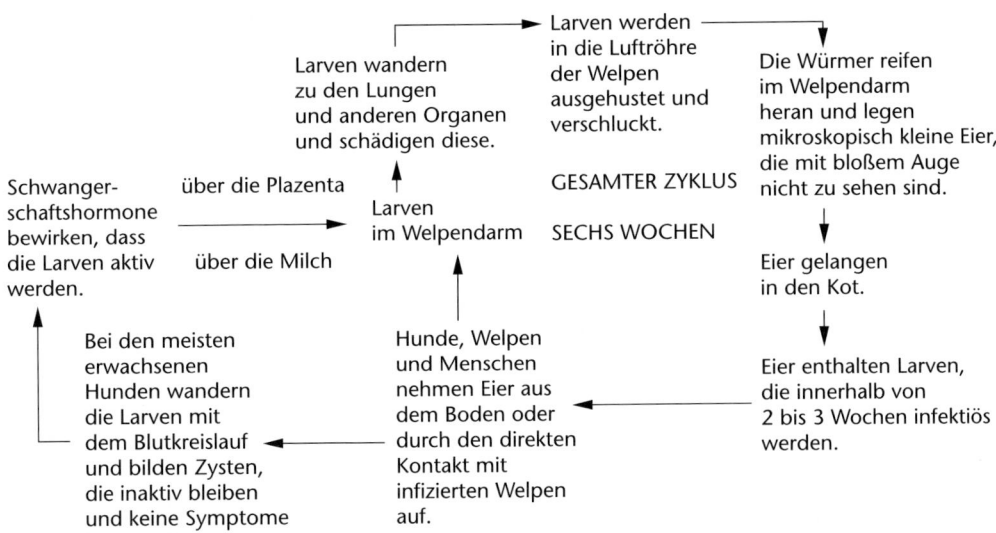

Larven werden in die Luftröhre der Welpen ausgehustet und verschluckt.

Larven wandern zu den Lungen und anderen Organen und schädigen diese.

Die Würmer reifen im Welpendarm heran und legen mikroskopisch kleine Eier, die mit bloßem Auge nicht zu sehen sind.

Schwangerschaftshormone bewirken, dass die Larven aktiv werden.

über die Plazenta

über die Milch

Larven im Welpendarm

GESAMTER ZYKLUS

SECHS WOCHEN

Eier gelangen in den Kot.

Bei den meisten erwachsenen Hunden wandern die Larven mit dem Blutkreislauf und bilden Zysten, die inaktiv bleiben und keine Symptome hervorrufen.

Hunde, Welpen und Menschen nehmen Eier aus dem Boden oder durch den direkten Kontakt mit infizierten Welpen auf.

Eier enthalten Larven, die innerhalb von 2 bis 3 Wochen infiziös werden.

Der Spulwurm *Toxocara canis* ist weiß, häufig aufgerollt und wird bis zu 20 cm lang. Sein komplizierter Lebenszyklus (siehe oben) bedeutet, dass fast alle Welpen bei der Geburt schon infiziert sind. *Toxascaris leonina* ist ähnlich, besitzt aber einen einfacheren Zyklus. Die Larven leben in Magen und Darm. Sie wandern nicht in andere Organe und können auch nicht über Plazenta oder Milch in die Welpen gelangen. Ein Befall beim Menschen ist nicht gefährlich.

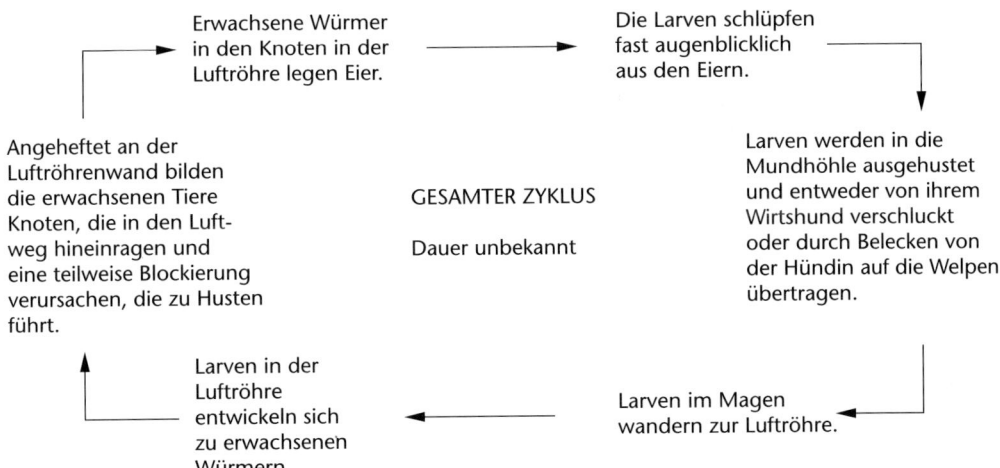

Erwachsene Würmer in den Knoten in der Luftröhre legen Eier.

Die Larven schlüpfen fast augenblicklich aus den Eiern.

Angeheftet an der Luftröhrenwand bilden die erwachsenen Tiere Knoten, die in den Luftweg hineinragen und eine teilweise Blockierung verursachen, die zu Husten führt.

GESAMTER ZYKLUS

Dauer unbekannt

Larven werden in die Mundhöhle ausgehustet und entweder von ihrem Wirtshund verschluckt oder durch Belecken von der Hündin auf die Welpen übertragen.

Larven in der Luftröhre entwickeln sich zu erwachsenen Würmern.

Larven im Magen wandern zur Luftröhre.

Der Lungenwurm *Filaroides osleri* ist in Zuchtzwingern am häufigsten. Er besiedelt die Luftröhre, gewöhnlich in der Nähe der Lunge, wo er einen bis zu 2 cm langen Knoten bildet.

231

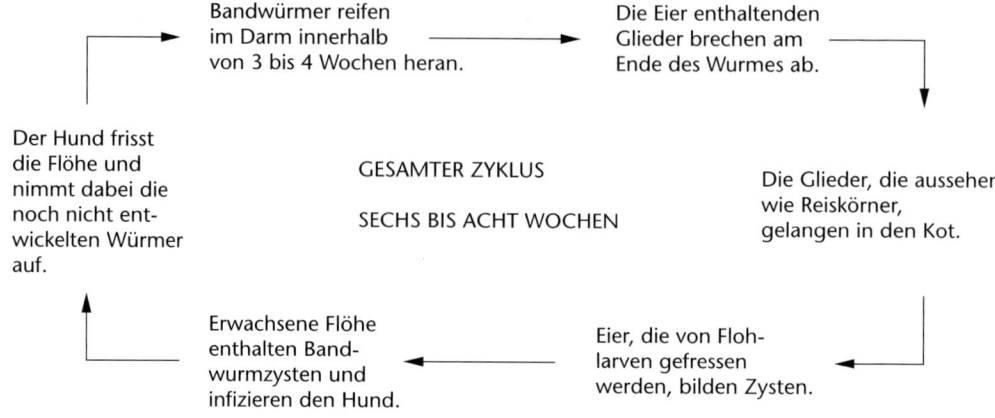

Bandwürmer reifen im Darm innerhalb von 3 bis 4 Wochen heran.

Die Eier enthaltenden Glieder brechen am Ende des Wurmes ab.

Der Hund frisst die Flöhe und nimmt dabei die noch nicht entwickelten Würmer auf.

GESAMTER ZYKLUS

SECHS BIS ACHT WOCHEN

Die Glieder, die aussehen wie Reiskörner, gelangen in den Kot.

Erwachsene Flöhe enthalten Bandwurmzysten und infizieren den Hund.

Eier, die von Flohlarven gefressen werden, bilden Zysten.

Der Lebenszyklus von *Dipylidium caninum*, einem Bandwurm, der bis zu 50 cm lang wird. Zwischenwirt des Wurmes ist der Floh. Er kann nicht direkt von Hund zu Hund übertragen werden.

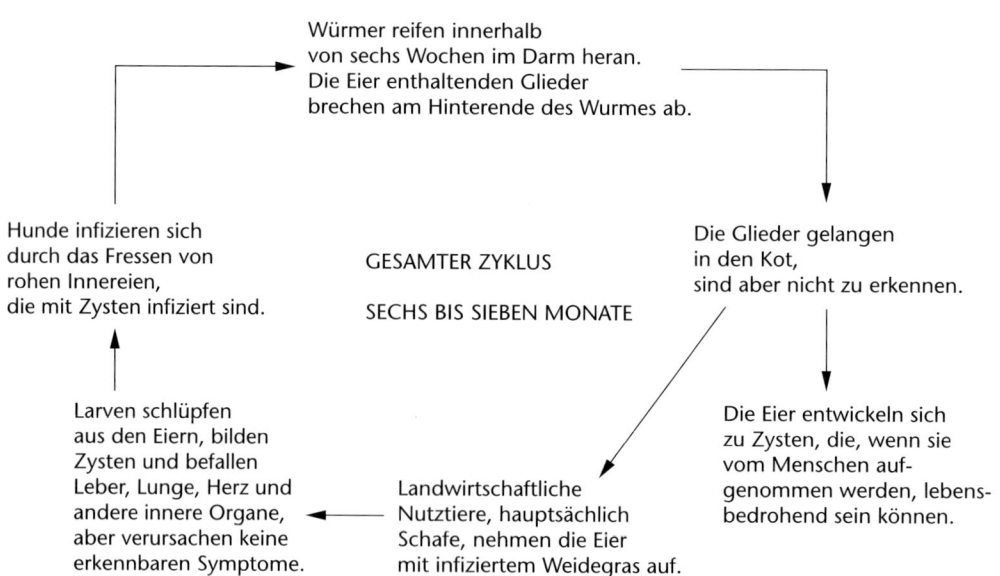

Würmer reifen innerhalb von sechs Wochen im Darm heran. Die Eier enthaltenden Glieder brechen am Hinterende des Wurmes ab.

Hunde infizieren sich durch das Fressen von rohen Innereien, die mit Zysten infiziert sind.

GESAMTER ZYKLUS

SECHS BIS SIEBEN MONATE

Die Glieder gelangen in den Kot, sind aber nicht zu erkennen.

Larven schlüpfen aus den Eiern, bilden Zysten und befallen Leber, Lunge, Herz und andere innere Organe, aber verursachen keine erkennbaren Symptome.

Landwirtschaftliche Nutztiere, hauptsächlich Schafe, nehmen die Eier mit infiziertem Weidegras auf.

Die Eier entwickeln sich zu Zysten, die, wenn sie vom Menschen aufgenommen werden, lebensbedrohend sein können.

Der Hundebandwurm *Echinococcus granulosus* ist sehr klein, weniger als 1 cm lang, und besitzt nur drei oder vier Glieder. Eine Infektion ist beim Menschen äußerst gefährlich.

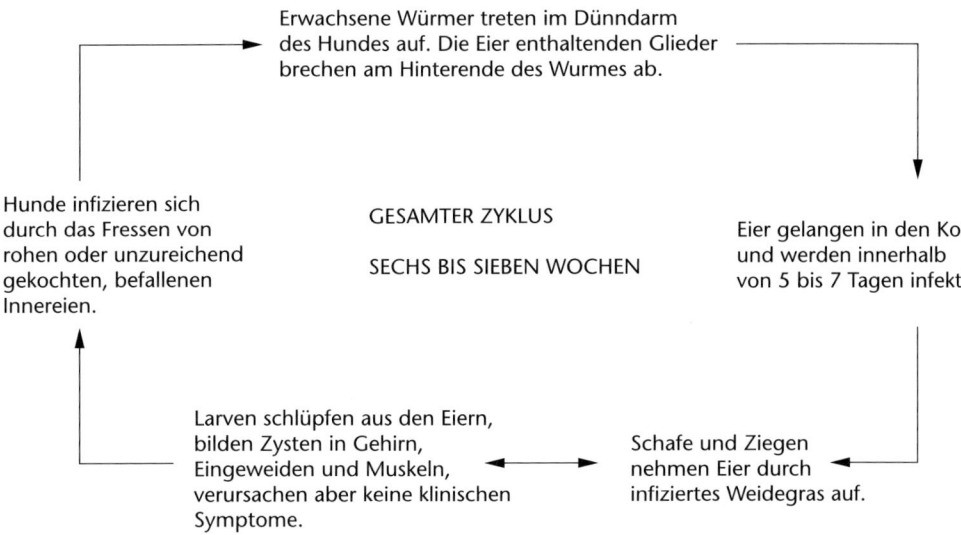

Erwachsene Würmer treten im Dünndarm des Hundes auf. Die Eier enthaltenden Glieder brechen am Hinterende des Wurmes ab.

GESAMTER ZYKLUS

SECHS BIS SIEBEN WOCHEN

Hunde infizieren sich durch das Fressen von rohen oder unzureichend gekochten, befallenen Innereien.

Eier gelangen in den Kot und werden innerhalb von 5 bis 7 Tagen infektiös.

Larven schlüpfen aus den Eiern, bilden Zysten in Gehirn, Eingeweiden und Muskeln, verursachen aber keine klinischen Symptome.

Schafe und Ziegen nehmen Eier durch infiziertes Weidegras auf.

Der Lebenszyklus von *Taenia hydatigena*, einem Bandwurm mit vielen Gliedern, der bis zu 4,8 m Länge erreichen kann. Es ist eine von vielen *Taenia*-Arten, die alle Zysten in den Zwischenwirten bilden.

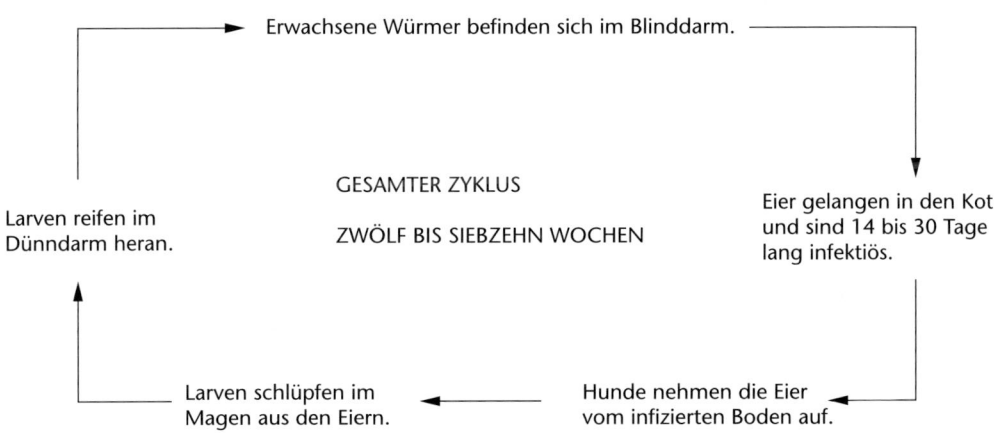

Erwachsene Würmer befinden sich im Blinddarm.

GESAMTER ZYKLUS

ZWÖLF BIS SIEBZEHN WOCHEN

Larven reifen im Dünndarm heran.

Eier gelangen in den Kot und sind 14 bis 30 Tage lang infektiös.

Larven schlüpfen im Magen aus den Eiern.

Hunde nehmen die Eier vom infizierten Boden auf.

Der Lebenszyklus des ziemlich ungewöhnlichen Peitschenwurm *Trichuris vulpis*, der bis zu 5 cm lang wird.

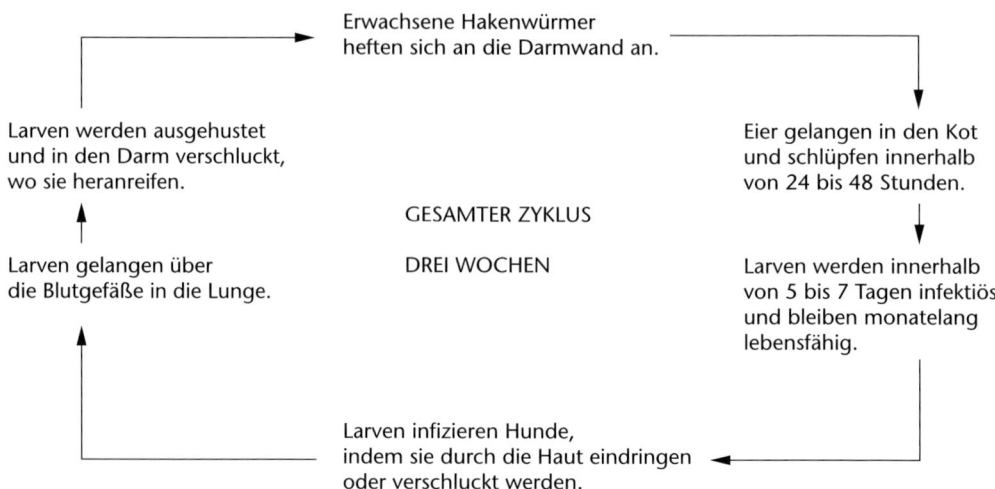

Erwachsene Hakenwürmer
heften sich an die Darmwand an.

Larven werden ausgehustet
und in den Darm verschluckt,
wo sie heranreifen.

Eier gelangen in den Kot
und schlüpfen innerhalb
von 24 bis 48 Stunden.

GESAMTER ZYKLUS

DREI WOCHEN

Larven gelangen über
die Blutgefäße in die Lunge.

Larven werden innerhalb
von 5 bis 7 Tagen infektiös
und bleiben monatelang
lebensfähig.

Larven infizieren Hunde,
indem sie durch die Haut eindringen
oder verschluckt werden.

Der Lebenszyklus von dem Hakenwurm *Uncinaria stenocephala*, der dünn,
gräulich-rot und bis zu 2,5 cm lang ist.

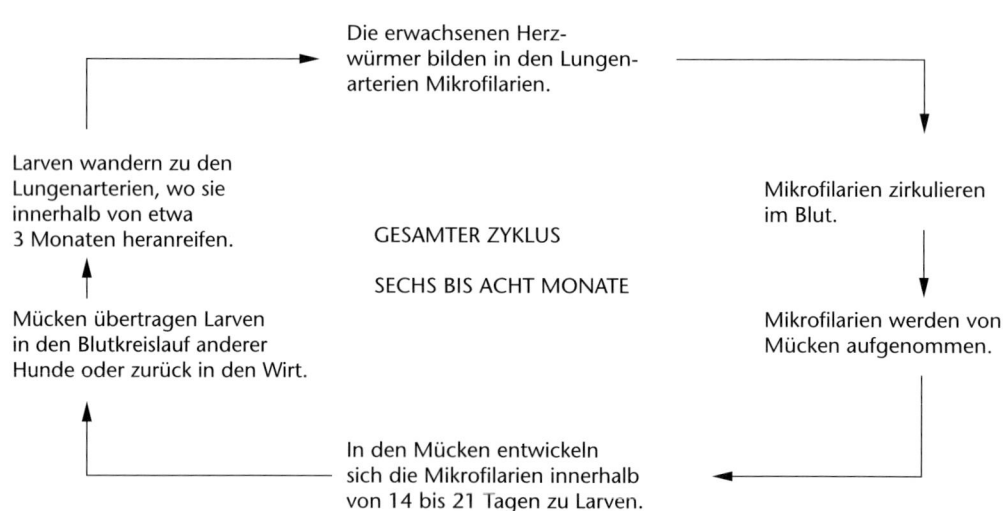

Die erwachsenen Herz-
würmer bilden in den Lungenarterien Mikrofilarien.

Larven wandern zu den
Lungenarterien, wo sie
innerhalb von etwa
3 Monaten heranreifen.

Mikrofilarien zirkulieren
im Blut.

GESAMTER ZYKLUS

SECHS BIS ACHT MONATE

Mücken übertragen Larven
in den Blutkreislauf anderer
Hunde oder zurück in den Wirt.

Mikrofilarien werden von
Mücken aufgenommen.

In den Mücken entwickeln
sich die Mikrofilarien innerhalb
von 14 bis 21 Tagen zu Larven.

Der Herzwurm *Dirofilaria immitis* ist schlank, weiß und 16-30 cm lang. Er ist eine häufige Ursache
für Herzerkrankungen in warmen Klimaten und ist schwierig zu behandeln,
obwohl wie bei allen Eingeweidewürmern vorbeugende Maßnahmen wirkungsvoll sind.

Ernährung

Entwöhnen

Wilde Carnivoren einschließlich der Wildhunde entwöhnen ihre Jungen, indem sie ihnen teilweise verdaute Nahrung vorwürgen. Die Welpen betteln um das Futter, indem sie Lippen und Schnauze der erwachsenen Rudelmitglieder belecken, eine Verhaltensweise, die bei Haushunden erhalten geblieben ist und manchmal direkt gegen die menschlichen Mitglieder ihres „Rudels" gerichtet ist. Einige Hundebesitzer würden dieses „Küsschen geben" weniger attraktiv finden, wenn sie wüssten, welche Erwartungshaltung dahinter steckt!

Das Entwöhnen der Welpen sollte so einfach wie möglich erfolgen. Wenn die Welpen drei Wochen alt sind, beginnen sie ihr Nest zu erkunden und bald danach geben sie zu verstehen, dass ihnen die Ernährung mit reiner Muttermilch nicht mehr ausreicht. Wenn ihnen eine Schüssel mit geeignetem Futter angeboten wird, während die Hündin abwesend ist, wird ihr erhöhter Appetit ihre Aufmerksamkeit bald darauf lenken. Wenn die Hündin zurückkehrt, sollte sie das Mahl beenden dürfen, wodurch ihr Beispiel die Welpen zusätzlich dazu anregt, ihm zu folgen. Innerhalb von wenigen Tagen fressen die Welpen eigenständig und sollten vier bis fünf Mahlzeiten am Tag bekommen, wenn die Fähigkeit der Hündin, ihre zunehmenden Nahrungsbedürfnisse zu befriedigen, abnimmt.

Im Handel sind mehrere gute Welpenfutter erhältlich. Das Trockenfutter sollte in diesem frühen Stadium des Entwöhnungsprozesses in warmem Wasser gut eingeweicht werden. Aber sobald die Welpen an ihr neues Futter gewöhnt sind, kann es auch trocken gegeben werden, vorausgesetzt natürlich, das die Welpen ständig Zugang zu sauberem Trinkwasser haben – was unabhängig von der Futterart ohnehin der Fall sein sollte. Die Welpen sollten die Möglichkeit haben, sich an einer reich gefüllten Schüssel satt zu essen. Dabei sollte man darauf achten, dass jeder Welpe genug bekommt und nicht von einem kräftigeren Geschwister weggedrängt wird. Wenn die Welpen fünf Wochen alt sind, sollten sie vier bis fünf Mahlzeiten pro Tag bekommen. Die Hündin wird nun nicht mehr viel Zeit mit ihnen verbringen. Sie sind erfolgreich

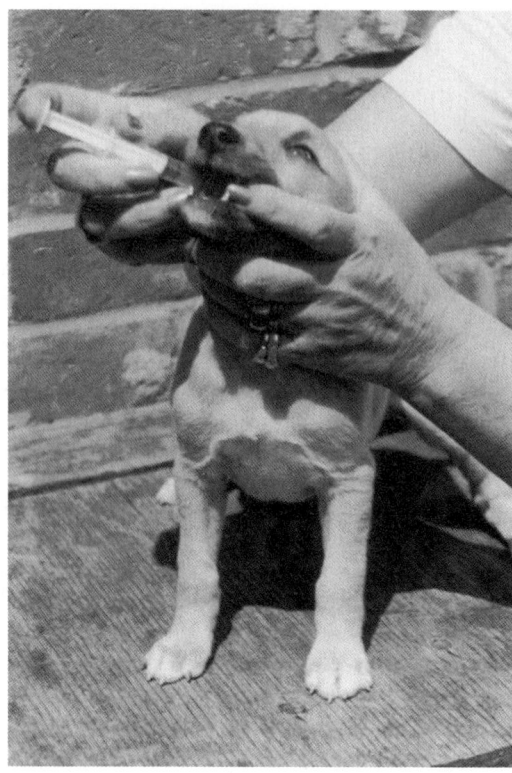

Die Eingabe eines Wurmmittels mit Hilfe einer Spritze gewährleistet, dass jeder Welpe die richtige Dosis erhält.

entwöhnt und können damit vertraut gemacht werden, ohne Kontakt zu ihrer Mutter zu leben, um sie auf ihren Umzug in ihr neues Heim im Alter von etwa acht Wochen vorzubereiten.

Futterzusätze

Züchter sind manchmal davon überzeugt, dass zu dem richtigen Futter, das ohnehin schon sehr ausgewogen ist, Vitamine und Mineralstoffe verabreicht werden sollten. Dadurch ignorieren sie einen großen Teil der sorgfältigen Arbeit derjenigen, welche die Futtermittel erforschen, zusammensetzen und herstellen. Noch schlimmer, sie setzen ihre Welpen dem Risiko aus, zu viele Vitamine oder Mineralstoffe zu erhalten, was im Extremfall zu Schädigungen führen kann.

236

Ein ringförmiger Trog ist so konstruiert, dass der ganze Wurf aus einem Napf fressen kann.

Die Vielfalt der heute erhältlichen Futtermittel macht die Verwendung von Zusatzstoffen überflüssig, außer in Ausnahmefällen unter tierärztlicher Aufsicht.

Impfungen

Junge Welpen müssen wie Kleinkinder eine Reihe von Krankheiten durchmachen, die, wenn auch nicht ausschließlich, so doch vorwiegend, bei jungen Tieren vorkommen. Glücklicherweise sind einige dieser Infektionskrankheiten, die unter Welpen verheerende Schäden angerichtet haben, in dem sie viele töteten und

237

andere dauerhaft geschädigt haben, dank der Impfungen eine Sache der Vergangenheit geworden.

Obwohl die ersten Impfungen gegen Staupe schon vor der Jahrhundertwende durchgeführt wurden, waren sie nicht sehr erfolgreich. Im Jahr 1907 hat die „British Board of Agriculture" die erste von verschiedenen offiziellen Untersuchungen über die Krankheit initiiert. Trotzdem dauerte es noch bis nach dem Zweiten Weltkrieg, dass Impfungen einen einigermaßen zuverlässigen Schutz gegen diese und andere Krankheiten boten, aber sogar sie besaßen unerwünschte Nebenwirkungen.

Sogar die modernen Impfungen bieten keinen 100%igen Schutz. Sie können eine Reaktion hervorrufen, die durch mütterliche Antikörper verdeckt oder von einer massiven Infektion, einem neuen oder tödlicheren Erregerstamm dieser Krankheit überflutet wird oder besonders dort, wo Hunde Stress und unhygienischen Lebensbedingungen ausgesetzt sind, kann eine entsprechende Immunreaktion ausbleiben. Solche Fehlwirkungen sind jedoch sehr selten und sicherlich kein Grund dafür, den Schutz, den moderne Impfungen bieten, den Tieren vorzuenthalten.

Welpen erhalten durch die Plazenta einen relativ geringen Immunschutz gegen Krankheiten. Dieser wird durch die Kolostralmilch auf etwa 75 Prozent des Wertes der Mutter angehoben. Daher ist es so wichtig, dass die Welpen in den ersten Stunden nach der Geburt gesäugt werden, um die dann gebildete Kolostralmilch aufzunehmen. Es ist auch wichtig, dass die Hündin, bevor sie gedeckt wird, einen vollständigen Impfschutz besitzt.

Impfstoffe, welche durch abgetötete Viren wirken, bieten den gewünschten Immunschutz, da die Viren selbst aber tot sind, gibt es keine Probleme mit Abwehrreaktionen oder der Gefahr, dass hierdurch eine Infektion ausgelöst wird.

Welpen erhalten einen gewissen Immunschutz durch ihre Mutter, aber die Impfungen sollten durchgeführt werden, sobald die von der Mutter erhaltenen Abwehrkräfte schwinden, gewöhnlich im Alter von acht bis zehn Wochen, manchmal sogar früher. Die Welpen bekommen die Erstimpfung, der nach frühestens zwei Wochen eine zweite folgt. Gelegentlich ist eine dritte Injektion erforderlich, insbesondere wenn die erste erfolgte, während die Welpen noch unter zehn Wochen alt waren. Für die meisten Impfungen ist eine jährliche bzw. zweijährliche Auffrischung notwendig.

Die Erstimpfung umfasst gewöhnlich Staupe, Hepatitis, zwei Arten von Leptospirose, Zwingerhusten und Parvovirose und wird in Form einer Kombinationsimpfung verabreicht. In Ländern, in denen Tollwut vorkommt, ist eine Impfung obligatorisch und unterliegt strengen Kontrollen. Die Erstimpfung gegen Tollwut erfolgt ab der 12. Lebenswoche.

Alternative Behandlung

Die Besorgnis über Langzeitwirkungen moderner Veterinärmethoden hat zu einem verstärkten Interesse an der Verwendung homöopathischer und Kräuterheilmittel geführt. Das Fehlen zuverlässiger klinischer Studien in Verbindung mit dem, was sich als unerhörte Behauptungen herausstellte (Hüftgelenksdysplasie vorbeugen oder Tollwut heilen zu können), trägt wenig zur Vertrauenswürdigkeit bei. Trotzdem verlässt sich eine zunehmende Anzahl von Züchtern auf die Anwendung alternativer Behandlungsmethoden und setzt Vertrauen in ihre Wirksamkeit.

Verhaltensentwicklung

Die körperlichen Bedürfnisse der Welpen zu befriedigen, ist nur ein kleiner Bestandteil der Aufzucht eines Wurfes. Es ist ebenso wichtig, die geistige Entwicklung so zu fördern, dass die Tiere zu anpassungsfähigen Individuen heranwachsen, die in der Lage sind, einen geeigneten Platz in der Gesellschaft einzunehmen.

Welpen, die keinen Kontakt zu Menschen haben und denen wichtige Erfahrungen in den ersten Lebenswochen vorenthalten werden, entwickeln sich kaum zu angenehmen Haustieren: Sie können schwierig oder gar unmöglich zu erziehen sein und ihnen fehlt die Fähigkeit, eine enge Bindung sowohl zum Menschen als auch zu Artgenossen einzugehen. Der Vorgang, Erfahrungen zu machen, die es dem Welpen ermöglichen, sich zu einem anpassungsfähigen Erwachsenen zu entwickeln, wird als „Sozialisation" bezeichnet.

Spielen ist ein wichtiger Bestandteil des Heranwachsens.

Für Welpen ist der Zeitraum zwischen der fünften und zwölften
Lebenswoche kritisch. Bei Menschen fällt diese kritische Entwick-
lungsperiode in die Zeit zwischen zwölf und 52 Wochen. Ohne
sozialen Kontakt wachsen sie zu emotional isolierten, scheuen,
unsozialen, möglicherweise aggressiven und unglücklichen Wesen heran. Werden sie dagegen zu sehr beschützt, fehlt ihnen
Unabhängigkeit und sie werden wenig anpassungsfähig und zu
wenig emotional. Welpen, die während dieser kritischen Wochen
ausschließlich von Menschen aufgezogen werden, fehlt die Fähigkeit, normale Beziehungen zu anderen Hunden einzugehen. Sie
können aggressiv oder ängstlich und für Arbeit, Ausstellungen
oder sogar die Zucht unbrauchbar werden. In einer anregenden
Umgebung erhalten sie die Gelegenheit, sich normal zu entwickeln.

Die beim Menschen klassischen sieben Lebensphasen sind
beim Hund auf sechs reduziert, wobei jede einzelne genau durch
Verhaltensänderungen, Reaktionen auf Reize und Fähigkeiten definiert ist. Die Zeit, zu der verschiedene Rassen von einer Periode

Jeder Gegenstand, der einen vertrauten Geruch besitzt, vermittelt dem Welpen Sicherheit.

in die andere übergehen, variiert jedoch erheblich. Scott und Fuller haben beispielsweise herausgefunden, dass Beagle- und Cocker-Spaniel-Welpen früher ihre Augen öffnen, Zähne bekommen und mit dem Schwanz wedeln als Fox-Terrier-Welpen.

Die sechs Lebensphasen eines Hundes

Neonatale Phase

Die neonatale Phase beginnt mit der Geburt und hält etwa zwei Wochen an, während dieser Zeit das Überleben der Welpen unter normalen Umständen völlig von der Mutter abhängt. In diesem Stadium ist die neuronale Entwicklung noch nicht weit fortge-

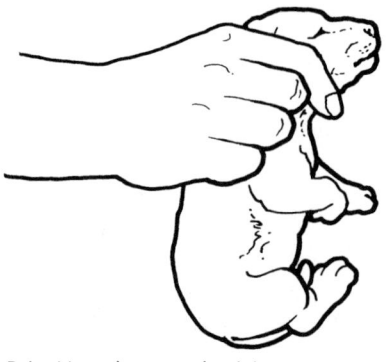

Beim Neugeborenen dominieren
die Beugermuskeln.

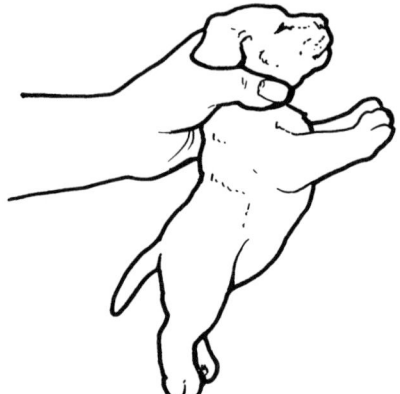

Beim 4–5 Tage alten Welpen dominieren
die Streckermuskeln.

Frühe Muskelreflexe.

schritten, obwohl die Kopfnerven und die Muskeln in Verbindung
mit einem starken Suchreflex, der für die Nahrungsaufnahme
wichtig ist, und der Fähigkeit, wieder eine aufrechte Position einzunehmen, gut entwickelt sind. Während der ersten vier oder fünf
Tage nimmt der Welpe eine embryonale Körperhaltung ein, wobei
der Rücken gebogen ist und die Beine unter dem Körper angezo-
gen werden. Etwa vom fünften Tag an wird diese Haltung ersetzt
durch eine gestreckte Position, wobei er ein Hohlkreuz macht und
die Beine nach außen wegstreckt.

In den ersten Lebenstagen verbringen Welpen normalerweise
bis zu einem Drittel der Zeit, tagsüber und nachts, mit Trinken.
Kräftige Welpen saugen innerhalb von 24 Stunden bis zu 70-mal –
einmal alle zwanzig Minuten.

Der Schlaf, welcher zwei Drittel des Tages einnimmt, ist durch
ständige leichte Bewegungen und zufriedenes Grunzen, Wim-
mern und Miauen charakterisiert.

Mit etwa zehn Tagen öffnen sich die Augen, aber erst in der
nächsten Entwicklungsphase reagieren die Welpen auf Licht.

Der vierzehn Tage alte Welpe kann noch nicht scharf sehen.

Übergangsphase
Während der dritten Lebenswoche lernen die Welpen, von der Mutter unabhängig zu werden. Ihre neuronale und physische Entwicklung geht rapide voran. Sinnesorgane wie Augen und Ohren beginnen zu funktionieren. Der Welpe beginnt zu laufen statt zu kriechen und zu lecken statt zu saugen.

Sozialisierungsphase
Wenn sich die Wirbelsäule so weit entwickelt hat, dass die Welpen stehen und laufen können, werden sie ihre Umgebung erkunden und neue Aktivitäten erfahren. Sie reagieren gegenseitig auf-

243

Foxhound-Welpen begrüßen einen jungen Besucher in ihrem großen Wiesenfreilauf.

einander, beginnen zu spielen und sind auch ganz zufrieden, wenn die Hündin sie sich selbst überlässt.

Die Entwicklung von Instinktverhalten ist wichtig für das Überleben in der Wildnis – Anschleichen, Zuschlagen, Festhalten und Totschütteln der Beute ebenso wie Sexualverhalten – und charakteristisch für diese Periode. Innerhalb des Wurfes entwickelt sich eine Rangordnung, die dazu führen kann, dass physisch oder charakterlich schwächere Welpen gnadenlos schikaniert werden. Bei einigen kämpferisch veranlagten Rassen ist es manchmal notwendig, in dieser Phase die Welpen zu trennen.

Die Art, wie Welpen in dieser Phase zwischen der vierten und siebten Lebenswoche behandelt werden, ist für ihre weitere Entwicklung von großer Bedeutung. Aufgezogen in Isolation mit begrenzten Möglichkeiten, etwas zu untersuchen und zu spielen, und schlechten Erfahrungen mit Menschen ausgesetzt, werden solche Welpen vermutlich zu nervösen und ängstlich-aggressiven

244

Welpen beim Spielen zu beobachten ist ein großartiger Zeitvertreib!

Kreaturen werden, unfähig eine Bindung mit Menschen oder anderen Hunden einzugehen.

Züchter sollten mit ihren Welpen spielen, ihnen Spielzeug anbieten – ein Karton, ein Stück Stoff oder alles, was sicher ist und das Spiel fördert – und den Welpen auf alle erdenklichen Arten ermöglichen, ihre Erfahrung zu vergrößern und folglich vertrauensvoll aufzuwachsen. In den Zwinger kann ein Radio gestellt werden, in dem ein Popmusiksender läuft, damit sich die Welpen an merkwürdige Geräusche gewöhnen. Der Auslauf wird in einen Miniatur-Abenteuerspielplatz verwandelt mit Schachteln, in denen man sich verstecken kann, mit Tischen, auf die man klettern und unter die man kriechen kann und mit Rampen, Tunneln und allen möglichen Dingen, die es zu erforschen gilt.

Gute Züchter sind sich instinktiv der Bedeutung dieser kritischen, kurzen Phase bewusst. Sie verbringen viel Zeit mit ihren Welpen. Sie sorgen dafür, dass die Welpen andere Hunde, die Familienkatze und andere Tiere, die mit ihnen das Heim teilen, treffen. Sie werden mit allen Dingen und Geräuschen eines geschäftigen Haushalts oder Zwingers konfrontiert und lernen, mit Menschen nur gute Erfahrungen zu verbinden. Die während dieser Phase erlernten Lektionen werden niemals vergessen und ent-

Heranwachsende Welpen können allerhand Unfug anstellen.

scheiden darüber, wie anpassungsfähig der Hund im Erwachsenenalter sein wird.

Gegen Ende der Phase sind die Welpen völlig unabhängig von ihrer Mutter und können in ihr neues Heim abgegeben werden. In vielerlei Hinsicht scheinen sich Welpen leichter an eine neue Umgebung anzupassen, wenn sie zwischen sieben und zwölf Wochen alt sind, aber mit sieben oder acht Wochen sind sie vielleicht körperlich noch nicht robust genug, um mit den Bedingungen, die sie in einem fremden Haus erwarten, zurechtzukommen.

Hierzu Dr. Hellmuth Wachtel:

Außer der Nahrungsaufnahme und dem sozialen Kontakt mit Menschen sind regelmäßige körperliche Bewegung, Sozialkontakt mit Artgenossen und eine abwechslungsreiche Umgebung, welche die verborgenen Entwicklungsmöglichkeiten der Welpen herausfordert, äußerst wichtig, werden aber häufig vernachlässigt. Welpen brauchen einen geräumigen und sicheren Freilauf, der bestimmte Einrichtungen enthalten soll, damit der häufig unzureichende Raum qualitativ verbessert wird. Optimal ist ein gut durchdachter Abenteuerspielplatz sowohl drinnen als auch

Prägungsspieltage sind für die Sozialisierung der Welpen von großer Bedeutung.

Für einen Welpen gibt es immer wieder etwas Neues zu entdecken.

draußen. Der Innenspielbereich könnte einen Mini-Agility-Parcours be-
inhalten mit kleinen Geräten wie Hürden, niedrigen Tischen, Tunneln,
Wippen u. Ä.

Dies sollte natürlich nur dem spontanen Spiel und nicht dem Trai-
ning der Welpen dienen. Aber abwechslungsreiche Einrichtungen for-
dern die Neugierde und den Untersuchungsinstinkt der Welpen heraus.
Wie ein Agility-Parcours sollten sie täglich umgestellt werden, damit
neue Situationen und Aufgaben entstehen, wodurch die Welpen auch
geistig aktiv bleiben und somit einer Neigung zur Entwicklung des Zwin-
ger-Syndroms entgegengewirkt wird.

Der Außenbereich sollte auch gut strukturiert sein, aber mit Schwer-
punkt auf natürliche Elemente, zum Teil Rasen, zum Teil Sand oder
Erde, mit Baumstämmen, ungiftigen Sträuchern, Gräben, Löchern und
einem kleinen Hügel. Für das geistige Training kann ein nicht zu kom-
pliziertes Labyrinth aus Brettern, ausgestattet mit Leckerbissen, errichtet
werden. Auch hier sollte die Umgebung jeden Tag durch Aufstellen von
Hürden, Schachteln, Röhren usw. verändert werden.

Weidt sagt zu diesem Thema:

Wenn die Welpen an ihre neuen Besitzer verkauft werden, sind Prä-
gungsspieltage für sie eine gute Sache. Dies sind regelmäßige Treffen mit
den Geschwistern und/oder anderen Welpen von etwa derselben Größe
und demselben Alter mit ihren neuen Besitzern, um die unterbrochene
Sozialisierung mit Artgenossen fortzuführen, ebenso wie den Sozialisie-
rungsprozess mit dem Menschen zu intensivieren. Wie Menschenkinder
entwickeln Welpen die größte Intelligenz und körperliche Fähigkeiten,
wenn sie frühzeitig im Leben gefördert werden. Ein Tag, an dem die
geistigen und körperlichen Fähigkeiten nicht genutzt werden, ist für
immer verloren und ist auch verloren für die Ausbildung und Stärkung
von Charakter und Persönlichkeit.

Nach etwa 14 Wochen kann die Fähigkeit, sich an neue Gegebenheiten anzupassen, rapide abnehmen, ganz besonders bei bestimmten Rassen. Strenge und unflexible Angliederung und die
Unfähigkeit, sich an neue Situationen anzupassen, kann es erschweren, ältere Hunde einzugewöhnen und kann sogar bedeuten, dass der Verlust von älteren Gefährten oder einer gewohnten
Umgebung oder eines Systems ungewöhnlichen Kummer verursachen. Einige Rassen scheinen jedoch eine lässige Einstellung zu
bewahren, welche ihnen ermöglicht, in jeder Phase ohne große

Annagen ist eine Möglichkeit,
wie Welpen ihre Umgebung
erkunden.

Schwierigkeiten neue Bindungen einzugehen und sich an neue
Umgebungen zu gewöhnen.

Jugendphase
Von etwa einem Alter von zehn Wochen bis zur Geschlechtsreife mit sieben Monaten oder später, abhängig von der Rasse,
können die Welpen als Teenager angesehen werden, mit all dem
Appetit, der Energie und dem Widerstand, den diese Phase mit
sich bringt.

Noch etwas zu zerkauen!

Obwohl die neuronale und physische Entwicklung in dieser Phase abgeschlossen ist, können komplexe Aufgaben noch nicht antrainiert werden, da sich die Welpen noch nicht für längere Zeit konzentrieren können.

Erwachsenenphase

Das Erwachsensein wird nicht nur anhand der Geschlechtsreife gemessen, sondern es gehören auch Verhaltensmuster dazu wie die Fähigkeit und Bereitschaft, das Training zu akzeptieren, Vertrauen in ungewohnten Situationen usw. Man könnte sagen, das Erwachsensein dauert für den Rest des Hundelebens. Es ist durchaus möglich, einem alten Hund neue Tricks beizubringen und dass sich alte Hunde an neue Situationen anpassen, vorausgesetzt, ihr

Züchter und ihre frühen Besitzer haben ihnen die Möglichkeit dazu gegeben.

Das Alter

Einer der schwierigsten und leidvollsten Aspekte der Hundehaltung ist es, mit der relativ kurzen Lebensspanne des Hundes umzugehen. Bei einigen großen und schweren Rassen wird eine Lebenserwartung von nur acht oder neun Jahren als normal akzeptiert. Kleinere Rassen können ohne weiteres doppelt so lange leben, aber obwohl einige Hunde älter als 20 Jahre geworden sind, muss jeder Hund, der ein Alter von 15 oder 16 Jahren erreicht, als Greis angesehen werden.

Obwohl Hunde körperlich altern, scheinen sie keine Veränderungen im Temperament durchzumachen. Sie behalten ihr Interesse an der Arbeit und am Spiel und wollen trotz zunehmender Gebrechlichkeit an beidem weiterhin teilnehmen.

Schäferhunde, die von der aktiven Arbeit zurückgezogen wurden, kompensieren ihre Frustration, indem sie die Hühner auf dem Hof treiben. Sehr alte Hunde tollen mit Welpen umher. Ausstellungshunde, deren Karriere zu Ende ist, werden traurig, wenn ihre Zwingergefährten auf Ausstellungen fahren, während sie ähnlich wie Aschenputtel zu Hause bleiben müssen.

Der Milchtritt eines Saugwelpen ist eine Verhaltensweise, die auch bei erwachsenen Hunden erhalten bleibt und oft vermenschlicht als „Pfötchen geben" bezeichnet wird.

Ein Verlust an körperlichen Fähigkeiten wie Hören und sogar Sehen scheint die Hunde nicht zu belasten und sie haben die beneidenswerte Fähigkeit, alle notwendigen Veränderungen zu akzeptieren. Sie sollten jedoch sorgfältig auf Anzeichen von Schmerz oder Unbehagen untersucht werden, wobei diese wegen der Gelassenheit eines Hundes schwer zu entdecken sind. Sitzen oder Stehen in ungewöhnlichen Haltungen, ein leicht geöffnetes Maul und schmale Augen, Lecken, Kauen oder Kratzen an einem bestimmten Körperteil, Rastlosigkeit oder Bewegungsunlust und Reizbarkeit können alles Anzeichen dafür sein, dass der Hund Schmerzen hat.

In jeder Phase neigen Besitzer mit einer vermenschlichenden Haltung gegenüber Hunden dazu, sich selber Probleme zu bereiten und ein Teil der Freude zu verlieren, die entsteht, wenn man Hunde als Hunde ansieht, mit ihrer eigenen Art, Dinge zu tun, ihrer eigenen Würde und ihren eigenen Prioritäten. Wenn Hunde alt werden, kann eine solche Einstellung eine Hürde dafür sein, Hunde so zu pflegen, wie sie es verdienen.

Euthanasie

Manchmal ist der letzte Gefallen, den wir unseren Hunden erweisen können, sie human einzuschläfern, um sie vor dem Elend und den Qualen, die eine unheilbare Krankheit mit sich bringt, zu bewahren. Allzu oft verhindert eine vermenschlichende und sentimentale Haltung den Hunden diesen letzten Dienst. Es ist anzunehmen, dass Hunde keine Vorahnung von dem Tod und keine Sorgen über das, was danach kommt, besitzen. Sie schwelgen nicht in schönen Erinnerungen und haben keine Angst vor der Zukunft. Hunde leben für den Moment. Wenn der Moment voller Schmerz und Leid ist und es nur wenig Aussicht auf Linderung gibt, haben Hundebesitzer die Pflicht, ihre eigene Einstellung zum Tod unberücksichtigt zu lassen und ihrem alten Gefährten einen letzten Gefallen zu tun.

Kein Züchter kann ernsthaft erwarten, dass er sich nie damit beschäftigen muss, was für jeden besorgten Hundebesitzer die schlimmste Situation ist: zu entscheiden, ob dem Leben eines Hundes, Erwachsener oder Welpe, ein Ende gesetzt werden soll.

Andrew Edney hat die Umstände definiert, die dafür sprechen, das Leben eines Hundes zu beenden. Ist der Hund frei von Schmerz, Leid oder ernstem Unbehagen, was nicht wirksam bekämpft werden kann? Kann er gehen und gut das Gleichgewicht halten? Kann er für seinen normalen Bedarf genug essen und trinken, ohne große Schwierigkeit und ohne zu erbrechen? Ist er frei von Tumoren, die Schmerzen oder ernstes Unwohlsein verursachen und nachweislich inoperabel sind? Kann er oft genug urinieren und koten ohne große Schwierigkeiten und Inkontinenz? Ist der Besitzer in der Lage physisch und psychisch mit den notwendigen Pflegeaufgaben zurechtzukommen? Dr. Edney vertritt die Meinung, dass, wenn eine der Antworten auf diese Fragen „Nein" ist, es vermutlich Gründe für eine Euthanasie gibt.

Es kann auch andere Gründe geben: wenn ein Hund gefährlich aggressiv oder ungewöhnlich nervös und ängstlich ist; wenn die Behandlung seiner Beschwerden eine wirtschaftlich unzumutbare Belastung für den Besitzer wäre; und wenn die Behandlung wahrscheinlich nicht wieder zu einem Leben von akzeptabler Qualität führt.

Die Entscheidung ist für einen besorgten Besitzer niemals leicht, aber zu einer Entscheidung zu finden und mit den Folgen zurechtzukommen, ist fester Bestandteil vom Los eines Züchters. Einen Hund leiden zu lassen, weil man keine Entscheidung treffen kann, die dem Leiden ein Ende setzen könnte, ist kein Akt von Nächstenliebe. Die Entscheidung, einem Hundeleben aus gutem Grund ein Ende zu setzen, ist etwas, für welches ein Hundebesitzer von seinem Tierarzt Unterstützung sollte erwarten können.

11 Zwinger-Management

Einen Zuchtzwinger zu betreiben, ob als Hobby mit nur wenigen Hunden oder als Unternehmen mit einer großen Anzahl von Tieren, stellt eine Menge Anforderungen, die nicht ignoriert werden können, wenn das Unternehmen erfolgreich sein soll. Diese Anforderungen beginnen, noch bevor der erste Welpe geboren wird.

In vielen Ländern unterliegen Zuchtzwinger einer Menge von Kontrollen. In Großbritannien wird ein Zuchtzwinger so definiert, dass mehr als zwei Hündinnen vom selben oder unterschiedlichen Besitzern gehalten werden mit der Absicht, mit ihnen zu züchten. Nur die Anzahl der Hündinnen, mit denen gezüchtet werden soll, ist dabei relevant. Die Anzahl sehr junger oder alter Hündinnen, kastrierter Hündinnen oder solcher, die aus anderen Gründen von der Zucht ausgeschlossen sind, Hündinnen, die auf einen Käufer warten, und Rüden spielen keine Rolle bei den Voraussetzungen für eine Lizenz. Die örtlichen Behörden haben das Recht, die Örtlichkeiten zu betreten, aber nicht die Wohnhäuser, wo nach ihrer Meinung die Hundezucht stattfindet.

In den USA dürfen Hundezuchten nur dort eingerichtet werden, wo die Planung Gebiete für derartige Aktivitäten vorsieht. Die Anzahl der Hunde, die gehalten werden dürfen, unterliegt strengen Kontrollen. In Deutschland müssen wie in einigen anderen europäischen Ländern sowohl die für die Zucht verwendeten Räumlichkeiten als auch die Tiere offiziell genehmigt werden. In den meisten Ländern benötigen Zuchtzwinger eine Genehmigung und die Örtlichkeiten sowie der Zustand der Zuchttiere (wenn auch nicht die Qualität des Zuchtbestandes) und die Buchführung werden regelmäßig kontrolliert.

Die offizielle Entdeckung einer heimlichen Zucht kann Strafen nach sich ziehen und könnte die Notwendigkeit von Planungen und Baugenehmigungen heraufbeschwören, die vielleicht nicht erteilt werden. Wenn Personen angestellt werden, müssen die Gesetze der Gesundheitsfürsorge berücksichtigt werden. Ordnungs- und Steuerämter haben Interesse sogar an dem kleinsten Unternehmen.

Bevor irgendjemand eine Karriere als Hundezüchter beginnt, muss er sich vergewissern, dass sein Vorhaben ihn nicht mit irgendeinem Gesetz in Konflikt bringt. Daher ist es wichtig, die notwendigen Informationen und Beratungen von den zuständigen Behörden zu erhalten.

Im Anhang VII dieses Buches ist die VDH-Zucht-Ordnung abgedruckt, an welche sich die dem VDH angeschlossenen Züchter zu halten haben. Der VDH und die unter „Nützliche Adressen" aufgeführten Vereine und Verbände helfen bei weiteren Fragen gerne weiter.

Werbung

Wenn ein Zwinger einmal für seine guten Welpen bekannt ist, ist nur noch wenig oder gar keine Werbung mehr notwendig. Die meisten erfolgreichen Züchter werben nicht, um mehr Umsatz zu machen, sondern einfach, um sich ihres Erfolges zu rühmen.

Werbung sollte nicht so formuliert sein, dass beim Käufer eine falsche Erwartungshaltung geweckt wird. Ebenso sollten keine falschen oder missverständlichen Behauptungen aufgestellt werden.

Wenn ein Welpe als Ausstellungs- oder Arbeitshund angeboten wird, aber schließlich nicht die erforderliche Qualität erreicht, wenn er als körperlich oder charakterlich einwandfrei beschrieben wird, sich aber zu einem kranken Tier entwickelt, kann der Käufer Schadenersatz beanspruchen in Höhe des Kaufpreises des Welpen, der Tierarztkosten oder der aufgrund der Mängel entstandenen Verluste wie auch der Kosten für den Rechtsstreit selbst.

Züchter sollten vorsichtig sein – sowohl bei schriftlicher als auch mündlicher Werbung für ihre Zucht – und sich nicht hinreißen zu lassen, falsche Behauptungen aufzustellen.

Registrierung

Es ist für Züchter üblich, mit der Registrierung zu beginnen, sobald es den Anschein hat, dass die Welpen gedeihen, obwohl einige damit länger warten, um den Käufern die Gelegenheit zu geben, den Namen auszuwählen, unter dem der Welpe registriert werden soll.

Die meisten etablierten Züchter besitzen einen Zwingernamen, dessen ausschließliche Verwendung durch das Bezahlen einer Gebühr geschützt ist. Die Regelungen über den Gebrauch eines Zwingernamens variieren von Land zu Land (vgl. Anhang VII). Einige Zuchtvereine bestehen darauf, dass alle Züchter einen Zwingernamen eintragen lassen. Andere behalten das Recht den etablierten Züchtern vor.

Zuchtvereine gestatten gewöhnlich nicht die Verwendung eines anderen als den registrierten Namen innerhalb eines Wurfes und einige, wie beispielsweise der Kennel Club in Großbritannien, akzeptieren keine Namen aus Einzelwörtern oder beschränken die Anzahl der Buchstaben des Zwingernamens. Alle diese Regelungen oder Bedingungen werden gewöhnlich auf den Antragsformularen genau erklärt.

Es würde zu weit führen, die ursprüngliche Bedeutung des Sprichwortes „Gib einem Hund einen schlechten Namen und du kannst ihn vergessen" zu erklären, aber es trifft sicherlich zu, dass ein ungeeigneter Name den Wert eines Hundes erheblich vermindert. Namen, die respektlos gegenüber Berühmtheiten sind, eine obszöne Assoziation vermitteln oder sich auf Fantasie- oder reale Charaktere beziehen, deren Ruhm zweifelhaft ist, könnten einen potentiellen Käufer leicht abschrecken, ebenso wie Namen, die für die Rasse unpassend erscheinen.

Die Zwingernamen sagen normalerweise mehr über den Züchter als über den Hund aus. Einige sollen fantasievoll sein, andere rufen unbeabsichtigt eine gewisse Vorstellung hervor. Einige sind schwülstig, andere ungehobelt. Einige zeigen einen unangebrachten Sinn für Humor. Andere Namen sind einfach unpassend entweder für den Hund oder den Züchter. Anstatt in Zukunft vielleicht in Verlegenheit gebracht zu werden, ist es besser, sich über die Namenswahl der Welpen einige Gedanken zu machen. Wegen der vielen Anfragen über die Änderung von ungeeigneten Namen, hat der Kennel Club 1993 entschieden, Besitzern eine Änderung des Namens zu erlauben, wenn es nicht um den Zwingernamen geht.

Buchführung

Wenn der Zwinger als Unternehmen geführt werden soll – was sogar für sehr kleine Einrichtungen von Vorteil ist, besonders wenn sie Bestandteil anderer größerer Unternehmungen sind, die etwas mit Hunden zu tun haben, wie Ausstellungen, Rennen, Diensthunde, Training, Hundepension, Hundepflege, Schreiben und Fotografie – ist es wichtig, wie bei einem Wirtschaftsunternehmen die Bücher zu führen.

Auch wenn das Unternehmen nur ein Hobby ist, sind Aufzeichnungen wichtig. Ob sie in einem einfachen Tagebuch oder in einem aufwendiger angelegten Ordner erfolgen, sie sollten sofortigen Zugriff ermöglichen für Informationen über Alter, Elternschaft, Kennzeichnung, Gesundheit, vergangene und zukünftige Wettbewerbe, Hitzezeiten, Paarungen und detaillierte Informationen über die Welpen wie ihre Anzahl, Geschlecht, Gewicht, Farbe, Gesundheit, Kosten, neue Besitzer usw.

Die Erinnerung ist ziemlich unzuverlässig und sogar eine kurze Notiz zur richtigen Zeit kann Jahre später wertvolle Informationen liefern, wenn die Einzelheiten im Lauf der Zeit in der Erinnerung verblasst sind.

Abstammungsurkunden

Das Format von Abstammungsurkunden ist ziemlich einheitlich und sie sind leicht verständlich. Auf der linken Seite sind die Eltern des betreffenden Hundes aufgeführt, in der nächsten Spalte die Großeltern, dann die Urgroßeltern, die Ururgroßeltern usw., abhängig davon, wie viele Generationen in der Urkunde aufgeführt sind. Das Minimum liegt bei drei, üblicherweise sind es vier und fünf sind schon etwas Besonderes. Züchter stellen manchmal zum Spaß einen Zehn-Generationen-Stammbaum für ihre Lieblingstiere auf, aber dies ist eine zeitraubende Arbeit und nicht etwas, was ein Käufer ernsthaft erwarten kann.

Blanko-Abstammungsurkunden oder Formulare, in welche Zwingername und Adresse oben eingedruckt sind, können über die verschiedenen Verbände bezogen werden. Sie werden manchmal auch kostenlos von pharmazeutischen oder Futtermittelfirmen zur Verfügung gestellt.

Kaufen und Verkaufen

Obwohl der Wahlspruch „caveat emptor" – der Käufer soll sich in Acht nehmen – das Prinzip sein soll, welches jeden Welpenkäufer leitet, ist der Verkäufer keineswegs jeglicher Verantwortung enthoben.

Ein Käufer erwartet indirekt eine Garantie, wenn er dem Verkäufer erzählt, für welchen Zweck er diesen Hund kaufen möchte. Eine Garantie kann festgelegt werden, wenn die beabsichtigte Verwendung schriftlich dokumentiert wurde. Ein Verkäufer kann sogar eine Garantie durch ungeschickt formulierte Werbung bei der Korrespondenz mit dem Käufer oder im Gespräch anbieten.

Wenn der Hund anschließend die Erwartungen nicht erfüllt oder nicht die vom Verkäufer angepriesenen Eigenschaften besitzt, kann der neue Besitzer Schadensersatz bei Gericht einklagen.

Züchter, die es versäumen, für sie durchführbare Vorkehrungen zu treffen, damit der Zuchtbestand frei von Erbkrankheiten ist, oder die den Käufer nicht warnen, dass ein Welpe vielleicht einen Erbschaden trägt, können auch dazu herangezogen werden, sich vor Gericht zu verantworten.

In Großbritannien ist das Fälschen von Stammbäumen – eine häufige Praktik von Welpenproduzenten und Händlern – mit der Absicht zu betrügen ein kriminelles Delikt (Bereicherung durch falsche Angaben). Die modernen Techniken zur Bestimmung des genetischen Fingerabdrucks vereinfachen es heute, solche Betrügereien aufzudecken.

Versicherung

Nach Erfahrung des Autors, der über 30 Jahre lang eine kleine Hundezucht betrieben hat, kosten die Versicherungsprämien weit mehr als alle Ansprüche, die vielleicht gegen ihn erhoben wurden, was auch so sein muss, damit die Versicherungen weiterhin im Geschäft bleiben können. Trotzdem ist eine Versicherung gewiss für jeden Hundebesitzer wichtig.

Im Welpenalter und besonders während der ersten Wochen, nachdem ein Welpe in ein neues Zuhause umgezogen ist, bietet eine Versicherung einen wertvollen Schutz für den Züchter und die neuen Besitzer. Die Versicherung sollte alle Kosten abdecken, die als Folge von Krankheit, Unfall, Verlust und Diebstahl, für Anzeigen für verlorene oder gestohlene Tiere und einen Finderlohn entstehen können.

Versicherungen zu günstigen Konditionen, die vom Züchter abgeschlossen werden, bevor die Welpen in ihr neues Heim kommen, sind normalerweise sechs Wochen gültig, wonach der neue Besitzer die Möglichkeit hat, den Vertrag zu verlängern.

In einigen Ländern ist eine Haftpflichtversicherung obligatorisch und auf alle Fälle anzuraten. Hundebesitzer haften für alle Schäden und Unfälle, die von ihrem Hund verursacht werden. Wenn Schäden an anderen Tieren entstehen oder ein Unfall zu einer Verletzung oder dem Tod eines Menschen führt, kann die Belastung für den Hundebesitzer unermesslich sein. Viele Rasseclubs bieten ihren Mitgliedern günstige Versicherungen an, indem sie Gruppenverträge abschließen. Aber ob in der Gruppe oder individuell versichert – eine Haftpflichtversicherung ist unerlässlich.

Kennzeichnung

Sogar in Ländern, in denen kein Gesetz und kein Verein eine Kennzeichnung vorschreibt, kennzeichnen viele Züchter alle ihre Hunde und alle Welpen, die sie hervorbringen, dauerhaft, entweder durch ein Mikrochip-Implantat oder weitaus häufiger durch eine Tätowierung.

Bereit, um in das neue Zuhause umzuziehen.

Mikrochip-Implantate besitzen, obwohl sie von Tierärzten und einigen Tierschutzorganisationen befürwortet werden, mehrere Nachteile. Der bedeutendste ist die Tatsache, dass die enthaltene Information nur mit einem entsprechenden Lesegerät kenntlich gemacht werden kann.

Tätowierungen, normalerweise im Ohr oder seltener an der Innenseite der Schenkel, ermöglichen, Hunde auf einen Blick zu identifizieren und dienen auf diese Weise nicht nur als Abschreckung für Diebe. Entlaufene Hunde können schnell und einfach identifiziert werden. Ihre Identität kann ebenso einfach bestätigt werden, wenn sie als Deckrüden dienen oder zum Decken gebracht werden, wenn sie tierärztliche Versorgung benötigen und wenn sie auf Erbkrankheiten untersucht werden.

Gefrierbrandzeichen werden noch in einigen Ländern verwendet, um die einzelnen Tiere einer Jagdmeute zu kennzeichnen. Es ist eine wirkungsvolle Methode, wird aber selten bei anderen Hunden angewandt.

Es ist nichts Ungewöhnliches für den Züchter eines außergewöhnlichen Welpen festzustellen, dass der Aussteller, an den er den Welpen verkauft hat, hinterher mit einem sehr ähnlichen Hund im Ring erscheint und behauptet, er habe ihn selber gezüchtet. Eine Tätowierung kann hier jeglichen Verdacht zerstreuen. Tätowierungen dienen auch als wirkungsvolle Abschreckung für skrupellose Händler, die als private Käufer auftreten, um Welpen zu kaufen, die für sie anderweitig nicht zu bekommen wären.

Ernährungsplan

Auch wenn der Welpe an jemanden verkauft wird, der sich mit Hunden auskennt, erleichtert es den Umzug in ein neues Heim, wenn zumindest für einige Tage die Ernährung nicht umgestellt wird. Ein einfacher Ernährungsplan mit Angaben über die Sorte des Futters, an welche der Welpe gewöhnt ist, in welcher Form, wie häufig und in welchen Mengen es verfüttert wird ebenso wie Angaben über eventuelle Zusätze, die der Welpe benötigt, helfen sowohl dem neuen Besitzer als auch dem Welpen.

Wenn der Welpe in sein neues Heim mit einem Beutel von seinem gewohnten Futter einzieht, ist es umso besser.

Impfbescheinigungen

Der vom Tierarzt ausgestellte Impfpass, in dem alle Einzelheiten der Impfungen, die der Welpe erhalten hat, vermerkt sind sowie sein Name und seine Kennzeichnung, sollte dem neuen Besitzer ausgehändigt werden. Dadurch erhält dieser Gewissheit über die bisherige Behandlung und eine wertvolle Anleitung für die zukünftige Versorgung.

Von Züchtern ausgestellten Impfbescheinigungen (wo dies erlaubt ist) sollte mit Vorsicht begegnet werden, auch wenn ein Züchter vielleicht die Impfungen für einen Bruchteil der vom Tierarzt üblicherweise berechneten Gebühr anbietet. Wenn eine zweite Impfung als Bestandteil der Grundimmunisierung notwendig ist, sollte der Besitzer darüber informiert werden, wann diese fällig wird.

Weitere Informationen

Detaillierte Informationen über beim Welpen durchgeführte Wurmkuren und Empfehlungen für zukünftige Wurmkuren sollte der neue Besitzer auch erhalten.

Wenn über das Vorhandensein etwaiger Erbkrankheiten oder anderer Gesundheitsschäden, ob bei dem zu verkaufenden Hund selbst oder seinen Eltern, etwas bekannt ist, muss der Käufer außerdem dies in schriftlicher Form mitgeteilt bekommen. Hierzu können Bescheinigungen vom Tierarzt, einem Untersuchungsprogramm oder vom Zuchtverein vorgelegt werden. Mündliche Zusagen können nicht als ausreichender Beweis anerkannt werden und ein kluger Käufer sollte jeder Verweigerung über die Vorlage von Dokumenten mit Misstrauen begegnen.

Ein neuer Hundebesitzer oder jemand, der sich erstmalig mit einer Rasse beschäftigt, freut sich bestimmt über eine Liste der wichtigen Rasseclubs und Publikationen über diese Rasse. Einige Firmen sowie manche Zuchtvereine bieten Informationspakete an, die sich sowohl als interessant wie auch nützlich für den neuen Besitzer erweisen.

Züchter sollten sorgfältig darauf achten, dass die Abstammungsurkunden deutlich und genau ausgefüllt sind. Irrtümer können leicht als versuchter Betrug gewertet werden und als solcher von einem enttäuschten Käufer oder sogar dem Gericht behandelt werden.

Kaufvertrag

Ein Kaufvertrag, auf dem der Welpe mit Name und Kennnummer aufgeführt ist, unterzeichnet vom Verkäufer und mit Name und Adresse des Käufers versehen, aus dem der Preis für den Welpen und alle Einzelheiten seines Kaufes hervorgehen einschließlich aller Abmachungen, welche die Rechte des Käufers einschränken in Bezug auf Deckarbeit, gezüchtete Welpen, Ausstellungen, Verwendung als Arbeitshund, Export usw. ist ein wichtiges Dokument, dass sowohl den Käufer als auch den Verkäufer absichert.

Der Verkäufer sollte eine vom Käufer unterzeichnete Kopie aufbewahren.

Präsentation

Es ist am einfachsten, wenn man alle Dokumente – Abstammungsurkunde, Registrierungspapiere, Ernährungsplan, Impfpass, Versicherungspolice, Liste der Rasseclubs und nützliche Publikationen sowie den Kaufvertrag – ordentlich ausgefüllt und in einem sauberen Umschlag dem Käufer übergibt.

12 Schlusswort

Obwohl in diesem Buch auch auf die Überzeugungen und Praktiken der Vergangenheit eingegangen wurde, liegt der Schwerpunkt dieses Buches auf der Bedeutung neuer Kenntnisse und Methoden. Trotzdem wäre es ganz falsch, den Eindruck zu erwecken, dass Züchter nichts von ihren Vorgängern lernen könnten. Die Art, wie C.J. Davies 1928 sein Buch „The Theory and Practice of Breeding to Type" beendete, zeigt, dass einige Aspekte der Zucht unveränderlich sind:

1. Je mehr gute Merkmale die Eltern in der Gesamtheit besitzen, umso größer ist die Wahrscheinlichkeit, dass sie gute Nachkommen hervorbringen.
2. Es ist besser, mit einem Tier ohne schlechte und ohne außergewöhnlich gute Merkmale zu züchten als mit einem, das ein gutes und viele schlechte besitzt.

3. Man sollte nicht erwarten, dass die Nachkommen von guten Rüden und minderwertigen Hündinnen alle guten Merkmale des Rüden und keine schlechten der Hündin erben. Die besten Zuchtstämme werden immer ebenso auf gute Hündinnen wie auch gute Rüden gegründet.

4. Inzucht ist manchmal wichtig und häufig erwünscht. Sie richtet keinen Schaden an, wenn die verwandten Tiere sorgfältig nach ihren guten Merkmalen ausgewählt werden und frei von körperlichen Defekten sind; aber:

5. Je enger die Inzucht erfolgt, desto strenger muss die Selektion erfolgen.

6. Der Schlüssel zum Erfolg bei der Zucht von Rassetieren liegt bei einem Punkt – SELEKTION. Alles andere ist Nebensache.

Anhang I

Übersicht über vererbbare Defekte

Die folgende Tabelle gibt die Art der Vererbung bei einer Reihe von Krankheiten und Erbfehlern an. In der ersten Spalte steht der Name der Erkrankung, in der zweiten Spalte die Symptome oder Beschreibung und in der dritten Spalte die Art des Erbgangs. Hierbei werden die folgenden Abkürzungen benutzt:

r	=	rezessiv	d =	dominant
p	=	polygen	ko =	kombiniert
f	=	familial	u =	ungewiss
xr	=	X-gebunden rezessiv	? =	unbekannt
g	=	geschlechtsgebunden	k =	komplex
ca	=	chromosomale Anomalie		

Verschiedene Arten der Vererbung

Vererbungsart	Definition
Rezessiv	Ein Gen, das nur wirksam ist, wenn es von beiden Elternteilen weitergegeben wird.
Dominant	Ein Gen, das wirksam wird, auch wenn es nur von einem Elternteil weitergegeben wird.
Komplex	Beeinflusst sowohl durch genetische als auch Umweltfaktoren.
Chromosomale Anomalie	Folge einer Abnormität bei der Anzahl oder beim Aufbau der einzelnen Chromosomen.
Familial	Tendenz, nur innerhalb von Familien aufzutreten.

Genetisch prädisponiert	Das Merkmal selbst wird nicht vererbt, aber die Veranlagung dazu.
Polygen	Gesteuert durch die kombinierte Wirkung mehrerer Gene.
Kombinert	Abhängig von mehreren Genen, die kombiniert wirken müssen, um überhaupt zum Ausdruck zu kommen.
Geschlechtsgebunden	Bestimmt von einem Gen auf einem Geschlechtschromosom, gewöhnlich dem X-Chromosom.
Ungewiss	Über die genaue Art der Vererbung herrscht Ungewissheit.
Rezessiv geschlechtsgebunden	Rezessiv gebunden an das X-Chromosom
Unbekannt	Die genaue Art der Vererbung ist unbekannt.

Krankheit/ Fehler	Symptome/Definitionen	Art der Vererbung
Abiotrophie	Vorzeitiger Vitalitätsverlust bei Geweben, Organen und Nervensystem.	r
Absorptionsstörung für Vit. B12	Appetitlosigkeit, Lethargie, Anämie.	r
Achondroplasie	Knochenwachstumsschädigung, führt zu Zwergwuchs.	r
Acrodermatitis enteropathica	siehe Enteropathische Acrodermatitis.	
Alopezie	Völlige Haarlosigkeit, die bei haarlosen Rassen als normal angesehen wird, aber gelegentlich bei anderen Rassen auftritt.	r

Krankheit/ Fehler	Symptome/Definitionen	Art der Vererbung
Analfurun-kulose	siehe Perianalfistel.	
Angiohämo-philie	siehe Von-Willebrand-Krankheit.	
Angiosarkom	siehe Hämangiosarkom.	
Anorchismus	Fehlen der Hoden.	?
Aphakie	Fehlen der Augenlinsen.	r?
Ataxie	Verlust der Muskelkoordination, häufig verbunden mit ungewöhnlicher Laut-äußerung.	r
Ataxische Demyelination	Fortgeschrittene fehlende Muskelkoordi-nation.	r
Atopische Dermatitis	Saisonale allergische Reaktionen, die zu Hautjucken und Schock führen.	u
Bandscheiben-vorfall	Schmerz und neurologische Probleme, führt manchmal zu Lahmheit und ver-ursacht Bandscheibenschaden.	p
Bindegewebs-dysplasie	siehe Ehlers-Danlos-Syndrom.	
Bithoratische Ektromelie	Fehlen der Vorderbeine.	r
Bjeras Leuko-dystrophie	Ataxie, Lähmung und Blindheit.	r
Blähbauch	siehe Magenerweiterung und -verschlin-gung.	
Blue-Dober-mann-Syndrom	siehe Blue-Dog-Syndrom.	
Blue-Dog-Syndrom	Dünnes, minderwertiges Fell, Haarausfall und schuppige Haut.	f

Krankheit/ Fehler	Symptome/Definitionen	Art der Vererbung
Boxer-Kardiomyopathie	Herzerkrankung charakterisiert durch langsamen Herzschlag, Schwäche, Rhythmusstörungen und Herzversagen.	u
Brachydaktylie	siehe Kurzbeinigkeit.	
Calcinosis circumscripta	siehe Gicht.	
Ceroide Lipofuscinose	Gehirn-Atrophie, führt zu Blindheit, Stumpfsinnigkeit und abnormem Verhalten.	f
Cervicale Spondylose	Unkoordinierte Muskeltätigkeit der Hinterbeine, führt zur Lähmung.	r
Chondrodystrophie	siehe Chondrondysplasie.	
Chondrondysplasie	Abnormes Knorpelwachstum, häufig verbunden mit Zwergwuchs.	r
Choroidale Hypoplasie	Augenfehler, charakterisiert durch Ausdehnung der Lederhaut, Spaltung der Iris und Mikrophthalmus.	r
Chronische Radiculomyelopathie	Erkrankung der Nervenwurzeln und des Rückenmarks.	u
Collieaugen-Anomalie	siehe Choroidale Hypoplasie.	
Corneadystrophie	Entwicklungsstörung, führt zu Ödemen und Geschwüren im Auge.	r
Craniomandibulare Osteopathie	Abnorme Vergrößerung der Kiefer-, Hinterhauptsbein- und Schläfenknochen, verursacht Deformation.	r
Cranium bifidum	Schädelknochen schließen sich nicht.	r

Krankheit/ Fehler	Symptome/Definitionen	Art der Vererbung
Cutis hyperelastica	siehe Ehlers-Danlos-Syndrom.	
Cystinurie	siehe Nierensteine.	
Degenerative Myelopathie	Fortschreitende Lähmung, erst der Hinterbeine und später auch der Vorderbeine.	r
Degenerativer Pannus	Einwachsen von Bindehautgewebe, Blutgefäßen und Pigmentzellen in die Hornhaut.	u
Demyelinisierende Myelopathie	Fortschreitende Muskelschwäche, führt zu Lähmung zuerst der Hinter-, dann der Vorderbeine.	r
Dermatomyositis	Akute Haut- und Muskelerkrankung, charakterisiert durch Entzündung der Haut, des Unterhautgewebes und Absterben der Muskelfasern.	d
Dermoidsinus	Abnormer Sinusverlauf von der Haut bis zur Wirbelsäule; die vordere Sinusöffnung ist von einem Haarbüschel umgeben.	r?
Dermoidzysten	Faserige Zysten gesäumt mit Haarfollikeln, die im Unterhautgewebe auftreten.	r?
Diabetes mellitus	Insulinungleichgewicht als Folge einer Bauchspeicheldrüsenfehlfunktion.	r
Diaphragmatische Hernie	Vortreten der Eingeweide durch das Zwerchfell.	f
Distichiasis	Doppelte Reihe von Augenwimpern.	f
Dobermann-Augenanomalie	Trübe Hornhaut, vortretende Nickhaut, Netzhautablösung.	r

Krankheit/ Fehler	Symptome/Definitionen	Art der Vererbung
Dobermann-Kardiomyophathie	Herzerkrankung, charakterisiert durch akute Lungenödeme, kardiogenischem Schock und manchmal plötzlichem Tod.	u
Dystokie	Schwierigkeit beim Gebären, häufig als Folge eines Zusammentreffens unterschiedlicher Ursachen wie abnorm große Köpfe, schmaler oder steiler Beckengürtel usw., abhängig von den betreffenden Rassen.	r
Ehlers-Danlos-Syndrom	Fehler, charakterisiert durch brüchige Knochen und Haut.	d
Ektromelie	Unvollständige Entwicklung der langen Beinknochen.	r
Ektropium	Ausstülpung der Augenlider.	f
Ellenbogendysplasie	Entwicklungsstörungen des Ellenbogengelenks, besonders bei heranwachsenden Welpen, führt zur Lahmheit der Vorderbeine und Arthritis.	r
Ellenbogensubluxation	Verschiebung des Ellenbogengelenks, führt zu Lahmheit der Vorderbeine.	r
Ellenbogenversteifung	Deformierte Elle.	r
Enostose	Knochengeschwulst innerhalb der Höhle oder der inneren Oberflächen von langen Knochen und der Knochenrinde.	f
Enterophathische Acrodermatitis	Entzündung der Haut aufgrund mangelnder Fähigkeit der Zinkabsorption.	r
Entropium	Einstülpung der Augenlider, führt zu extremer Reizung und Abschürfungen des Augapfels.	u

Krankheit/ Fehler	Symptome/Definitionen	Art der Vererbung
Epidermolysis bullosa	Hautblasen besonders an Druckstellen oder Verletzungen.	f
Epilepsie	Spastische Anfälle.	k
Epiphyseale Dysplasie	Abnorm kurze Beine und frühe all- gemeine Arthropathie.	r?
Enzephalopa- thie	Degenerative Gehirnerkrankung, führt zu Reizbarkeit, Zittern, zwanghaf- ten Bewegungen, Blindheit und Tod.	u
Faktor-VII- Mangel	Anämie.	r
Fallotsche Tetralogie	Letaler vielfältiger Herzschaden.	ko
Familiale Anämie	Nichtsphärozytische, hämolytische Anämie.	r
Familiale Nekropathie	Degeneration der Nieren.	r
Fetale Chon- drodystrophie	siehe Epiphyseale Dysplasie.	
Foramen magnum	Große Risse im Hinterhauptsknochen zwischen der Schädelhöhle und dem Rückenmarkskanal.	u
Forbes- Krankheit	siehe Störung der Glykogenspeicherung III.	
Fukosidose	Enzymmangel, führt zu übermäßiger Gewebsfukose und verursacht cerebrale und neuronale Degeneration.	r
Gangliosidose GM1	Mangelnde Lipidspeicherung, führt zu kümmerlichem Wuchs und Funktions- störungen der Muskeln.	r
Gangliosidose GM2	Fehlfunktion der Muskeln, Anfälle, schlechtes Sehvermögen, Tod.	r

Krankheit/ Fehler	Symptome/Definitionen	Art der Vererbung
Gauchers-Krankheit	siehe Glucocerebrosidose.	
Gaumenhyper-plasie	siehe Gaumenhypertrophie.	
Gaumenhyper-trophie	Abnormer Wuchs des Gaumens, kann in extremen Fällen dazu führen, dass das Maul nicht geschlossen werden kann.	f
Gaumenspalte	Spalte des harten oder weichen Gaumes, vorübergehend oder dauerhaft.	r
Gaumenspalte u. Hasenscharte	Spalte in Gaumen und Lippe.	f
Geschlechts-umkehrung	Umkehrung des weiblichen Geschlechts.	r
Gicht	Bildung von Kalziumknoten im Unter-hautgewebe.	f
Glaskörper-hyperplasie	Embryonales Augengewebe bleibt erhal-ten und verursacht eine weiße oder trübe Pupille; manchmal in Verbindung mit Mikrophthalmus.	f
Glaukom I	Augenerkrankung, verursacht durch erhöhten Augeninnendruck, führt zu Er-blindung.	r
Glaukom II	Wie Glaukom I, aber anderer Ver-erbungsmodus.	d
Gleich-gewichtsorgan-erkrankung	Schräge Kopfhaltung; Gleichgewichts-störungen.	r
Glomerulo-nephritis	Nierenstörung, die zu extremem Durst, Erbrechen und Urinieren führt.	f
Glykocere-brosidose	Zittern, unkoordinierte, stolpernde Bewegung.	f

273

Krankheit/ Fehler	Symptome/Definitionen	Art der Vererbung
Glykosurie	siehe Nierentubulusfehlfunktion.	
Glykogen-speicherkrank-heit I–III	Enzymmangel.	r
H-Y-Antigen	Verwechselte Geschlechtsdifferen-zierung.	r
Haarlosigkeit	Völliges Fehlen des Felles; keine Haare außer an den Beinen und Füßen.	r
Hämangio-sarkom	Bösartige Tumore der Endothelzellen.	u
Hämatopoiese	siehe Zyklische Hämatopoiese.	
Hämolytische Anämie	Fehlfunktion des Immunsystems, führt zum Tod.	r
Hämolytische PK Anämie	Anämie verursacht durch falsche Im-munreaktion, häufig verbunden mit Gelbsucht; oft tödlich.	r
Hämophilie A	Verlust oder Beeinträchtigung der nor-malen Blutgerinnung verursacht durch Faktor-VIII-Anomalie.	g
Hämophilie B	Verlust oder Beeinträchtigung der nor-malen Blutgerinnung verursacht durch Faktor-IX-Anomalie.	g
Harada-Krank-heit	Entzündung von Augen und Haut.	u
Harnröhren-Ektropie	Inkontinenz.	u
Harnsäure-exkretion	Unfähigkeit, Harnsäure in Allantoin umzuwandeln.	r
Hasenscharte	Fehler der Oberlippe: wächst nicht zu-sammen.	r
Hemeralopie	Nachtblindheit.	r

Krankheit/ Fehler	Symptome/Definitionen	Art der Vererbung
Hemivertebra	Unterentwicklung von einer Seite eines Wirbels.	u
Hepatitis	Tödliche Lebererkrankung.	?
Hernia inguinalis	Leistenbruch.	ko
Hüftgelenks- dysplasie	Abnorm flache Hüftgelenkspfanne und kleiner oder missgebildeter Oberschen- kelkopf.	p
Histiozytose	Krebs an Haut, Scrotum und Nase.	u
Hodentumore	Geschwüre am Hoden.	u
Hyperkaliämie	Abnorm hohe Konzentration des Blut- kaliumgehaltes, führt zu Nierenstörun- gen.	u
Hyperlipo- proteinämie	Stoffwechselstörung, führt zu Anfällen.	f
Hyperthermie	Abnorm hohe Körpertemperatur, Nervo- sität und Reizbarkeit.	f
Hypertro- phische Neuro- pathie	Störung der Myelinproduktion, führt zu früher Schwäche, Verlust der Reflexe und Lähmung.	r
Hypofibrino- genämie	Störung der Blutgerinnung, führt zu schwacher oder ernster Bluterkrankheit.	d
Hypomyelino- genese	Unzureichende Myelinproduktion, führt zu nervösem Zittern und Degeneration des Zentralnervensystems.	r
Hypophysärer Zwergwuchs	Völlige Hypophysenunterfunktion wäh- rend der Jugend, führt zu langsamem und abnormalem Wuchs, Beibehaltung des Welpenhaarkleids und der Milchzähne, Unfruchtbarkeit und geringer Lebens- erwartung.	r

Krankheit/ Fehler	Symptome/Definitionen	Art der Vererbung
Hypoprokon- vertinämie	Verminderte Konzentration des Gerinnungsfaktors VII, führt zu leichter Bluterkrankheit.	r
Hypopro- thrombinämie	Prothrombinmangel im Blut.	r
Hypothyreoi- dismus	Schilddrüsenunterfunktion.	u
Ichthuosis	Keratinmangel, führt zu trockener, rauher, schuppiger Haut.	f
Intersexualität	Teilweiser Hermaphroditismus.	ca
Intestinale Malabsorption	Ständiger Durchfall, Schwäche, Gewichtsverlust, Tod.	r
Isolierter Pro- cessus anconaei	Ellbogenvorsprung verbindet sich nicht mit der Elle.	p
Juvenile Zellu- litis	Entzündung des Gesichtsgewebes.	f
Kardio- myopathie	Häufig tödliche Lungenödeme; Erweite- rung der Herzkammern.	u
Kardiovaskular- erkrankung	Verschiedene Herz- und Gefäßschäden.	p
Katarakt (Grauer Star)	Trübung der Augenlinse, kann entweder bei Jungtieren oder erst später nur bei Erwachsenen auftreten.	d/r
Keratitis	Entzündung der Cornea.	r?
Kieferpanostitis	Entzündung der Kieferknochen.	f
Kiefer- verkürzung	Unterentwickelter Unterkiefer.	r
Kleinhirn- Ataxie	Unkoordinierte und übertriebene Bewe- gungen aufgrund von fortgeschrittenen Hirnschädigungen.	r

Krankheit/ Fehler	Symptome/Definitionen	Art der Vererbung
Kleinhirnrinde-Atrophie	Tänzelnder Gang und fortschreitende Ataxie.	r
Kleinhirnrinde-Abiotrophie	Verlust der Muskelkoordination.	r
Kleinhirn-Hypoplasie	Unterentwicklung des Kleinhirns.	u
Krebs	Bösartige Tumore.	p
Kreuzband-abriss	Abreißen des Kreuzbands im Knie.	u
Kristalline Corneadystrophie	Entwicklungsfehler, wobei Kristallkörner zu Ödemen und Geschwüren in der Cornea führen.	r
Kryptorchis-mus	Hoden wandern nicht hinab in das Scrotum.	f
Kupfertoxikose	Unfähigkeit, Kupfer auszuscheiden, führt zur Degeneration der Leber.	r
Knickschwanz	Deformation der Schwanzwirbel.	f
Krabbe-Krankheit	siehe Leukodystrophie.	
Kropf	Vergrößerte Schilddrüse, spärliches Fell, Nervosität und Reizbarkeit, Neugeborenen-Sterblichkeit.	f
Kurzbeinigkeit	Abnorm kurze Beine.	r?
Kurzschwänzig-keit	Abnorm kurzer Schwanz.	r
Laryngiale Paralyse	Lähmung des Kehlkopfes.	d
Laryngostenose	Einengung des Kehlkopfes; erschwertes Atmen.	f

Krankheit/ Fehler	Symptome/Definitionen	Art der Vererbung
Legg-Perthes-Krankheit	Nekrose des Oberschenkelkopfes, führt zu Lahmheit.	r
Lentiginosis profusa	Dunkel pigmentierte Haut.	f
Letale Ödeme	Stark aufgedunsene Welpen; tödlich.	r
Leukodystrophie	Lysosomale Speicherkrankheit, führt zu neurologischer Fehlfunktion.	r
Linsenluxation	Verschiebung der Augenlinse.	r
Lipidspeicherkrankheit	Zelluläre Stoffwechselstörung, führt zu übermäßigen Gewebslipiden.	r
Lymphozytische Thyreoiditis	Autoimmunkrankheit, bei der Schilddrüsenfollikel fortschreitend zertört werden.	f
Lymphödeme	Lokale chronische Schwellungen.	d
Lymphsarkom	Bösartiger Tumor der Lymphdrüsen.	k
Magenerweiterung und -verdrehung	Führt zu Blutungen, Geschwüren und Tod.	f
Malabsorption	Fehlfunktion des Dünndarms.	u
Mandibularprognatismus	Abnormes Vortreten eines (gewöhnlich des unteren) Kiefers oder beider Kiefer.	r?f?
Mastzellentumor	Hauttumore.	k
Megaösophagus	Erweiterung und Erschlaffung der Speiseröhre; ständiges Erbrechen führt zu Gewichtsverlust.	u
Meningitis	Gehirnhautentzündung.	u
Merle	Fellfarbe verbunden mit Taubheit und Augenschäden.	d

Krankheit/ Fehler	Symptome/Definitionen	Art der Vererbung
Mikro-phthalmus	Abnorm kleine Augen, in Zusammen-hang mit Merlefärbung.	r
Milchdrüsen-tumore	Krebs.	k
Mitralklappen-insuffizienz	Herzklappenfehlfunktion verursacht abnormen Blutfluss im Herzen.	k
Monone-phroptose	Fehlen einer Niere.	f
Monorchismus	Nur ein Hoden vorhanden.	u
Mukopoly-saccharidose	Stoffwechselstörung, erzeugt geistige Zurückgebliebenheit, kümmerlichen Wuchs und Augenfehler.	f
Multifokale Retinadysplasie	Augenfehler, charakterisiert durch mehrere kleine fehlerhafte Bereiche in der Retina und im Tapetum; Sehvermö-gen scheint nicht beeinträchtigt.	r
Muskeldystro-phie	Degenerative Erkrankung der Muskeln.	xr
Muskelfaser-mangel	Schwäche; unsichere Bewegung.	r
Myasthenia gravis	Gelegentliche Muskelschwäche.	r
Myopathie	Muskelschwäche; mangelnde Koordina-tion.	r
Myotonia congenita	Muskelkrämpfe mit steifen und stelzen-den Bewegungen.	r?
Nabelbruch	Gewebevorfall durch den Nabel.	r?
Nachtblindheit	siehe Hemeralopie.	
Narkolepsie-Kataplexie-Syndrom	Anfälle, beschleunigt durch Aufregung oder Bewegung.	u

Krankheit/ Fehler	Symptome/Definitionen	Art der Vererbung
Nekrotisierende Myelopathie	Degeneration der Wirbelsäule.	d
Neuroaxonale Dystrophie	Zunehmender Verlust der Muskelkoordination, Zittern.	r
Neurogenische Muskelatrophie	Zunehmende Schwäche der Hals- und Beinmuskeln.	f
Neuronale Abiotrophie	Frühes Auftreten, fortschreitende neurale Lähmung aller Gliedmaßen und Muskelatrophie.	r
Neuronale Ceroidlipofuscinose	siehe Ceroide Lipofuscinose.	
Neutropenie	Verminderung der neutrophilen Granulozyten, führt zu wiederkehrenden Infektionen.	r
Nickhauteversion	Umgestülpte Nickhaut, die tränende Augen verusacht.	r?
Nierensteine	Durch eine hohe Cystinproduktion verursachte Steine.	u
Nierentubulusfehlfunktion	Nierenstörung, die zu Durst und übermäßigem Urinieren, Gewichtsverlust und schlechter Fellbeschaffenheit führt.	f
Ödeme	siehe Letale Ödeme.	
Offener Ductus arteriosus	Nicht-Verschließen der embryonalen Öffnung der Schlagader.	ko
Ohren-Alopezie	Haarausfall an den Ohren.	u
Okulare Dermoide	Zysten der Cornea.	f?
Ösophageale Achalasie	siehe Megaösophagus.	

Krankheit/ Fehler	Symptome/Definitionen	Art der Vererbung
Ösophageale Dysphagie	Schwierigkeiten beim Schlucken, verursacht durch eine Fehlfunktion der Speiseröhre.	d?
Otozephali- sches Syndrom	Wasserkopf, Schädelmissbildungen, Kieferlosigkeit und neurologische Ab- normitäten.	f
Osteochondri- tis dissecans	Missbildung der Knorpel, besonders zwischen Ober- und Unterschenkel.	p
Osteochondro- dysplasie	Abnormes Knochen- und Knorpelwachs- tum, führt zu einer Art Zwergwuchs.	r
Osteogenesis imperfecta	Abnorm brüchige Knochen.	f
Osteosarkom	Bösartige Knochentumore.	f
Pankreas- Atrophie	Fehler, verursacht durch unzureichende Sekretion von Verdauungsenzymen.	r
Pannus	siehe Degenerativer Pannus.	
Panostitis	siehe Enostose.	
Patellarluxa- tion	Verschiebung der Kniescheibe, führt zu typisch hoppelnder Bewegung bei den Hinterbeinen.	p
Pelger-Heut- Anomalie	Herzgeräusche ohne klinische Bedeu- tung.	d
Perianalfistel	Entzündung und Geschwüre an der Analöffnung.	f
Persistierende Pupillarmem- bran	Überreste von nicht-vaskulärem Gewebe über der Iris und der Cornea, führt zu Trübungen.	f
Persistierender Aortenbogen	Herzgeräusche.	ko
Perthes-Krank- heit	siehe Legg-Perthes-Krankheit.	

Krankheit/ Fehler	Symptome/Definitionen	Art der Vererbung
Polyneuropathie	Erkrankung der Nerven in verschiedenen Körperteilen.	r?
Polyosteotome fibröse Zysten	Lahmheit verursacht durch Zysten zwischen Elle und Speiche.	f
Primordialer Zwergwuchs	Allgemein unproportionales Wachstum.	u
Prognatismus	siehe Mandibularprognatismus.	
Progressive Axonopathie	Erkrankung des peripheren und zentralen Nervensystems.	r
Progressive Linsenluxation	Verschiebung der Augenlinse, verursacht Reizungen und führt zur Erblindung.	r
Progressive Muskeldystrophie	Fortschreitende Muskelschwäche; unbeholfene Bewegung.	g
Progressive Retina-Atrophie	Eine Gruppe von degenerativen Augenerkrankungen, die in unterschiedlichem Alter auftreten können. Anfänglich tritt eine Beeinträchtigung des Sehens bei hellem Licht auf, die sich in allen Fällen zunehmend verstärkt, aber nicht unbedingt zur Erblindung führen muss.	r
Pseudohämophilie	siehe Von-Willebrand-Krankheit.	
PTA-Mangel	Mangel an Blutgerinnungsfaktor XI (Plasma-Thromboplastin-Antecedent = PTA), führt zu schwacher Bluterkrankheit.	r
Pulmonalstenose	Herzgeräusche und -flimmern.	ko
Pyodermie	Eitrige Hauterkrankung.	u

Krankheit/ Fehler	Symptome/Definitionen	Art der Vererbung
Pyruvatkinase-mangel	Durch Enzymmangel verursachte Anämie.	r
Quadriplegia	Unfähigkeit von jungen Welpen zu stehen und zu gehen, Kopfzittern, Seh-schwäche.	r
Renale Corti-calhypoplasie	Nierenfehler, führt zu schlechtem Wachstum und Schwäche.	f
Renale Dys-plasie	Kleine und missgebildete Nieren, Appetit- und Gewichtsverlust, führt zum Tod.	f
Renales zystisches Ade-nokarzinom	Nieren- und Hauttumore.	f
Retinadysplasie	Erblindung verursacht durch Netzhaut-ablösung.	r
Riesenaxon-Neuropathie	Krankheit, charakterisiert durch Ataxie, Hypotonie, Verlust des Gefühls-vermögens und der Reflexe an den Hinterbeinen.	r
Rückgrat-verkürzung	Abnorm kurze, gebogene Wirbelsäule.	r
Samojeden-Glomerulopa-thie	Fortschreitendes Nierenversagen, Lethar-gie und Gewichtsverlust.	d
Schotten-Krampf	Muskelversteifung und Bluthochdruck verursacht durch Serotoninmangel.	r
Schwarzhaar-Follikel-Dys-plasie	Dünnes und stumpfes schwarzes Fell bei gescheckten Tieren.	r
Schwanzlosig-keit	Fehlen der Schwanzwirbel, wird bei eini-gen Rassen als normal angesehen.	r

Krankheit/ Fehler	Symptome/Definitionen	Art der Vererbung
Schwimmer-Syndrom	siehe Quadriplegia.	
Sensorische Neuropathie	Gefühlsverlust, Selbstverstümmelung.	r
Spermaschäden	Fehlende oder deformierte Schwänze, deformierte Köpfe oder schwache Bewegung der Spermien.	u
Spinal-dysraphie	Unvollständiges schließen des Nervenkanals, führt zu charakteristischen hoppelnden Bewegungen der Hinterbeine.	f
Spinale Muskelatrophie	Verfall der Wirbelsäulenmuskulatur.	r
Spondylosis deformans	Chronische Erkrankung der Lendenwirbel.	f
Stäbchendysplasie	Verschlechterung des Nachtsehens, führt zur Erblindung.	r
Stockard-Paralyse	Fortschreitende Schwäche der Hinterbeine, Koordinationsverlust und Lähmung.	f
Stuart-Prower-Syndrom	Blutgerinnungsschwäche, führt zu schweren Blutungen bei Neugeborenen.	d
Stummel-schwanz	Rückgratmissbildung, abnorm kurzer Schwanz und Spaltwirbel.	d
Subaorta-stenose	Verengung der Aorta, führt aufgrund von Blutstau zu Herzversagen.	ko
Taubheit	Teilweise oder vollständige Taubheit, manchmal verbunden mit weißer oder Merle-Färbung.	f
Tay-Sach-Krankheit	siehe Gangliosidose GM2.	

Krankheit/ Fehler	Symptome/Definitionen	Art der Vererbung
Testikulare Feminisation	Männchen mit weiblichen Geschlechtsorganen.	g?
Thorakal-lumbale Bandscheibenerkrankung	Verschiedene Wirbelsäulenprobleme.	k
Thorakale Hemivertebra	Eine Anomalie, bei der eine Seite der Brustwirbel unterentwickelt ist.	k
Thrombasthenie	Blutgerinnungsstörung.	d
Thrombozytämie	Zunahme der Anzahl von Blutplättchen.	?
Thrombozytose	siehe Thrombozytämie.	
Thyreoiditis	Entzündung der Schilddrüse.	f
Tödliche Skelettdefekte	Vielfache Skelettschädigungen.	d
Tumorale Kalzinose	siehe Gicht.	
Uveodermatitis	Dermatitis verbunden mit vielfältigen Augenschäden.	f
Vaskulare Hämophilie	siehe Von-Willebrand-Krankheit.	
Vererbte Kollagendysplasie	siehe Ehlers-Danlos-Syndrom.	
Vererbte Myelopathie	Muskelschwäche; Inkontinenz.	r
Verschmolzene Schneidezähne	Abnormer Wuchs der Vorderzähne.	f
Vogelzunge	Letaler Fehler, wobei die Zunge seitlich zusammengefaltet ist und der Welpe nicht saugen oder schlucken kann.	r

Krankheit/ Fehler	Symptome/Definitionen	Art der Vererbung
Von-Willebrand-Krankheit	Hämorrhagische Diathese, die übermäßige Blutungen nach Verletzungen und schlechte Gerinnung verursacht.	d
Vordere terminale Hemimelie	Fehlen der Knochen der Vorderbeine	r?
Vorderfußwurzel-Subluxation	Verschiebung des Vorderfußwurzelgelenks, verbunden mit Hämophilie A.	f
Wasserkopf	Vergrößerter Schädel verbunden mit Verlust der Muskelkoordination.	r
Weizenempfindliche Enteropathie	Unfähigkeit, Weizenprodukte zu verdauen.	u
Wirbel-Osteochondrose	Gewebsveränderungen des Rückgrats, erzeugt Lahmheit.	f
Wolfskralle	Ein rudimentärer Daumen, normalerweise nur an den Vorderbeinen; manchmal (abnorm) an den Hinterbeinen und in einigen Rassen sogar in doppelter Ausführung, was bei manchen Hirtenhunden als normal betrachtet wird.	r
Zahnfehler	Überzählige, fehlende oder zu eng stehende Zähne.	f
Zwerganämie	Abnorm kurze Beine und große rote Blutkörperchen.	r
Zwergwuchs	siehe Hypophysärer Zwergwuchs und Primordialer Zwergwuchs.	
Zyklische Hämatopoiese	Letale Schwankung der Anzahl der zirkulierenden neutrophilen Zellen, charakterisiert durch graue Fellfärbung.	r

Krankheit/ Fehler	Symptome/Definitionen	Art der Vererbung
Zyklische Neutropenie	siehe Zyklische Hämatopoiese.	

Anhang II

Wurf-Kalender

Parung	Jan / März	Feb / April	März / Mai	Apr / Juni	Mai / Juli	Juni / Aug	Juli / Sept	Aug / Okt	Sept / Nov	Okt / Dez	Nov / Jan	Dez / Feb
1	5	5	3	3	3	3	2	3	3	3	3	2
2	6	6	4	4	4	4	3	4	4	4	4	3
3	7	7	5	5	5	5	4	5	5	5	5	4
4	8	8	6	6	6	6	5	6	6	6	6	5
5	9	9	7	7	7	7	6	7	7	7	7	6
6	10	10	8	8	8	8	7	8	8	8	8	7
7	11	11	9	9	9	9	8	9	9	9	9	8
8	12	12	10	10	10	10	9	10	10	10	10	9
9	13	13	11	11	11	11	10	11	11	11	11	10
10	14	14	12	12	12	12	11	12	12	12	12	11
11	15	15	13	13	13	13	12	13	13	13	13	12
12	16	16	14	14	14	14	13	14	14	14	14	13
13	17	17	15	15	15	15	14	15	15	15	15	14
14	18	18	16	16	16	16	15	16	16	16	16	15
15	19	19	17	17	17	17	16	17	17	17	17	16
16	20	20	18	18	18	18	17	18	18	18	18	17
17	21	21	19	19	19	19	18	19	19	19	19	18
18	22	22	20	20	20	20	19	20	20	20	20	19
19	23	23	21	21	21	21	20	21	21	21	21	20
20	24	24	22	22	22	22	21	22	22	22	22	21
21	25	25	23	23	23	23	22	23	23	23	23	22
22	26	26	24	24	24	24	23	24	24	24	24	23
23	27	27	25	25	25	25	24	25	25	25	25	24
24	28	28	26	26	26	26	25	26	26	26	26	25
25	29	29	27	27	27	27	26	27	27	27	27	26
26	30	30	28	28	28	28	27	28	28	28	28	27
27	31	Mai 1	29	29	29	29	28	29	29	29	29	28
28	Apr 1	Mai 2	30	30	30	30	29	30	30	30	30	März 1
29	Apr 2		31	Juli 1	31	31	30	31	Dez 1	31	31	März 2
30	Apr 3		Juni 1	Juli 2	Aug 1	Sept 1	Okt 1	Nov 1	Dez 2	Jan 1	Feb 1	März 3
31	Apr 4		Juni 2		Aug 2		Okt 2	Nov 2		Jan 2		März 4

Tragzeit-Tabelle. In der ersten Spalte ist jeweils das Datum der Parung, in der zweiten das voraussichtliche Datum des Wurftages abzulesen.

Anhang III

Postnatale Entwicklung

0–3 Tage	Geburt
	Körpertemperatur 34,5°–37,2°C
	Herzschlag 220 pro Minute
	Atemfrequenz 15–35 pro Minute
	Saugen; Vorwärtskriechen; Beugermuskel vorwiegend aktiv; Grunzen und Fiepen
3–7 Tage	Klägliches Jaulen
	Reflexe beginnen sich zu entwickeln
7–8 Tage	Streckermuskel beginnen zu reagieren
8–10 Tage	Geburtsgewicht verdoppelt
	Augen voll entwickelt; Koordinierte Bewegung
	Zitterreflexe entwickeln sich
10–13 Tage	Augen geöffnet
13–14 Tage	Ohren geöffnet
15–18 Tage	Lernen rückwärts zu kriechen und versuchen zu laufen
	Beginnende Reaktion auf Licht und Bewegung
18–20 Tage	Lernen zu stehen
20–24 Tage	Sozialisierung beginnt; Beginnen zu spielen
	Kommunikationsfähigkeit beginnt mit Erheben der Vorderpfoten
	Werden durch laute Geräusche erschreckt
	Beginnen im Spiel zu bellen
	Zähne brechen durch
	Erstes Interesse an fester Nahrung
25–27 Tage	Visuelle Wahrnehmung entwickelt sich
27–29 Tage	Komplexe Spielbewegungen entwickeln sich
29–43 Tage	Können unabhängig von der Mutter existieren
56 Tage	Vollständig entwöhnt
	Beginnen fremde Dinge zu meiden

Anhang IV

Diese Tabelle wurden von Genetikern kontrolliert und sehr befürwortet. Sie bietet dem Züchter die Möglichkeit, den Grad der Inzucht innerhalb eines Stammbaums von vier Generationen zu ermitteln, ohne komplizierte Berechnungen durchführen zu müssen. Es funktioniert wie folgt:

1 steht für die Elterngeneration, 2 für die Großeltern, 3 für die Urgroßeltern und 4 für die Ururgroßeltern. Wenn z. B. Grove Willie einmal als Foilers Großvater väterlicherseits (2) und einmal als Großvater mütterlicherseits (2) auftritt, beträgt der Inzuchtkoeffizient für Folier zu ihm 12,5 Prozent. Wenn jedoch Grove Tartar zweimal als Urgroßvater väterlicherseits (3 3) und zweimal als Ururgroßvater väterlicherseits (4 4) auftritt und sich dieses Schema auf der mütterlichen Seite wiederholt, so ist Foiler sowohl von der väterlichen Seite als auch der mütterlichen Seite mit (3 3 4 4) ingezüchtet, was einen Inzuchtkoeffizienten von 28,1 Prozent bedeutet.

Position und Häufigkeit der Vorfahren innerhalb eines Stammbaums

Männlich	1	2 3 4	2 3 2 4 4 3 3 4 4	2 4 3 3 4 3 4 4 4	2 3 3 3 4 4 4 4 4 4	3 4 4 4 4	3 4 4	4
Weiblich								
1	–	43.8	37.5	31.3	25.0	18.8	12.5	6.2
2 3 4	43.8	38.3	32.8	27.3	21.9	16.4	10.9	5.5
2 3 2 4 4 3 3 4 4	37.5	32.8	28.1	23.4	18.8	14.1	9.4	4.7
2 4 3 3 4 3 4 4 4	31.2	27.3	23.4	19.5	15.6	11.7	7.8	3.9
2 3 3 3 4 4 4 4 4 4	25.0	21.9	18.8	15.6	12.5	9.4	6.3	3.1
3 4 4 4 4	18.8	16.4	14.1	11.7	9.4	7.0	4.7	2.3
3 4 4	12.5	10.9	9.4	7.8	6.2	4.7	3.1	1.6
4	6.3	5.5	4.7	3.9	3.1	2.3	1.6	0.8

Anhang V

Welpenstatistik

In der ersten Tabelle werden die verschiedenen Rassegruppen aufgeführt. Man unterscheidet 10 verschiedene Gruppen.

Rassengruppe	Nummer
Schäferhunde	01
Hüte- und Treibhunde	01
Pinscher	02
Schnauzer	02
Molosser	02
Berghunde	02
Schweizer Sennenhunde	02
Terrier	03
Teckel	04
Urtyphunde	05
Nordische Hunde	05
Spitze	05
Schweißhunde	06
Laufhunde	06
Vorstehhunde	07
Apportierhunde	08
Stöberhunde	08
Wasserhunde	08
Gesellschaftshunde	09
Begleithunde	09
Windhunde	10

In der folgenden Tabelle sind alle vom VHD anerkannten Rassen in alphabetischer Reihenfolge aufgelistet. Die Zahl in der ersten Spalte gibt an, zu welcher Rassengruppe sie gehören. Die Anzahl der registrierten Welpen der Jahre 1996 und 1995 bezieht sich auf die beim VDH registrierten Welpen. Über die aus anderen Zuchten hervorgegangenen Hunde gibt es keine Angaben. Die Standard-Nr. entspricht der Nummerierung der Rassestandards; „–" bedeutet, es wurden keine Angaben gemacht.

Gruppe	Rasse	Herkunfts-land	Welpen 1996	Welpen 1995	Stan-dard-Nr.
02	Affenpinscher	Deutschland	29	33	186
10	Afghanischer Windhund	Afghanistan	280	314	228
02	Aidi	Marokko	–	–	247
03	Airedale-Terrier	Großbritannien	1 532	1 445	7
05	Akita Inu	Japan	125	134	255
05	Alaskan Malamute	USA	135	167	243
06	Alpenländische Dachsbracke	Österreich	61	70	254
03	American Staffordshire Terrier	USA	871	805	286
08	American Water Spaniel	USA	0	0	301
08	Amerikanischer Cocker Spaniel	USA	282	228	167
06	Amerikanischer Foxhound	USA	–	–	303
02	Anatolischer Hirtenhund	Anatolien	9	0	331
06	Anglo-Francais de Petite Venerie	Frankreich	–	–	325
02	Appenzeller Sennenhund	Schweiz	86	71	46
06	Ariegeois	Frankreich	–	–	20
01	Australian Cattle Dog	Australien	16	14	287
01	Australian Kelpie	Australien	–	–	293
01	Australian Shepherd	USA	–	–	342
03	Australian Silky Terrier	Australien	87	47	236
03	Australian Terrier	Australien	81	63	8
10	Azawakh	Mali	41	25	307
06	Balkanski gonic	Ehemaliges Jugo-slawien	–	–	150
08	Barbet	Frankreich	0	6	105
10	Barsoi	Rußland	97	136	193
05	Basenji	Zentralafrika	19	29	43
06	Basset Artesien Normand	Frankreich	12	15	34
06	Basset Bleu de Gascogne	Frankreich	5	0	35
06	Basset d'Artois	Frankreich	–	–	18
06	Basset Fauve de Bretagne	Frankreich	9	0	36
06	Basset Hound	Frankreich	107	112	163
06	Bayerischer Gebirgsschweißhund	Deutschland	20	13	217
06	Beagle	Großbritannien	466	450	161

Gruppe	Rasse	Herkunfts- land	Welpen 1996	Welpen 1995	Stan- dard-Nr.
06	Beagle Harrier	Frankreich	–	–	290
01	Bearded Collie	Großbritannien	1 023	960	271
03	Bedlington Terrier	Großbritannien	52	97	9
09	Belgischer Griffon	Belgien	–	–	81
01	Bergamasker	Italien	0	12	194
01	Berger de Beauce	Frankreich	25	30	44
01	Berger de Brie (Briard)	Frankreich	639	662	113
01	Berger des Pyrénées	Frankreich	188	123	141
01	Berger Picardie	Frankreich	24	21	176
06	Berner Laufhund	Schweiz	7	0	
02	Berner Sennenhund	Schweiz	1 658	1 571	45
02	Bernhardiner	Schweiz	939	873	61
09	Bichon à Poil Frisée	Frankreich, Belgien	168	124	215
06	Billy	Frankreich	–	–	25
06	Black and Tan Coonhound	USA	–	–	300
06	Bloodhound	Belgien	13	0	84
09	Bologneser	Italien	97	162	196
02	Bordeaux-Dogge	Frankreich	115	99	116
01	Border Collie	Großbritannien	655	594	297
03	Border Terrier	Großbritannien	262	241	10
09	Boston Terrier	USA	78	64	140
01	Bouvier des Ardennes	Frankreich	–	–	171
01	Bouvier des Flandres	Belgien, Frank- reich	247	236	191
07	Braque d'Auvergne	Frankreich	0	6	180
07	Braque de l'Ariege	Frankreich	0	0	177
07	Braque du Bourbonnais	Frankreich	0	2	179
07	Braque Dupuyi	Frankreich	0	0	178
07	Braque Francais type Gascogne	Frankreich	0	1	133
07	Braque Francais type Pyrenees	Frankreich	0	10	134
07	Braque Saint-Germain	Frankreich	–	–	115
06	Briquet Griffon Vendeen	Frankreich	0	0	19
02	Broholmer	Dänemark	–	–	315
09	Brüsseler Griffon	Belgien	5	5	80
05	Buhund	Norwegen	0	0	237
02	Bullmastiff	Großbritannien	204	168	157
03	Bullterrier	Großbritannien	580	638	11
03	Bullterrier (Miniatur)	Großbritannien	102	64	188
03	Cairn Terrier	Großbritannien	1 060	1 089	4
02	Cane Corso	Italien	–	–	342
02	Cao da Serra da Estrela	Portugal	–	–	173
01	Cao da Serra de Aires	Portugal	–	–	93
08	Cao de Agua Portugués	Portugal	–	–	37
01	Cao de Bestiar	Balearen	–	–	321
02	Cao de Castro Laboreiro	Portugal	0	0	170
01	Cao Fila de Sao Miguel		–	–	340
09	Cavalier King Charles Spaniel	Großbritannien	782	705	136

Gruppe	Rasse	Herkunfts-land	Welpen 1996	Welpen 1995	Stan-dard-Nr.
07	Cesky Fousek	Tschechische Republik	–	–	245
03	Cesky Terrier	Tschechische Republik	23	46	246
10	Chart Polski	Polen	17	0	333
08	Chesapeake Bay Retriever	USA	14	7	263
06	Chien d'Artois	Frankreich	0	0	28
09	Chihuahua	Mexiko	941	984	218
09	Chinesischer Schopfhund	China	42	50	288
05	Chow-Chow	China	189	151	205
05	Cirneco dell' Etna	Italien	0	0	199
08	Clumber Spaniel	Großbritannien	0	0	109
08	Cocker Spaniel	Großbritannien	2341	2481	5
01	Collie	Großbritannien	1780	1844	156
09	Coton de Tulear	Madagaskar, Frankreich	90	74	283
08	Curly Coated Retriever	Großbritannien	0	0	110
06	Dalmatiner	Balkan, Indien	1295	1254	153
03	Dandie Dinmont Terrier	Großbritannien	37	41	168
10	Deerhound	Großbritannien	94	95	164
07	Deutsch Drahthaar	Deutschland	3512	3791	98
07	Deutsch Kurzhaar	Deutschland	1205	1585	119
07	Deutsch Langhaar	Deutschland	622	570	117
07	Deutsch Stichelhaar	Deutschland	59	54	232
06	Deutsche Bracke	Deutschland	67	48	299
02	Deutsche Dogge	Deutschland	1873	1759	235
02	Deutscher Boxer	Deutschland	2738	2781	144
03	Deutscher Jagdterrier	Deutschland	1026	1090	103
01	Deutscher Schäferhund	Deutschland	30802	29805	166
08	Deutscher Wachtelhund	Deutschland	767	885	104
02	Dobermann	Deutschland	1347	1331	143
02	Dogo Argentino	Argentinien	0	0	292
07	Drentse Petrijshond	Niederlande	–	–	224
06	Drever	Schweden	–	–	130
06	Dunker	Norwegen	–	–	203
02	English Bulldog	Großbritannien	120	118	149
07	English Setter	Großbritannien	100	93	2
08	English Springer Spaniel	Großbritannien	132	162	125
03	English Toy Terrier (Black and Tan)	Großbritannien	0	0	13
02	Entlebucher Sennenhund	Schweiz	205	156	47
07	Epagneul Bleu de Picardie	Frankreich	0	9	106
07	Epagneul Breton	Frankreich	58	16	95
08	Epagneul de Pont-Audemer	Frankreich	0	0	114
07	Epagneul Picard	Frankreich	0	17	108
07	Epgneul Francais	Frankreich	18	3	175
06	Erdélyi Kopó	Ungarn	–	–	241
05	Eurasier	Deutschland	194	370	291

Gruppe	Rasse	Herkunfts-land	Welpen 1996	Welpen 1995	Stan-dard-Nr.
08	Field Spaniel	Großbritannien	0	0	123
02	Fila Brasileiro	Brasilien	34	82	225
05	Finnenspitz	Finnland	0	0	49
05	Finnischer Lapphund (Suomenlapinkoira)	Finnland	0	0	189
06	Finnischer Laufhund	Finnland	–	–	51
08	Flat Coated Retriever	Großbritannien	48	56	121
06	Foxhound	Großbritannien	–	–	159
03	Foxterrier (Drahthaar)	Großbritannien	1013	1002	169
03	Foxterrier (Glatthaar)	Großbritannien	549	594	12
06	Francais Blanc et Noir	Frankreich	–	–	220
06	Francais Blanc et Orange	Frankreich	–	–	316
06	Francais Tricolore	Frankreich	–	–	219
09	Französische Bulldogge	Frankreich	164	126	101
10	Galgo Espanol	Spanien	4	8	285
07	Gammel Dansk Honsehund	Dänemark	–	–	281
06	Gascon Saintongeios	Frankreich	–	–	21
08	Golden Retriever	Großbritannien	1567	1595	111
07	Gordon Setter	Großbritannien	428	306	6
01	Gos d'Atura Català	Spanien	17	7	87
06	Grand Anglo-Francais Blanc et Noir	Frankreich	–	–	323
06	Grand Anglo-Francais Blanc et Orange	Frankreich	–	–	324
06	Grand Anglo-Francais Tricolore	Frankreich	–	–	322
06	Grand Basset Griffon Vendeen	Frankreich	36	29	33
06	Grand Bleu de Gascogne	Frankreich	0	0	22
06	Grand Griffon Vendeen	Frankreich	0	0	282
10	Greyhound	Ägypten	56	61	158
07	Griffon a Poil Laineux	Frankreich	0	0	174
06	Griffon Bleu de Gascogne	Frankreich	–	–	32
06	Griffon Fauve de Bretagne	Frankreich	–	–	66
07	Griffon Korthals	Frankreich	81	74	107
06	Griffon Nivernais	Frankreich	0	12	17
01	Groenendael	Belgien	77	112	
05	Grönlandhund	Grönland	10	21	274
07	Großer Münsterländer	Deutschland	383	403	118
02	Großer Schweizer Sennenhund	Schweiz	160	103	58
05	Großspitz	Deutschland	58	17	
06	Haldenstoever	Norwegen	–	–	267
06	Hamiltonstoevare	Schweden	–	–	132
06	Hannoverscher Schweißhund	Deutschland	24	22	213
06	Harrier	Großbritannien	0	0	
09	Havaneser	Mittelmeerraum	253	175	250
06	Hellinikos Ichnilatis	Griechenland	–	–	214
05	Hokkaido	Japan	0	0	261
01	Holländischer Schäferhund	Niederlande	–	–	223
02	Hollandse Smoushond	Niederlande	–	–	308

Gruppe	Rasse	Herkunfts-land	Welpen 1996	Welpen 1995	Stan-dard-Nr.
02	Hovawart	Deutschland	1 506	1 576	190
01	Hrvatski Ovcar	Balkan	–	–	277
06	Hygen-Hund	Norwegen	–	–	266
03	Irish Glen of Imaal Terrier	Irland	49	21	302
07	Irish Red and White Setter	Irland	7		330
07	Irish Red Setter	Irland	706	723	120
03	Irish Softcoated Wheaten Terrier	Irland	195	163	40
03	Irish Terrier	Irland	255	266	139
08	Irish Water Spaniel	Irland	8	0	124
10	Irish Wolfhound	Irland	546	643	160
05	Islandhund	Island	14	0	289
06	Istarski estrodlaki gonic	Slowenien	–	–	152
06	Istarski kratkodlaki gonic	Slowenien	–	–	151
07	Italienische Bracke (Bracco Italiano)	Italien	0	4	202
10	Italienisches Windspiel	Italien	24	32	200
05	Jaemthund	Schweden	0	0	42
09	Japan Chin	Japan	26	10	206
05	Japan Spitz	Japan	7	2	262
03	Japanischer Terrier	Japan	–	–	259
06	Jugoslovenski planinski gonic	Ehemaliges Jugo-slawien	–	–	279
06	Jugoslovenski trobojni gonic	Ehemaliges Jugo-slawien	–	–	229
05	Kai	Japan	–	–	317
05	Kanaan Hund	Israel	–	–	273
05	Karelischer Bärenhund	Finnland, Ruß-land	2	0	48
02	Kaukasischer Owtscharka	Rußland, Kaukas. Rep.	71	199	328
03	Kerry Blue Terrier	Irland	80	77	3
09	King Charles Spaniel	Großbritannien	21	13	128
05	Kishu	Japan	1 379	1 498	318
07	Kleiner Münsterländer	Deutschland	1 379	1 498	102
05	Kleinspitz	Deutschland	198	241	097
01	Komondor	Ungarn	7	34	53
09	Kontinentaler Zwergspaniel (Papillon & Phalene)	Kontinental-europa	257	269	77
08	Koooikerhondje	Niederlande	7	0	314
05	Korea Jindo Dog	Korea	–	–	334
02	Kraski Ovcar	Slowenien	6	4	278
09	Kromfohrländer	Deutschland	156	77	192
01	Kuvasz	Ungarn	304	245	54
08	Labrador Retriever	Großbritannien	938	984	122
08	Lagotto Romagnolo	Italien	–	–	298
05	Laika (ostsibirisch)	Sibirien	0	0	305
05	Laika (russisch-europäisch)	Rußland, Finn-land	0	0	304

297

Gruppe	Rasse	Herkunfts-land	Welpen 1996	Welpen 1995	Stan-dard-Nr.
05	Laika (westsibirisch)	Sibirien	10	0	306
03	Lakeland Terrier	Großbritannien	103	104	70
01	Lakenois	Belgien	0	0	
02	Landseer	Kanada	339	256	226
05	Lapinporokoira	Schweden	0	0	284
02	Leonberger	Deutschland	771	756	145
09	Lhasa Apso	Tibet	159	183	227
09	Löwchen	Frankreich	98	84	233
05	Lundehund	Norwegen	0	0	265
10	Magyar Agar	Ungarn	8	0	240
07	Magyar Vizsla (Drahthaar)	Ungarn	124	101	239
07	Magyar Vizsla (Kurzhaar)	Ungarn	–	–	57
01	Malinois	Belgien	346	356	
09	Malteser	Mittelmeerraum	532	523	65
03	Manchester Terrier	Großbritannien	44	53	71
01	Maremmen-Abruzzen Schäfer-hund	Italien	9	5	201
02	Mastiff	Großbritannien	48	72	264
02	Mastin de los Pirineos	Spanien	0	10	92
02	Mastin Espanol	Spanien	17	10	91
02	Mastino Napoletano	Italien	70	65	197
05	Mittelspitz	Deutschland	33	72	
09	Mops	China	191	116	253
01	Mudi	Ungarn	0	0	238
02	Neufundländer	Kanada	974	888	50
03	Norfolk Terrier	Großbritannien	114	76	272
05	Norrbottenspets	Schweden	0	0	276
05	Norwegischer Elchhund (grau)	Norwegen	9	12	242
05	Norwegischer Elchhund (schwarz)	Norwegen	0	6	268
03	Norwich Terrier	Großbritannien	141	107	72
08	Nova Scotia Duck Tolling Retriever	Kanada	14	0	312
06	Ogar Polski	Polen	6	0	52
01	Old English Sheep Dog (Bobtail)	Großbritannien	608	675	16
06	Österreichische Glatthaarige Bracke	Österreich	31	36	63
02	Österreichischer Kurzhaar-Pinscher	Österreich	14	9	64
06	Otterhound	Großbritannien	0	3	294
01	Owczarek Podhalanski	Polen	30	59	252
03	Parson Jack Russel Terrier	Großbritannien	900	811	339
09	Pekingese	China	237	258	207
07	Perdigueiro Portugues	Portugal	–	–	187
07	Perdiguero de Burgos	Spanien	–	–	90
02	Perro de Presa Mallorquin	Spanien	–	–	249
05	Perro sin Pelo del Peru	Peru	9	18	310

Gruppe	Rasse	Herkunfts-land	Welpen 1996	Welpen 1995	Stan-dard-Nr.
06	Petit Basset Griffon Vendeen	Frankreich	101	72	67
06	Petit Bleu de Gascogne	Frankreich	0	0	31
09	Petit Brabancon	Belgien	0	0	82
05	Pharao Hund	Malta	8	0	248
02	Pinscher	Deutschland	167	209	184
05	Podenco Canario	Kanarische Inseln	–	–	329
05	Podenco Ibicenco	Spanien	0	5	89
05	Podengo Portugues	Portugal	4	0	94
07	Pointer	Großbritannien	103	111	1
06	Poitevin	Frankreich	–	–	24
01	Polski Owczarek Nizinny (PON)	Polen	134	151	251
06	Porcelaine	Frankreich	0	0	30
06	Posavski gonic	Ehemaliges Jugo-slawien	–	–	154
09	Pudel	Frankreich	3058	2905	172
07	Pudelpointer	Deutschland	204	218	216
01	Puli	Ungarn	37	79	55
01	Pumi	Ungarn	10	8	56
02	Pyrenäen Berghund	Frankreich	147	161	137
02	Rafeiro do Alentejo	Portugal	–	–	96
06	Rauhhaariger Bosnischer Lauf-hund (Barak)	Bosnien	–	–	155
06	Rhodesien Ridgeback	Südafrika	417	372	146
02	Riesenschnauzer	Deutschland	1856	1870	181
02	Rottweiler	Deutschland	3372	3242	147
06	Sabueso Espanol	Spanien	–	–	204
10	Saluki	Iran	172	1009	269
05	Samojede	Rußland	102	99	212
01	Sarloos Wolfshond	Niederlande	11	2	311
02	Sarplaninac	Mazedonien	50	28	41
01	Schapendoes	Niederlande	85	63	313
06	Schillerstoevare	Schweden	–	–	131
05	Schipperke	Belgien	21	12	
02	Schnauzer	Deutschland	932	1117	182
02	Schwarzer Terrier	Rußland	160	123	327
05	Schwedischer Lapphund	Schweden	7	0	135
06	Schweizer Laufhund	Schweiz	0	0	59
06	Schweizer Niederlaufhund	Schweiz	0	0	60
03	Scottish Terrier	Großbritannien	337	360	73
03	Sealyham Terrier	Großbritannien	22	23	74
06	Segugio Italiano a pelo forte	Italien	–	–	198
06	Segugio Italiano a pelo raso	Italien	–	–	337
02	Shar Pei	China	113	188	309
01	Shetland Sheepdog	Großbritannien	650	649	88
05	Shiba Inu	Japan	46	49	257
09	Shih Tzu	China	614	594	208
05	Shikoku	Japan	–	–	319

Gruppe	Rasse	Herkunfts-land	Welpen 1996	Welpen 1995	Stan-dard-Nr.
05	Siberian Husky	Sibirien	864	1246	270
03	Skye Terrier	Großbritannien	41	37	75
10	Sloughi	Nordafrika	35	55	188
01	Slovensky Cuvac	Slowakei	16	12	142
06	Slovensky Kopov	Slowakische Re-publik	42	0	244
07	Slowakischer Rauhbart	Slowakei	7	0	320
06	Smaelandsstoevare	Schweden	–	–	129
08	Spanischer Wasserhund	Spanien	6	0	336
07	Spinone Italiano	Italien	8	7	165
07	Stabyhound	Niederlande	–	–	222
03	Staffordshire Bullterrier	Großbritannien	200	312	76
06	Steirische Rauhhaarige Hoch-gebirgsbracke	Österreich	11	8	62
01	Südrussischer Owtscharka	Rußland, Ukraine	0	0	326
08	Sussex-Spaniel	Großbritannien	0	0	127
04	Teckel	Deutschland	12117	13567	148
03	Terrier Brasileiro	Brasilien	–	–	341
01	Tervueren	Belgien	95	105	
05	Thai Ridgeback Dog	Thailand	12	22	338
02	Tibet Dogge	Tibet	49	39	230
09	Tibet Spaniel	Tibet	30	23	231
09	Tibet Terrier	Tibet	963	925	209
06	Tiroler Bracke	Österreich	0	0	68
02	Tosa Inu	Japan	0	0	260
01	Tschechoslowakischer Wolfs-hund	Tschech./Slowa-kische Rep.	9	0	332
05	Västgötaspets	Schweden	0	0	14
05	Volpino Italiano	Italien	–	–	195
07	Weimaraner	Deutschland	441	467	99
01	Welsh Corgi Cardigan	Großbritannien	7	17	38
01	Welsh Corgi Pembroke	Großbritannien	13	12	39
08	Welsh Springer Spaniel	Großbritannien	19	20	126
03	Welsh Terrier	Großbritannien	581	563	78
03	West Highland White Terrier	Großbritannien	2732	2781	85
06	Westfälische Dachsbracke	Deutschland	24	27	100
08	Wetterhound	Niederlande	–	–	221
10	Whippet	Großbritannien	259	280	162
05	Wolfsspitz	Deutschland	196	255	97
05	Xoloitzcuintle	Mexiko	0	0	234
03	Yorkshire Terrier	Großbritannien	1915	1980	86
02	Zentralasiatischer Owtscharka	Zentralasien	0	0	335
02	Zwergpinscher	Deutschland	154	197	185
02	Zwergschnauzer	Deutschland	1199	1328	183
05	Zwergspitz	Deutschland	131	141	

Anhang VI

Kalorienbedarf bei Hunden (kcal)

Vom Entwöhnen bis zum Alter von etwa sechs Monaten braucht ein Welpe ungefähr doppelt so viel Energiezufuhr wie ein erwachsener Hund. Während der fortgeschrittenen Schwangerschaft braucht eine Hündin etwa 1,5mal so viel Nahrung wie normalerweise. Zur Zeit der stärksten Milchproduktion für die Welpen kann dieser Wert bis auf das 3,5fache ansteigen.

Gewicht des Hundes (kg)	Kalorienaufnahme (kcal)
1	130
2	225
3	300
4	370
5	435
6	500
7	570
8	635
9	690
10	740
15	1000
20	1250
30	1690
35	1900
40	2100
45	2300

Anhang VII

VDH-Zucht-Ordnung

Stand: November 1995

Inhaltsverzeichnis

§ 1 Allgemeines

1. Das Internationale Zuchtreglement der Fédération Cynologique Internationale (F.C.I.) und die Zuchtordnung des VDH sind verbindlich für alle im VDH zusammengeschlossenen Rassehunde-Zuchtvereine.

2. Die Zucht-Ordnung dient der Förrderung planmäßiger Zucht funktional und erbgesunder, wesensfester Rassehunde.
   Erbgesund ist ein Rassehund dann, wenn er Standardmerkmale, Rassetyp und rassetypisches Wesen vererbt, je-

doch keine erheblichen erblichen Defekte, die die funktionale Gesundheit seiner Nachkommen beeinträchtigen könnten.

3. Die Zucht-Ordnung des VDH gilt unmittelbar für alle im VDH zusammengeschlossenen Rassehunde-Zuchtvereine.

4. Zuständig und damit verantwortlich für die Zucht sind die Rassehunde-Zuchtvereine. Dies schließt Zuchtlenkung, Zuchtberatung und Zuchtkontrollen sowie Führung des Zuchtbuches ein.

5. Es ist Pflicht der Rassehunde-Zuchtvereine, unter Beachtung dieser Zucht-Ordnung eine eigene Zucht-Ordnung zu erstellen, in der die rassespezifischen Zuchtziele festgelegt werden.

Die Zucht-Ordnungen der Rassehunde-Zuchtvereine können in ihren Anforderungen über die des VDH hinausgehen.

In den Zucht-Ordnungen sind die rassespezifischen Gebrauchseigenschaften der jeweiligen Rassen angemessen zu berücksichtigen.

Die Rassehunde-Zuchtvereine sollen den Züchtern nicht durch ein Übermaß an formellen Bestimmungen die Möglichkeit zu einer freien züchterischen Entfaltung nehmen.

6. Die Rassehunde-Zuchtvereine müssen sicherstellen, daß eine Ausbeutung der Zuchthunde verhindert wird.

Über Ordnungen zur Vergabe von Gütesiegeln für vorbildliche Hundehaltung von Züchtern entscheiden die Rassehunde-Zuchtvereine in eigener Zuständigkeit.

Kommerziellen Hundehändlern und -züchtern ist die Zucht in einem Mitgliedsverein des VDH nicht erlaubt.

7. Die Rassehunde-Zuchtvereine sind zur methodischen Bekämpfung erblicher Defekte verpflichtet.

8. Bestehen für eine Rasse mehrere Vereine, sollen die Vereine ihre Zucht-Ordnungen einander angleichen. In diesen Fällen ist auch eine Einigung auf einen HD-Gutachter, mindestens jedoch auf einen Obergutachter zu erzielen.

Kommt eine Einigung nicht zustande, entscheidet der vom VDH-Vorstand nach § 10 Absatz 3 der VDH-Satzung eingesetzte Zuchtausschuß des VDH.

9. Eine von einem der beteiligten Rassehunde-Zuchtvereine rechtswirksam ausgesprochene Zuchtbeschränkung oder -versagung kann nur einvernehmlich zwischen allen beteiligten Vereinen abgeändert werden. Auch in diesen Fällen obliegt die Entscheidung dem VDH-Zuchtausschuß.

Rechtswirksame Zuchtverbote sowie Ausschlüsse von Züchtern aus dem Verein sind den anderen Zuchtvereinen für dieselbe Rasse sowie der VDH-Geschäftsstelle unverzüglich mitzuteilen.

10. Die Zucht-Ordnungen sind nach Änderung von den Rassehunde-Zuchtvereinen in ihrer jeweils gültigen Fassung unter Kennzeichnung der vorgenannten Änderung in dreifacher Ausfertigung unaufgefordert und unverzüglich an die VDH-Geschäftsstelle zu senden (vergleiche § 6 Nr. 4 der VDH-Satzung).

§ 2 Zuchtrecht

1. Als Züchter gilt der Eigentümer oder Mieter der Hündin zur Zeit des Belegens.

2. Die Rassehunde-Zuchtvereine sind verpflichtet, die besondere Kontrolle der Zucht mit Miethündinnen wirksam zu regeln.

Das Vermieten einer Hündin zur Zucht muß vom Rassehunde-Zuchtverein genehmigt werden. Ein schriftlicher Vertrag ist der Zuchtbuchstelle vorzulegen. Die Ausfertigung von Mietverträgen auf Vordrucken des VDH wird empfohlen.

3. Die Zucht mit Hunden, die einen sogenannten Apfelkopf und/oder Lückenschädel haben, ist untersagt; sie stellt einen Verstoß gegen § 11 TschG dar; daher beträgt das Mindestgewicht von Hunden, die zur Zucht verwendet werden, 2 kg.

§ 3 Zuchtberatung

Die Rassehunde-Zuchtvereine sind verpflichtet, die Beratung der Züchter und Kontrolle der Zuchten sicherzustellen; hierfür ist der

Aufbau einer Organisation von Zuchtwarten und Schulung der Zuchtwarte Pflicht der Vereine.

§ 4 Zuchtvoraussetzungen, Zuchtwert

1. Voraussetzungen

1.1 Es darf nur mit gesunden, wesensfesten Hunden gezüchtet werden, die in einem vom VDH anerkannten Zuchtbuch oder Register eingetragen sind und die die vom zuständigen Rassehunde-Zuchtverein festzulegenden Voraussetzungen erfüllen. Das Tierschutzgesetz muß eingehalten werden.

1.2 Die Hundehaltung und -fütterung muß artgerecht sein. Für Zuchthunde und Welpen muß mindestens sehr gute Zwingerhaltung gegeben sein; dafür sind Freiauslauf und menschliche Zuwendung Grundvoraussetzungen.

1.3 Bekämpfung der Hüftgelenks-Dysplasie
Die Hüftgelenks-Dysplasie (HD) ist von den erblichen Erkrankungen die am längsten und besten erforschte und stellt ein schwerwiegendes Problem dar, dessen Bekämpfung zu den unverzichtbaren Aufgaben des VDH gehört.
Die Zucht mit „HD schwer" ist verboten. Mit „HD mittel" darf nur in begründeten Ausnahmefällen gezüchtet werden. Die Entscheidung trifft der VDH-Zuchtausschuß unter Hinzuziehung des Wissenschaftlichen Beirates des VDH für Zucht und Forschung.
Rassehunde-Zuchtvereine, in deren Zuchtbestand HD festgestellt wurde, sind verpflichtet, folgende Grundregeln zu beachten und durch Übernahme in die vereinseigene Zucht-Ordnung für Ihre Mitglieder und Züchter für verbindlich zu erklären:

1.3.1 Der vom Züchter/Halter in Anspruch genommene Röntgen-Tierarzt darf seine Bewertung nur in den beim VDH erhältlichen oder einen inhaltsgleichen, vereinseigenen Bewertungsbogen eintragen. Auf diesem Bewertungsbogen ist zu bestätigen:
   – daß der Röntgentierarzt zugunsten des jeweiligen Rassehunde-Zuchtvereins auf etwaige Urheberrechts-Ansprüche an den Röntgen-Aufnahmen verzichtet,

- daß der Röntgentierarzt die Identität des Hundes überprüft hat,
- daß der Röntgentierarzt den Hund für die Erstellung der
  Aufnahmen ausreichend sediert hat und
- daß keine weiteren Hilfsmittel Verwendung gefunden haben.

1.3.2 Die Röntgenaufnahmen sind von einem HD-Gutachter aus-
zuwerten. Dieser darf in dem Rassehunde-Zuchtverein, für
den er gutachterlich tätig ist, keine Funktion ausüben und
nicht selbst Züchter der von ihm begutachteten Rasse sein.
Für die Bestellung eines Gutachters gilt:
- Zu Gutachtern können nur approbierte Tierärzte bestellt
  werden, die das Qualifikationsverfahren des „Hohenhei-
  mer Modells" erfolgreich durchlaufen und sich zu einer
  Fortbildung im Rahmen dieses Modells verpflichtet haben. Dieses umfaßt die Verpflichtung, regelmäßig an
  den Treffen der HD-Zentralen teilzunehmen.
- Die Bestellung und Abberufung eines Gutachters erfolgt
  in der Regel durch den VDH-Vorstand auf Vorschlag des
  Rassehunde-Zuchtvereins nach Anhörung des VDH-
  Zuchtausschusses. Voraussetzung zur Bestellung ist das
  Vorliegen der unter 1) genannten Voraussetzungen. Die
  Abberufung muß erfolgen, wenn diese Voraussetzungen
  nicht mehr gegeben sind, im übrigen auf begründeten
  Antrag des Rassehunde-Zuchtvereins. Der VDH-Vorstand
  ist an den Antrag nicht gebunden.
- Betreuen mehrere Zuchtvereine eine Hunderasse, soll nur
  ein Gutachter bestellt werden. Es gilt das Verfahren gemäß § 1 Abs. 11. Der VDH-Vorstand kann in begründeten
  Fällen eine abweichende Regelung treffen. Das gilt auch
  für den Fall, daß einer der beteiligten Rassehunde-Zuchtvereine einen Wechsel in der Person des Gutachters begründet verlangt.

1.3.3 Rassehunde-Zuchtvereine können in ihrer Zuchtordnung
die Erstellung eines Obergutachtens zulassen. Der Antrag-
steller hat im Antragsformular zu erklären, daß er das beantragte Obergutachten als verbindlich und endgültig aner-
kennt. Dem Antrag auf Erstellung eines Obergutachtens

sind die Erstaufnahme(n) sowie zwei Neuaufnahmen in Position 1 und 2 beizufügen. Die Neuaufnahmen müssen von einer Universitätsklinik angefertigt sein. Bezüglich der Obergutachter gilt folgendes:
- Zu Obergutachtern können nur Angehörige einer Universitätsklinik bestellt werden.
- Für jede Rasse darf nur ein Obergutachter bestellt werden.
- Für das Bestellverfahren gelten die in 1.3.2 aufgeführten Vorschriften entsprechend; gleiches gilt für das Abberufungsverfahren.

2. Grundlagen

2.1 Das Mindestzuchtalter von Rüden legen die Rassehunde-Zuchtvereine fest.

2.1.1 Das Mindestzuchtalter von Hündinnen darf 15 Monate nicht unterschreiten. Hündinnen dürfen nur in mit dem Interesse der Rasse begründbaren Fällen nach Vollendung des achten Lebensjahres zur Zucht verwendet werden. Für diese Zuchtmaßnahmen gilt der Decktag als Stichtag.

2.1.2 Für Rüden ist keine Grenze festgelegt.

2.2 Eine Hündin darf nicht mehr Welpen aufziehen als es ihre Kondition zuläßt. Ihr soll nicht mehr als ein Wurf pro Jahr zugemutet werden; Stichtag ist der Wurftag.
Bei starken Würfen können die Rassehunde-Zuchtvereine Sonderbestimmungen erlassen, z. B. Einsatz von Ammen, Vorschriften für den Zeitpunkt des nächsten Belegens der Hündin und Sonderkontrollen.

2.3 Paarungen von Verwandten 1. Grades (Inzestzucht) bedürfen der vorherigen Zustimmung des Rassehunde-Zuchtvereins.

2.4 Paarungen von Farbvarianten dürfen von den Rassehunde-Zuchtvereinen ohne genetische Begründung nicht untersagt werden, es sei denn, diese würden durch Bestimmungen der F.C.I ausgeschlossen.

2.5 Versuchszüchtungen dürfen nur mit vorheriger Zustimmung des zuständigen Rassehunde-Zuchtvereins und des VDH durchgeführt werden.

2.6 Für die vorherige Zustimmung zu Kreuzungen von Rasse-varietäten sind die Rassehunde-Zuchtvereine im Rahmen der F.C.I.-Regelung zuständig.

3. Zuchtzulassung, Zuchtwert

3.1 Übertragen Vereine die Zuchtzulassung einem Gremium, handeln sie nur dann nach § 6 Absatz 3 der VDH-Satzung, wenn das abschließende Urteil der Zuchtzulassung oder deren Versagung von mindestens einem in die VDH-Richter-liste eingetragenen Zuchtrichter gefällt wird. Wer diese Qualifikation nicht besitzt, darf nicht als „... richter", mit welchem Präfix auch immer dabei seine Tätigkeit umschrieben wird, bezeichnet werden.

3.2 Beim Zuchtwert wird folgende Klassifizierung unterschieden:

3.2.1 Zur Zucht zugelassen sind alle in einem vom VDH anerkannten Zuchtbuch oder Register eingetragenen Hunde, die die von den Rassehunde-Zuchtvereinen festzulegenden Voraussetzungen in Bezug auf Gesundheit (z. B. HD-Grade), Wesen, Alter, Zeitraum zwischen den Würfen erfüllen.

3.2.2 Zur Zucht empfohlen sind Hunde mit darüber hinausgehenden Qualifikationen nach Maßgabe der Rassehunde-Zuchtvereine.

Zur Zucht nicht zugelassen sind insbesondere Hunde, die zuchtausschließende Fehler haben, z. B. Wesensschwäche, angeborene Taubheit oder Blindheit, Hasenscharte, Spalt-rachen, erhebliche Zahnfehler und Kieferanomalien, PRA, Epilepsie, Kryptorchismus, Monorchismus, Albinismus, Fehlfarben, festgestellte schwere Hüftgelenks-Dysplasie und, wenn von den Rassehunde-Zuchtvereinen festgelegt, andere HD-Grade, Skelettdeformationen usw.

§ 5 Zwingernamen und Zwingernamenschutz

1. Bedeutung

1.1 Der Zwingername ist Zuname des Hundes. Er wird beim Rassehunde-Zuchtverein beantragt, der den Zwingernamen-schutz erteilt oder veranlaßt.

Jeder zu schützende Zwingername muß sich deutlich von bereits für diese Rasse vergebenen unterscheiden; er wird dem Züchter zum streng persönlichen Gebrauch zugeteilt.

1.2 Zwingernamen die im Geltungsbereich des VDH geschützt sind, können nur für Hunde eingetragen werden, die der Wurfkontrolle des VDH-Rassehunde-Zuchtvereins unterliegen.

2. Verzicht auf einen Zwingernamen:
Auf die weitere Benutzung eines Zwingernamens kann jederzeit durch Erklärung gegenüber der Zuchtbuchstelle verzichtet werden; jedoch darf dem Inhaber für die gleiche Rasse kein anderer Name geschützt werden.

3. Zwingernamenschutz
Die Rassehunde-Zuchtvereine müssen über die von ihnen geschützten Zwingernamen Nachweis führen.

3.1 Der VDH empfiehlt, Zwingernamen durch die F.C.I. schützen zu lassen.
Durch die F.C.I. zu schützende Zwingernamen müssen sich deutlich von den bereits durch die F.C.I. geschützten Zwingernamen unterscheiden.
Zwingernamenschutz durch die F.C.I. ist vom Züchter über die Rassehunde-Zuchtvereine formlos beim VDH zu beantragen.

3.2 Der Rassehundezuchtverein muß sicherstellen, daß der beantragte Zwingernamen nicht zuvor vom Züchter außerhalb des FCI-Bereichs verwendet wurde.
Wenn mehrere Rassehunde-Zuchtvereine dieselbe Rasse betreuen, darf nur Zwingernamenschutz erteilt werden, wenn sichergestellt worden ist, daß der oder die anderen Vereine den Namen nicht geschützt haben.
Die vom Erstverein geschützten Zwingernamen haben Bestandsschutz.
In neu hinzukommenden Vereinen bereits geschützte Zwingernamen müssen so geändert werden, daß Verwechslungen ausgeschlossen sind. Gebühren dürfen nur von dem Verein erhoben werden, der den Namen einträgt.

3.3 Der Zwingernamenschutz erlischt, wenn von den Rasse-hunde-Zuchtvereinen nicht anders geregelt, beim Tode des Züchters, sofern der Erbe nicht den Übergang des Zwinger-namens auf sich beantragt.

Zwingernamen werden bis zu 10 Jahren nach dem Tode des Züchters nicht an andere Züchter vergeben. Während dieser Zeit können Erben oder Nachkommen des Züchters die Übertragung des Zwingernamens noch beantragen.

Übertragungen sind nur durch Erbfolge oder entsprechende von den zuständigen Rassehunde-Zuchtvereinen zu geneh-migende vertragliche Regelungen möglich.

3.4 In Ahnentafeln aus dem Ausland übernommener Hunde werden nur die dort geschützten Zwingernamen und nicht zusätzliche Zwingernamen eingetragen.

3.5 Welpen aus Zuchtmietverhältnissen müssen unter dem Zwingernamen des Mieters eingetragen werden, sofern die-ser als Züchter gelten kann (Zuchtrechtübertragung).

3.6 Bei Zwingergemeinschaften kann der Zwingername nur in dem F.C.I.-Landesverband geschützt werden, bei dem auch die Wurfeintragung erfolgen muß.

Bei Auflösung von Zwingergemeinschaften kann nur ein Partner den Zwingernamen weiterfhren.

3.7 Für Hunde ohne Zwingernamen aus Eltern gleicher Rasse mit vom VDH anerkannten Ahnentafeln kann der Züchter des Hundes bei seinem Rassehunde-Zuchtverein einen Bei-namen beantragen, der in Beziehung zum Eigentümer steht. Der Beiname ist dem Rufnamen in Klammern beizufügen.

4. Geltung des Zwingernamens

4.1 Einen für eine Rasse bereits geschützten Zwingernamen kann der Inhaber für weitere Rassen schützen lassen, wenn der Name bei dem betreffenden Rassehunde-Zuchtverein noch nicht geschützt ist.

4.2 Die Bildung von Zwingergemeinschaften über F.C.I.-Landes-grenzen hinweg bedarf der Genehmigung des VDH und des anderen zuständigen Landesverbandes, wobei vertragliche Regelungen über Zwingername und Eigentumsrecht als Ge-nehmigungsvoraussetzung vorzulegen sind.

Anträge hierfür sind über den zuständigen Rassehunde-Zuchtverein beim VDH einzureichen.

4.3 Haben mehrere Personen Eigentumsrechte am Rüden bzw. der Hündin, kann das Zuchtrecht von einem der Eigentümer nur dann verantwortlich ausgeübt werden, wenn keine Zwingergemeinschaft besteht. In solchen Fällen darf nur ein einziger Zwingername geführt werden, unabhängig von der Mitgliedschaft in verschiedenen Rassehunde-Zuchtvereinen des In- und Auslandes.

§ 6   Deckakt

1. Die Eigentümer von zur Paarung vorgesehenen Hunden einer Rasse haben sich vor dem Deckakt zu überzeugen, daß die Voraussetzungen zur Zucht erfüllt sind.
Künstliche Besamung bedarf der vorherigen Genehmigung durch den Rassehunde-Zuchtverein, die nur bei Übereinstimmung mit dem internationalen Zuchtreglement der F.C.I. erteilt werden darf.

2. Rüdenbesitzer haben schriftlichen Nachweis über alle Deckakte zu führen.

3. Von dem vollzogenen Deckakt ist dem Rassehunde-Zuchtverein unverzüglich Mitteilung zu machen.

4. Werden Hündinnen während einer Hitze von zwei verschiedenen Rüden – auch derselben Rasse – gedeckt, erhalten die Welpen nur Ahnentafeln, wenn ein eindeutiger Vaterschaftsnachweis vorliegt.

5. Über die Höhe der Deckentschädigung soll vor dem Deckakt Einigung erfolgen.
Über kostenloses Nachdecken einer leergebliebenen Hündin bei der nächsten Hitze durch denselben Rüden sind schriftliche Vereinbarungen zu treffen.

§ 7   Zuchtkontrollen und Wurfabnahmen

1. Zuchtkontrollen
1.1 Die Rassehunde-Zuchtvereine sind verpflichtet, bekannt gewordene erbliche Defekte bei den von ihnen betreuten Ras-

sen zu erfassen, zu bekämpfen und deren Entwicklung ständig aufzuzeichnen.

Bericht über diese Entwicklung ist dem VDH auf Anfrage, mindestens aber mit Vorlage des Zuchtbuches, zu erstatten.

1.2 Dem VDH steht zur Bewertung und Beratung bei der Bekämpfung genetischer Defekte ein wissenschaftlicher Beirat für Zucht und Forschung zur Seite, dessen Schiedsspruch in Streitfällen für die Rassehunde-Zuchtvereine verbindlich ist.

1.3 Als Maßnahme der Zuchtkontrolle sind in den Zuchtbüchern diejenigen Hunde aufzuführen, die begründet von der Zuchtverwendung ausgeschlossen sind.

2. Wurfkontrollen und Wurfabnahme
2.1 Wurfkontrollen und Wurfabnahmen sind wesentliche Elemente der kontrollierten Rassehundezucht im VDH.

Die Rassehunde-Zuchtvereine sind zur Benennung qualifizierter Personen für Wurfkontrollen und Wurfabnahmen verpflichtet.

Bei Zwingergemeinschaften über F.C.I.-Landesgrenzen hinweg ist für die Zuchtkontrollen, die Kontrolle der Voraussetzungen zur Wurfeintragung und die Wurfabnahmen der F.C.I.-Landesverband zuständig, in dessen Bereich der Wurf gefallen ist.

2.2 Züchter haben Würfe unverzüglich dem Rassehund-Zuchtverein zu melden; sie haben Beauftragten des Rassehunde-Zuchtvereins Kontrollen von Wurf, Hündin und Aufzuchtbedingungen zu ermöglichen.

2.3 Die vollständigen Würfe sind durch den Rassehunde-Zuchtverein nicht vor Vollendung der siebten Lebenswoche der Welpen im Beisein der Mutterhündin im Zwinger des Züchters abzunehmen.

Schutzimpfungen für die Welpen sind Pflicht, Impfbescheinigungen sind vorzulegen; Rassehunde-Zuchtvereine können hiervon in begründeten Fällen mit Zustimmung des VDH abweichen.

2.4 Sämtliche Welpen sind bei der Wurfabnahme zu tätowieren. Der Zuchtwart muß Wurfkontrollen und Wurfabnahmen bescheinigen.

Über jede Wurfabnahme ist ein schriftlicher Bericht zu erstellen, von dem der Züchter eine Kopie bekommt.

2.5 Die Welpen dürfen erst abgegeben werden, wenn sowohl die Wurfabnahme erfolgt ist als auch die Welpen die achte Lebenswoche vollendet haben. Rassehunde-Zuchtvereine können hiervon in begründeten Fällen mit Zustimmung des VDH abweichen.

2.6 Jeder Züchter ist verpflichtet, ein Zwingerbuch über alle Einzelheiten des Wurf- und Zuchtgeschehens in seinem Zwinger zu führen. Die Verwendung des VDH-Zwingerbuches wird empfohlen.

§ 8   Zuchtbuch

1. Grundlagen

1.1 Zuchtbücher sind wesentliche Grundlagen der Rassehundezucht. Ihre Informationen sollen so umfassend wie möglich sein.

1.2 Die wesentlichen Daten der Zuchtbücher müssen in den Ahnentafeln geordnet wiedergegeben werden.

Für einen Wurf müssen mindestens angegeben sein: Zwingername, Name und Anschrift des Züchters, Wurftag der Welpen, Namen und Zuchtbuchnummern der Eltern, Geschlecht, Vorname, Tätowiernummer und Zuchtbuchnummern der Welpen.

Die Rassehunde-Zuchtvereine entscheiden darüber, ob weitere wurfbezogene Daten in das Zuchtbuch eingetragen werden.

1.3 Bei Eintragungen in das Zuchtbuch müssen bei den Vorfahren mindestens drei Generationen nachgewiesen werden, die in seitens des VDH oder der F.C.I. anerkannten Zuchtbüchern eingetragen sind und neben den Namen und Zuchtbuchnummern gegebenenfalls Eintragungen über Farbe, Tätowierungen, abgelegte Leistungsprüfungen, Siegertitel und Körungen aufweisen.

1.4 Die Rassehunde-Zuchtvereine sind verpflichtet, neben dem Zuchtbuch als Anhang ein Register (Livre d'attend) zu führen.

In das Register sind Hunde einzutragen, deren Abstammung in drei anerkannten Zuchtbuch-Generationen nicht lückenlos nachweisbar ist, oder solche mit nicht anerkannten Ahnentafeln, deren Erscheinungsbild und Wesen nach vorhergehender Überprüfung durch mindestens einen Zuchtrichter aber den festgesetzten Merkmalen der Rasse entsprechen.

1.5 In einem Register eingetragene Hunde können ab der 4. Generation in das reguläre Zuchtbuch übernommen werden.

1.6 Ausnahmen über die Eintragung in das Zuchtbuch oder das Register können durch die zuchtbuchführenden Vereine nach Abstimmung mit dem VDH bewilligt werden.

2. Verfahren

2.1 Gedruckte Zuchtbücher sollen nach Möglichkeit jedes Jahr herausgegeben werden, mindestens jedoch als Sammelband alle zwei Jahre.

2.2 Die Ahnentafeln und Zuchtbuch erstellenden Rassehunde-Zuchtvereine müssen dem VDH von jedem Zuchtbuch zwei Exemplare jeweils bis zum 15. Mai des nächsten Jahres kostenlos zuschicken.

Wird nicht jedes Jahr ein Zuchtbuch gedruckt, so ist dem VDH jedes Jahr eine Liste mit den Zuchtbuchdaten, ebenfalls bis zum 15. Mai des nächsten Jahres zuzuschicken.

§ 9 Ahnentafeln

1. Grundlagen

1.1 Ahnentafeln sind Abstammungsnachweise, die von den ausstellenden Zuchtbuchstellen als mit den Zuchtbucheintragungen identisch gewährleistet werden.

Ahnentafeln mössen deutlich mit den Emblemen des VDH und der F.C.I. gekennzeichnet sein.

1.2 Ahnentafeln bleiben Eigentum des zuständigen Rassehunde-Zuchtvereins.

Besitzrecht an der Ahnentafel hat der Eigentümer des Hundes.

Das Besitzrecht an der Ahnentafel kann auch ein Pfandgläubiger während der Dauer des Pfandverhältnisses oder ein Mieter einer Hündin zu Zuchtzwecken während der Dauer des Mietvertrages haben.

1.3 Eigentumswechsel am Hund sind auf der Ahnentafel mit Name und Adresse, Ort, Datum und Unterschrift des Verkäufers zu bestätigen.

1.4 In die Ahnentafeln von Hündinnen sind die Wurfdaten und Wurfstärken einzutragen. Bei der Ausstellung von Zweitschrift-Ahnentafeln sind diese Daten zu übernehmen.

2. Verfahren

2.1 Ahnentafeln zuchtbuchführender Vereine derselben Rasse im VDH, sowie die Ahnentafeln des VDH müssen gegenseitig anerkannt werden.

2.2 Der Rassehunde-Zuchtverein kann die Vorlage der Ahnentafel jederzeit verlangen, um Eintragungen zu überprüfen, zu berichtigen oder zu ergänzen.
Unrichtige oder gefälschte Ahnentafeln sind für ungültig zu erklären und einzuziehen.

2.3 Rassehunde-Zuchtvereine können ihre Ahnentafeln und das Zuchtbuch vom VDH anfertigen lassen.

2.4 Auf den von den Rassehunde-Zuchtvereinen herauszugebenden Antragsformularen muß nachgewiesen werden: Name und Adresse des Züchters, Zwingername, Name, Zuchtbuchnummer, Wurftag, Siegertitel und Zuchtbewertung, HD-Grad, Abrichtekennzeichen und weitere Prüfungen oder Körungen der Eltern, Unterschrift des Rüdenbesitzers auf der Deckbestätigung, Geschlecht und Namen der Welpen sowie andere rassespezifische Informationen.

2.5 Einem Antrag auf Ausstellung von Ahnentafeln sind beizufügen: Original-Ahnentafel der Hündin, Kopie der Ahnentafel des Rüden, Belege über Bewertung, Prüfung, Untersuchungen, Titel usw., soweit nicht schon bei der Zuchtbuchstelle hinterlegt, sowie Endabnahme und Aufklärung über eventuelle Welpenverluste und Zustand der Mutter, der Welpen und Zwingeranlagen.

Mit dem Antrag auf Erstellung von Ahnentafeln muß der Züchter alle dazu erforderlichen Urkunden und Daten dem Rassehunde-Zuchtverein zustellen.

Der Züchter hat die Richtigkeit der Angaben durch Unterschrift zu bestätigen.

2.6 Eintragungen aus den Ahnentafeln der Ahnen können nur bis zur Wurfeintragung der Welpen durch die Zuchtbuchstellen übernommen werden; nach Wurfeintragung erworbene Titel und Leistungszeichen der Ahnen werden auch später nicht nachgetragen.

2.7 Die Welpen eines Wurfes erhalten Namen mit demselben Anfangsbuchstaben.

2.8 Ahnentafeln der Rassehunde-Zuchtvereine für Hunde von Eigentümern im Ausland sind im Ausland nur mit Auslandsanerkennung des VDH gültig. Bei Verkauf von Hunden ins Ausland muß vom Verkäufer beim VDH oder über den Rassehunde-Zuchtverein beim VDH eine Auslandsanerkennung beantragt werden. Anträge unter Beifügung der Original-Ahnentafel können formlos gestellt werden.

2.9 Ahnentafeln und eventuelle Auslandsanerkennungen dürfen vom Verkäufer des Hundes nicht besonders berechnet werden.

In Verlust geratene Ahnentafeln sind für ungültig zu erklären. Der zuständige Rassehunde-Zuchtverein veranlaßt nach Prüfung der Beweise über den Verlust die Ausstellung einer Zweitschrift; dies ist in der Zeitung des Rassehunde-Zuchtvereins bekanntzumachen und den Rassehunde-Zuchtvereinen im VDH, die dieselbe Rasse betreuen, gleichzeitig mitzuteilen.

3. Regelung für Bewerbervereine um die vorläufige Mitgliedschaft

3.1 In der Zeit zwischen Beginn der Bearbeitung des Aufnahmeantrages und dem Datum der Wirksamkeit des Aufnahmebeschlusses sind Zuchtmaßnahmen nicht gestattet. Näheres regelt die VDH-Aufnahme-Ordnung (§ 34).

3.2 Im übrigen ist während der Dauer des Aufnahmeverfahrens die Ausstellung von Abstammungsnachweisen durch den

Bewerberverein unter Hinweis auf eine beantragte Mitgliedschaft im VDH oder mit Eindruck von Namen und/oder Signets des VDH und/oder der F.C.I. unzulässig.

Auch nach erfolgter Aufnahme ist es einem Bewerberverein untersagt, Abstammungsnachweise für Welpen aus Würfen, deren Eintragung nicht nach den vorstehenden Grundsätzen genehmigt wurde, auszustellen.

§ 10 Gebühren

1. Die Gebühren für Ausstellungen der Ahnentafeln und alle mit der Eintragung zusammenhängenden Leistungen setzen die Rassehunde-Zuchtvereine fest.

2. Die Gebühren für die vom VDH erstellten Ahnentafeln und Zuchtbücher richten sich nach Vereinbarungen der betroffenen Rassehunde-Zuchtvereine mit dem VDH.

§ 11 Verstöße

1. Verstöße gegen diese Zucht-Ordnung und gegen die nach § 10, Absatz 3, Satz 4 der VDH-Satzung für verbindlich erklärten Richtlinien des VDH-Zuchtausschusses und des Wissenschaftlichen Beirats des VDH für Zucht und Forschung werden nach den §§ 5, Absatz 4, und 6, Absatz 9 der VDH-Satzung geahndet.

2. Als besonders schwerwiegend sind insbesondere Vernachlässigung der Verantwortung für die Zuchtlenkung, mangelnde Zuchtberatung, mangelnde oder fehlerhafte Zuchtkontrolle, ungenügende Ausbildung oder die Ausbildung einer zu geringen Anzahl von Zuchtwarten, ungenügende oder grob fehlerhafte Bekämpfung von rassespezifischen Erkrankungen und erblichen Defekten u. ä. zu werten.

3. Der Zuchtausschuß des VDH führt in solchen Fällen die Untersuchung, hört die Betroffenen an und wertet die Beweismittel. Er legt dem VDH-Vorstand seine Beschlußempfehlung vor.

§ 12 Schiedsverfahren

Kommt zwischen Mitgliedsvereinen aus den Anforderungen dieser Zucht-Ordnung eine Einigung nicht zustande, entscheidet der VDH-Vorstand gegebenenfalls nach Anhörung des VDH-Zuchtausschusses.

§ 13 Schlußbestimmungen

1. Die Nichtigkeit von Teilen dieser Ordnung zieht nicht die Nichtigkeit der Zucht-Ordnung insgesamt nach sich.
2. Der VDH-Vorstand wird ermächtigt, im Fall des Abs. 1 sowie in dringenden Fällen diese Ordnung zu ändern und die Änderung durch Veröffentlichung in der Verbands-Zeitschrift „Unser Rassehund" in Kraft zu setzen.

    Nach Inkrafttreten der am 4. Oktober 1986 beschlossenen Satzung bedürfen diese Änderungen der nachträglichen Genehmigung durch die Mitgliederversammlung (gemäß § 9, Abs. 3 litt. I) der VDH-Satzung.

    Diese Ordnung wurde von der ordentlichen Mitgliederversammlung des VDH am 23. Februar 1991 verabschiedet. Sie ist mit Veröffentlichung im Verbandsorgan in Kraft getreten.

    Der VDH-Vorstand wurde ermächtigt, bei einem Neudruck dieser Ordnung die Absätze in den einzelnen Vorschriften durch Vorstellen von Ziffern und/oder Buchstaben zu gliedern und die Reihenfolge von Sätzen innerhalb einzelner §§ umzustellen.

    Änderungen dieser Ordnung wurden jeweils von der Mitgliederversammlung des VDH verabschiedet. Sie sind mit Veröffentlichung im Verbandsorgan in Kraft getreten.

Nützliche Adressen

Verband für das
Deutsche Hundewesen (VDH) e. V.
Westfalendamm 174
44141 Dortmund
Tel.: 02 31/5 65 00-0
Fax.: 02 31/59 24 40

American Staffordshire Terrier
Club e. V.
Andrea Fliege
Tel.: 0 52 22/79 72 82
Detmolder Weg 1
32107 Bad Salzuflen

Basenji Klub Deutschland e. V.
Friedhelm Grewe
Tel.: 0 70 31/80 03 06
Watzmannstr. 84
71067 Sindelfingen

Club für Boston-Terrier
in Deutschland e. V.
Milos Caban
Tel.: 0 63 57/15 53
Postfach 15 18
67269 Grünstadt

Deutscher Pekingesen-Club
von 1987 e. V.
Edith Krollmann
Tel.: 0 23 01/31 17
Hammer Weg 2
59439 Holzwickede

Deutscher Shar-Pei-Club 1985 e. V.
Hans-Peter Brusis
Tel.: 0 84 41/36 80
Guckenbühl 25
85298 Scheyern

Deutscher Yorkshire-Terrier-Club e. V.
Norbert Albrecht
Tel.: 0 30/4 53 38 88
Ebereschenweg 2 c
14557 Wilhelmshorst

Akita Club e. V.
Susanne Faust
Tel.: 0 53 54/17 91
Westenfelder Str. 2
38387 Söllingen

Allgemeiner Chow-Chow-Club e. V.
Rainer Henke Tel. + Fax.: 03 33/
6 67 00 26
Seestr. 1 a
16230 Sandberg

Allgemeiner Club für Englische
Bulldogs e. V.
Jutta Preston
Tel.: 02 08/86 05 52
Schillerstr. 51
46947 Oberhausen

Allgemeiner Deutscher Pudelclub
(ADP) e. V.
Dr. August L. Keller
Tel.: 06 41/3 63 03
Sandfeld 18 a
35396 Gießen

Allgemeiner Deutscher Rottweiler-Klub
(ADRK) e. V.
Tel.: 05 71/5 04 04-0
Postfach 40 02 22
32400 Minden

Allgemeiner Klub für Polnische
Hunderassen e. V.
Astrid Schmidt
Tel.: 0 30/9 49 45 03
Bahnhofstr. 51
13125 Berlin

Basset-Hound-Club
von Deutschland e. V.
Monika Meyer
Tel.: 0 41 01/7 14 60
Rubargen 8
25494 Borstel

Basset-Hound-Freunde
von Deutschland e. V.
Siegfried Rheinländer
Tel.: 02 02/62 89 06
Plückersburg 136
42289 Wuppertal

Beagle Club Deutschland e. V.
Wolfgang Ellissen
Tel.: 0 40/7 02 37 84

Belgische Schäferhunde Berlin e. V.
Andrea Buschhaus
Tel.: 0 80 66/93 18
Fax.: 0 80 66/93 17
Sonnenstr. 14
83075 Bad Feilnbach

Berger des Pyrenees Deutschland e. V.
Inge Frohn-Podacker
Tel.: 02 01/40 70 68
Heidhauser Str. 239
45239 Essen

Bernhardiner Club Deutschland e. V.
Daniel Evers
Tel.: 05 51/8 16 83
Steinweg 36
37120 Bovenden

Bouvierfreunde e. V.
Ralf Berwanger
Tel. + Fax.: 0 44 31/67 35
Ginsterweg 6
27793 Wildeshausen

Boxer-Klub e. V. Geschäftsstelle
Tel.: 0 89/5 46 70 80
Veldenerstr. 64 + 66
81241 München

Briard Club Deutschland e. V.
Marion Haag
Tel.: 0 78 03/44 30
Stenglenzhof
77791 Berghaupten

Bundesverband für das Rettungs-
hundewesen e. V.
Thomas Schreiber
Tel.: 0 71 51/9 59 39-12
Postfach 1186
71301 Waiblingen

Cavalier-King-Charles-Spaniel Club
Deutschland e. V.
Wolfgang Pfeiffer
Tel.: 0 60 47/12 02
Töpferstr. 26
63674 Altenstadt

Chihuahua-Club e. V.
Johanna Billhardt
Tel.: 0 25 92/15 34
Seilandstraße 23
59379 Selm

Chihuahua-Klub Deutschland e. V.
Giovanni Palumbo
Tel.: 0 71 63/34 29
Fischerstr. 28
73061 Ebersbach

Chow-Chow-Club in Deutschland e. V.
Jutta Sinning
Tel.: 05 11/86 96 99
Eichendorffstr. 2
30880 Laatzen

Club Basset Griffon Vendeen e. V.
Sabine vom Wege
Tel.: 02 11/55 10 90 o. 57 06 66
Luegallee 16
40545 Düsseldorf

Club Berger des Pyrenees 1983 e. V.
Udo Kopernik
Tel.: 0 22 48/17 67
Büllesfeld 2 a
53773 Hennef/Sieg

Club der Freunde des Fila Brasileiro e. V.
Hildegard Müller
Tel.: 0 91 75/2 25
Obeltshauser Str. 3
91174 Spalt

Club für Bretonische Vorsteh-
hunde e. V.
Gabriela Fährmann
Tel.: 0 40/6 03 71 06
Foßsölen 5
22359 Hamburg

Club für Britische Hütehunde e. V.
Peter Zimmer
Tel.: 0 52 07/83 30
Fax.: 0 52 07/27 90
Dopheide 53
33758 Schloß Holte

Club für Dalmatiner-Freunde e. V.
Gabriele Oswald
Tel.: 0 53 81/88 22
Auf dem Kreumen 3
38723 Seesen

Club für Exotische Rassehunde e. V.
Linda Reinelt-Gebauer
Tel.: 0 26 62/58 94
Fax.: 0 26 62/55 20
Weiherstr. 2
57629 Steinebach

Club für Französische Hirtenhunde e. V.
Carsten Erichsen
Tel. + Fax.: 0 43 83/96 70
Redder 5
24306 Lebrade

Club für Molosser e. V.
Wera Paulmann
Tel.: 0 61 51/86 42 72
Fax.: 0 61 51/86 42 09

Club für Yorkshire-Terrier e. V.
Roman Alraun
Tel.: 0 50 72/4 28
Fax.: 0 50 72/75 91
Postfach 21 08
31531 Neustadt

Club Slovensky Cuvac e. V.
Werner Braune
Tel.: 0 22 45/36 99
Im Rosental 2753804 Much

Cocker Club Deutschland e. V.
Karin Lehmkuhl
Tel.: 0 54 71/15 33
Haldemer Str. 16
49163 Bohmte

Coton de Tulear-Klub e. V.
Irmtraut-Heidemarie Kuhlmey
Tel.: 07 11/65 44 70
Reinsburgstr. 178 b
70197 Stuttgart

Coton de Tulear-Verein e. V.
Bärbel Korrath
Tel. + Fax.: 0 64 36/15 15
Dornburgstr. 3
65599 Dornburg

Dachshund Club Deutschland e. V.
Hartmut Kamphaus
Tel. + Fax.: 02 01/66 51 40 u. 02 01/
66 81 51
Donnerstr. 139 – 141
45357 Essen

Dalmatiner Verein Deutschland e. V.
Jürgen Prösch
Tel.: 0 89/9 61 33 34
Jägerstr. 1
85737 Ismaning

Deutsch-Kurzhaar-Verband e. V.
Claus Kiefer
Tel.: 0 62 32/6 80 14
Fax.: 0 62 32/6 80 15
Germersheimer Str. 148
67354 Römerberg

Deutsch-Langhaar-Verband
Gerwin Günter
Tel.: 0 66 67/3 39
Forsthaus Schmidtmühle
36396 Steinau

Deutsche Züchtergemeinschaft
Rhodesian Ridgeback e. V.
Uwe Schwarke
Tel.: 0 41 93/54 53
Grootredder 23
24629 Kisdorf

Deutscher Afghanen-Rassezucht-
club 1988 e. V.
Werner Wirkotsch
Tel.: 0 98 51/16 87
Fax.: 0 98 51/5 34 60
Wassertrüdinger Str. 36
91550 Dinkelsbühl

Deutscher Bouvier-Club von 1977 e. V.
Christa Kecker
Nordring 38
45701 Herten

Deutscher Bracken-Club e. V.
Franz-Josef Bade
An der Tränke 3
57489 Drolshagen

Deutscher Brackenverein e. V.
Meinrad Bender
Tel.: 0 66 73/2 02
Forsthaus vom Stein
36166 Haunetal

Deutscher Club für Berner Sennen-
hunde e. V.
Ute Mölder
Tel.: 0 62 52/7 81 78
Weiherhausstr. 5
64646 Heppenheim

Deutscher Club für Bullterrier e. V.
Horst von Kralik
Tel.: 02 61/67 91 62
Zeisigweg 17
56179 Vallendar

Deutscher Club
für Leonberger Hunde e. V.
Gerhard Zerle
Tel.: 0 23 88/28 19
Am Hang 1
59229 Ahlen

Deutscher Club
für Nordische Hunde e. V.
Ralf Linzenmeier
Tel.: 0 24 73/71 00
Fax.: 0 24 73/64 43
Stüttgesgasse 2
52152 Simmerath

Deutscher Collie-Club e. V.
Gerhard Scheithe
Tel.: 0 63 72/45 67
St. Wendeler Straße 62 b
66892 Bruchm.-Miesau

Deutscher Dalmatiner-Club
von 1920 e. V.
Dipl.-Ing. Ronneburg
Tel.: 0 71 44/63 46
Poppenweiler Str. 16
71672 Marbach

Deutscher Doggen-Club 1888 e. V.
Siegfried Goldschmitt
Tel.: 0 59 06/12 30
Ringstr. 2
48480 Lünne

Deutscher Dogo-Argentino-Club
1976 e. V.
Hildegard Lindlar
Tel.: 0 22 02/3 43 89
Johannesstr. 21
51465 Bergisch-Gladbach

Deutscher Foxterrier-Verband e. V.
Axel Möhrke
Tel.: 02 31/6 58 12
Dorneystr. 65/67
44149 Dortmund

Deutscher Hundesportverband e. V.
Geschäftsstelle
Tel.: 02 31/8 79 49
Postfach 60 06
44517 Lünen

Deutscher Jagdterrier-Club e. V.
Erich Holborn
Tel.: 0 56 05/33 36
Freudentalstr. 18
34260 Kaufungen

Deutscher Klub für Belgische Schäfer-
hunde e. V.
Josef Schaller
Tel.: 07 51/4 31 70
Brunnenplatz 5
88276 Berg

Deutscher Landseer Club (DLC) e. V.
Dr. Hans Matenaar
Tel.: 0 22 23/2 17 12
An der Perlenhardt 1
53639 Königswinter

Deutscher Malinois Club e. V.
Richard Wagener
Tel.: 0 57 32/88 62
Im Schling 33
32584 Löhne

Deutscher Malteser-Club e. V.
Norbert Albrecht
Tel.: 03 32 05/6 32 63
Fax.: 03 32 05/6 32 64
Ebereschenweg 2 c
14557 Wilhelmshors

Deutscher Mopsclub e. V.
Brigitte Engel
Tel.: 0 21 74/58 85
Bechhausen 68
42929 Wermelskirchen

Deutscher Neufundländer-Klub e. V.
Gabi Tigges
Tel. + Fax.: 0 65 02/9 55 3
Gartenstr. 53
54344 Kenn

Deutscher Old English Sheepdog
Club e. V.
Petra Hausmann
Tel.: 0 73 21/7 33 56
Fax: 0 73 21/7 33 46
Dieselstr. 14/1 89564 Nattheim

Deutscher Pointerclub e. V.
Georg Dorn
Tel.: 0 95 48/2 24
Schloß 1
96178 Pommersfelden

Deutscher Pudel-Klub e. V.
Geschäftsstelle
Tel.: 04 91/6 48 37 o. 6 48 63
Am Dock 1
26789 Leer

Deutscher Puli Klub (PUK) e. V.
Gerda Händschke
Tel.: 0 62 54/72 34
Am Kochengraben 39
64686 Lautertal

Deutscher Retriever Club e. V.
Margitta Becker
Tel.: 0 56 65/17 34
Fax.: 0 56 65/17 18
Dörnhagener Str. 13
34302 Guxhagen

Deutscher Sloughi-Club e. V.
Inge Engelhardt
Postfach 5 04
Ch-3979 Daillet-Grone

Deutscher Teckelklub e. V.
Geschäftsstelle
Tel.: 02 03/33 00 05
Prinzenstr. 38
47058 Duisburg

Deutscher Windhundzucht- und
Rennverband e. V. (DWZRV)
Geschäftsstelle
Tel.: 0 51 29/89 19
Grüne Str. 7
31185 Söhlde

Dobermann-Verein e. V.
Herr Stich
Tel.: 0 89/1 23 42 24
Fax.: 1 23 47 41
Thorwaldsenstr. 29
80335 München

English-Setter-Club Deutschland e. V.
Tanja Ziehl
Tel.: 0 62 33/5 30 61
Zellerstr. 22
67227 Frankenthal

Eurasier-Klub e. V.
Annelie Feder
Tel.: 0 28 32/8 04 59
Bleicksweg 6
47627 Klevelaer

Gesellschaft der Bullterrier-
Freunde e. V.
Ortlieb Lothary
Tel.: 0 94 71/27 07 o. 2 05 56
Fax.: 0 94 71/27 08
Amberger Str. 9
93142 Maxhütte

Golden Retriever Club e. V.
Jürgen Rüter
Tel. + Fax.: 04 41/6 74 86
Dietrichsweg 68
26127 Oldenburg

Gordon-Setter-Club Deutschland e. V.
Christel Schierke
Tel.: 0 54 04/49 87
Kreuzstr. 23
49492 Westerkappeln

Griffon-Club e. V.
Bernhard Elsemann
Tel.: 02 08/8 25 26 39 o. 64 31 52
Markusstr. 1
46149 Oberhausen

Hovawart-Club e. V.
Kirsten Zillmer
Tel.: 0 30/6 63 37 38
Straße 200 Nr. 59
12355 Berlin

Hovawart-Zuchtgemeinschaft
Deutschland e. V.
Klaus Frey
Tel.: 0 41 72/72 17
Fax.: 0 41 31/74 96 15
Dorfstr. 29
21376 Eyendorf

Intern. Club f. Japan-Chin,
Peking-Palasthunde und King-Cha
Hannelore Marignetti
Tel.: 0 91 41/7 38 73
Am Birkhof 5
91781 Weißenburg

Internationaler Boxer-Club e. V.
Günter Appelhans
Tel.: 0 23 68/5 25 15
Holtgarde 211
45739 Oer-Erkenschwick

Internationaler Club für Cavalier-
King-Charles-Spaniel e.V
Dieter Kreuels
Tel.: 0 21 51/50 52 36
Am Heckerhof 7
47800 Krefeld

Internationaler Club für Lhasa Apso
und Tibet Terrier e. V.
Gudrun Menges Mohr
Tel.: 0 21 62/21 00 07
Otto-Brüss-Str. 25
41048 Viersen

Internationaler Klub für Französische
Bulldoggen e. V.
Prof. Werner F. Schneider
Tel.: 08 21/57 45 00
Fax: 08 21/57 40 00
Alpenstr. 15
86159 Augsburg

Internationaler Klub für Tibetische
Hunderassen e. V.
Renate Koch
Tel.: 0 43 31/6 27 18
Groten Grund 19
24787 Fockbek

Internationaler Shih-Tzu Club e. V.
Linda Reinelt-Gebauer
Tel.: 0 26 62/58 94
Fax.: 0 26 62/55 20
Weiherstr. 2
57629 Steinebach a. d. Wied

Irish-Setter-Club Deutschland e. V.
Martin Lechler
Tel.: 0 82 47/33 20 40
Fax: 0 82 47/33 20 42
Postfach 13 30
86816 Bad Wörishofen

Jack Russell Terrier Club
Deutschland e. V.
Sabine Detzen
Tel.: 0 75 41/94 10 86
Fax.: 0 75 41/4 46 29
Buchschachweg 7
88045 Friedrichshafen

Jagdgebrauchshundverband e. V.
Dr. Lutz Frank
Tel.: 03 54 53/2 15
Neue Siedlung 6
15938 Drahnsdorf

Jagdspaniel-Klub e. V.
Ellen Bünger
Tel.: 0 22 42/48 18
Ackerweg 8
53773 Hennef

Jugoslawischer Hirtenhunde-Klub der
Bundesrepublik Deutschland
Ilona Hambitzer
Tel.: 02 28/46 55 52
Rheinaustr. 158
53225 Bonn

Kaukasischer Owtscharka-Club e. V.
Manfred Schulze
Tel. + Fax.: 0 51 94/23 02
Steinbeckerstr. 45
29646 Bispingen

Klub für Bayerische Gebirgsschweiß-
hunde
Andreas Mayer
Tel.: 0 86 63/24 02
Fax.: 0 86 63/25 72
Waldbahnstr. 3 A
83324 Ruhpolding

Klub für Terrier e. V.
Geschäftsstelle
Tel.: 0 61 07/23 65
Schöne Aussicht 9
65451 Kelsterbach

Klub für Ungarische Hirtenhunde e. V.
Dr. Dietmar Friedrich
Tel.: 0 30/7 42 60 66
Baldersheimer Weg 16
12349 Berlin

Kuvasz Freunde e. V.
Elsbeth Böttcher
Tel.: 0 57 22/46 44
Meinser Str. 59
31675 Bückeburg

Kuvasz-Vereinigung Deutschland e. V.
Jürgen Händschke
Tel.: 0 62 54/72 34
Am Kochengraben 39
64686 Lautertal

Kynologische Gesellschaft für Deutsche
Doggen e. V.
Dr. Bernhard Badde
Tel.: 0 23 61/2 69 81
Fax.: 0 23 61/1 79 66
Auf dem Siepen 7
45659 Recklinghausen

Kynologische Zuchtgemeinschaft
Eurasier e. V.
Peter Guhrmann
Tel.: 0 22 72/75 15
Niederembter Weg 7a
50181 Bedburg

Labrador Club Deutschland e. V.
Karin Willkomm
Tel.: 0 21 31/56 91 00
Auf der Heide 1
41462 Neuss

Landesverband Baden-Württemberg
Vera Köllmann
Tel.: 0 70 62/84 94
Justinus-Kerner-Str. 14
71717 Beilstein

Landesverband Bayern
Andreas Fichtl
Tel.: 0 89/6 80 60 27 o. 1 59 63 18
Ballaufstr. 2
81735 München

Landesverband Berlin-Branden-
burg e. V.
Ingrid Rott
Tel.: 0 30/7 41 19 58
Furkastr. 31
12107 Berlin

Landesverband Franken-Oberpfalz
Peter Schön
Tel.: 0 56 01/92 56 33
Steingasse 21, Elmshagen
34270 Schauenburg

Landesverband Hessen
Horst Wendt
Tel.: 0 66 43/13 08
Fulderbergstr. 8
36358 Herbstein

Landesverband Niedersachsen
Jochen Rissmann
Tel.: 05 11/32 32 28
Schmiedestr. 5
30159 Hannover

Landesverband Nord
Christoph Stadelbauer
Tel.: 0 43 40/40 26 62
Fax: 0 43 40/40 26 63
Inspektor-Weimar-Weg 10
24239 Achterwehr

Landesverband Nordrhein
Hubert Hünnies
Tel.: 0 23 73/8 50 65
Friedhofstr. 11
58710 Menden

Landesverband Rheinland-Pfalz
Klaus May
Tel.: 0 62 33/79 62
Beindersheimer Str. 100
67227 Frankenthal

Landesverband Saar
Christel Büchel
Tel.: 0 68 31/70 25 01
Nachtigallenweg 1
66763 Dillingen

Landesverband Sachsen e. V.
Lutz Waßmann
Tel.: 03 41/4 61 57 89
Aue 51
Tel.: 04469 Lützschena-Stahmeln

Landesverband Sachsen-Anhalt e. V.
Dr. Steffen Schock
Tel.: 03 45/5 50 46 60
Fleischmannstr. 4
Tel.: 06114 Halle

Landesverband Thüringen
Georg Kutscher
Tel. + Fax.: 03 46 58/2 15 90 o. 2 16 00
Kietel 9
Tel.: 06536 Hayn

Landesverband Weser-Ems
Klaus Wibben
Tel.: 0 49 25/83 33
Am Goldacker 1
26759 Hinte

Landesverband Westfalen
Edda Rabenschlag
Tel.: 02 31/48 37 82
Mergentalweg 11
44269 Dortmund

Löwchen-Club Deutschland e. V.
Klaus Eckhardt
Tel. + Fax.: 0 64 43/15 48
Im Grund 2
35630 Ehringshausen

Löwenhund Deutschland – Rhodesian
Ridgeback e. V.
Joachim Zaepke
Tel.: 0 51 35/7 12
Lönseck 9
30938 Burgwedel-Fuhrberg

Malteser Club Deutschland 1983 e. V.
Ingenorma Schimmelpfennig
Tel.: 0 51 21/26 26 54
Schwarze Heide 16
31199 Diekholzen

Mönchengladbacher Windhundrenn-
und Sportverein 1988 e. V.
Dominique Fietze
Tel.: 0 21 61/5 44 27
Dahlfuhr 1
41069 Mönchengladbach

Old English Mastiff Club
Deutschland e. V.
Ingrid Rau
Tel.: 0 68 06/1 32 37
Gänsfeld 9
66265 Heusweiler

Österreichischer Kynologenverband
(ÖKV)
Tel.: 0 04 31/88 87 09 20
Fax: 0 04 31/8 89 26 21
Johann-Teufel-Gasse 8
A-1238 Wien

Papillon & Phalene-Club
Deutschland e. V.
Margot Angermayer
Tel.: 0 80 24/29 01
Burgstallerstr. 14
83607 Holzkirchen

Pinscher-Schnauzer-Klub e. V.
Geschäftsstelle
Tel.: 0 21 91/5 40 42
Barmer Str. 80
42899 Remscheid

Podenco und Cirneco Club e. V.
Gert Benecke
Tel.: 0 48 92/14 45
Dorfstr. 14
25560 Warringholz

PON Club e. V. (Fördergemeinschaft f.
Polski Owczarek Nizinny)
Eckhard Schmidt
Tel.: 0 57 44/20 76 u. 38 70
Hauptstr. 51
32609 Hülhorst

Pudel-Zucht-Verband 82 e. V.
Barbara Harnisch
Uurt 10
17209 Wredenhagen

Rassezuchtverein
für Hovawart Hunde e. V.
Tel.: 0 81 31/53 96 56
Fax.: 0 81 31/53 96 57
Wallbergstr. 6
85221 Dachau

Rhodesian Ridgeback Club
Deutschland e. V.
Hans-Otto Bietz
Tel.: 0 62 58/8 13 97
Romillystr. 37
64584 Biebesheim

RZV der Kromfohrländer e. V.
Wolfgang Nohse
Tel.: 0 44 34/13 10
Spradau 1 d
27243 Winkelsett

Saint Hubert Bloodhound-Club
von Deutschland e. V.
Elke Gerke
Tel.: 05 51/9 53 28
Gotteslager 7 a
37081 Göttingen

Schwarzwildbrackenverein e. V.
Helmut Olpp
Tel.: 0 71 25/4 04 08
Fax.: 0 71 25/4 04 09
Ulmer Str. 17
72574 Bad Urach

Schweizer Sennenhund-Verein für
Deutschland e. V.
Wolfgang Salbert
Tel.: 05 21/88 46 86
Kleekampweg 13
33613 Bielefeld

Schweizerische Kynologische Gesell-
schaft (SKG)
Tel.: 00 41 31/3 01 58 19
Länggaßstraße 8
CH-3001 Bern

Siberian Husky Club Deutschland e. V.
Dr. Dieter Dolif
Tel.: 0 58 41/40 00 oder 0 58 48/4 00
Nemitzer Str. 10
29494 Trebel

Spaniel-Club Deutschland e. V.
Evelyn Simon
Tel.: 0 69/53 11 42
Am Eisernen Schlag 54
60431 Frankfurt

Spezialclub für Tibet Terrier und Lhasa
Apso e. V.
Dr. Bernd Lindemeyer
Südstr. 63
52134 Herzogenrath

St. Bernhards-Klub e. V.
Marie-Luise Löhr
Tel.: 0 95 43/14 73
Gügelweg 29
96110 Scheßlitz

Verband der Pudelfreunde
Deutschland e. V.
Adelheid Hilberoth
Tel.: 0 41 04/20 95
Postfach 144
21521 Wohltorf

Verband Dt. Kleinhundezüchter e. V.
Karin Voye
Tel.: 0 44 06/68 47
Deichstr. 63
27804 Berne

Verband für Kleine Münsterländer
Vorstehhunde e. V.
Heinrich Meiling
Tel.: 0 65 03/9 91 46
Fax.: 0 65 03/9 91 48
Medumland 10
54411 Hermeskeil

Verband Große Münsterländer e. V.
Karl Diesmann
Tel.: 0 23 23/4 13 64
Feldkampstr. 8
44625 Herne

Verein Dachsbracke e. V.
Volker Schäfer
Tel.: 06 31/71 00 10 dienstl.
Johannistraße 7
67681 Sembach

Verein Deutsch Drahthaar e. V.
Hannchen Terboven
Tel.: 02 08/37 25 75 od. 37 08 87
Tinkrathstr. 47
45472 Mülheim

Verein für Deutsche Schäferhunde
(SV) e. V.
Clemens Lux
Tel.: 08 21/7 40 02 0
Steinerne Furt 71/71 a
86167 Augsburg

Verein für Deutsche Spitze e. V.
Gegr. 1899
Peter Machetanz
Tel.: 08 21/81 29 43
Angerstr. 5
86179 Augsburg

Verein für Deutsche Wachtelhunde e. V.
Hans-Heinrich Hemme
Tel.: 0 50 56/2 76
Am Hofe 14 Meißendorf
29308 Winsen/Aller

Verein für Französische Laufhunde e. V.
Helgard Elser
Tel.: 05 61/4 44 70
Theodor-Heuss-Str. 7
34277 Fuldabrück

Verein für Französische Vorsteh-
hunde e. V.
Alexander Drahonovsky
Tel.: 0 89/60 60 03 13
Fax.: 0 89/60 60 03 14
Geranienstr. 100
85521 Riemerling

Verein für Pointer und Setter e. V.
Rosemarie Tinger
Tel.: 0 51 03/33 08
Egestorfer Str. 10 c
30974 Wenningsen

Verein Hirschmann
(Hannoversche Schweißhunde) e. V.
Hans-Helmut Mehls
Tel.: 0 51 05/8 10 83 u. 8 38 41
Am Forsthaus 8 a
30890 Barsinghausen

Verein Jagdgebrauchsspaniel e. V.
Edith Kübler
Tel.: 0 71 61/3 80 87
Frühlingstraße 2
73095 Albershausen

Verein Pudelpointer e. V.
Heidi Braß
Ruhrtalstr. 94 g
45239 Essen

Verein Ungarischer Vorstehhunde e. V.
Klaus Rogge
Tel.: 0 40/5 36 13 85 o. 6 32 00 50
Deliusweg 6 a
22391 Hamburg

Verein von Landseerfreunden und
-züchtern in Deutschland e. V.
Siegrun Sklarek
Tel.: 03 52 05/7 34 41
Am Steinbruch 24
Tel.: 01458 Hermsdorf

Verein von Neufundländer-Freunden
und -Züchtern in Deutschland
Günter Ipsen
Tel.: 0 43 51/71 23 96
Rendsburgerstr. 21
24340 Eckernförde

Weimaraner-Klub e. V.
Carla Mack
Tel.: 0 65 71/9 37 67
Fax.: 0 65 71/26 22 40
Eichenstr. 39
54516 Wittlich

Whippet Club Deutschland 1990 e. V.
Joachim Kiack
Tel.: 01 72/3 81 93 14
Anemonenweg 11
15749 Mittenwalde

Windhund Renn-Club Niedersachsen e. V.
Petra Hanke
Tel.: 0 50 44/2 86
Alte Dorfstr. 12
31832 Springe

Windhund-Rennclub Franken e. V.
Werner Wirkotsch
Tel.: 0 98 51/16 87
Wassertrüdinger Str. 36
91550 Dinkelsbühl

Windhundrennverein
Dreiländereck e. V. (WDE)
Franz-Josef Gillert
Tel.: 0 24 02/2 21 53
Otto-Lilienthal-Str. 32
52222 Stolberg

Zuchtgemeinschaft für Eurasier e. V.
Jürgen Wittstruck
Tel.: 0 33 62/2 36 91
Buchenweg 12
35537 Erkner

Literaturverzeichnis

Anderson, R. S. (Hrsg.): Nutrition and Behaviour in Dogs und Cats. Pergamon Press, UK 1984.

Beacock, J.: Keeshond Breed Notes, in: Our Dogs, UK 1993.

Boundy, T. et al: Embryo transfer in sheep under practice conditions. The Veterinary Record, BVA, UK 1985.

Bowman, J. C.: An Introduction to Animal Breeding. Camelot Press, UK 1974.

Bryden, A. S, W. E. Kershaw und D. M. Storey: Toxocara in Dogs, Cats and Foxes in the British Isles, 1995.

Cran, D. G. et al: Production of bovine calves following separation of X- and Y-chromosome bearing sperm and in-vitro-fertilisation. The Veterinary Record, BVA, UK 1993.

Darwin, C. R.: The Origin of Species. John Murray, UK 1849.

Darwin, C. R.: The Variation of Animals and Plants Under Domestication. John Murray, UK 1868.

David, H.: AKC Statistics Fall Under Scrutiny, in: Dog World, UK 1990.

Davies, C. C.: The Theory and Practice of Breeding of Type. Our Dogs Publishing, UK 1928.

Desmond, A. und J. Moore: Darwin. Michael Joseph, UK 1991.

Done, J. T.: Vol 20, Advances in Veterinary Science and Comparative Medicine. Academic Press, New York 1976.

Edney, A. T. B.: The management of euthanasia in small animal practice. The Journal of the American Animal Hospital Association, USA 1979.

Edney, A. T. B. und P. M. Smith: Study of obesity in dogs visiting veterinary practices in the United Kingdom. The Veterinary Record, BVA, UK 1986.

Edney, A. T. B.: Dog and Cat Nutrition. Pergamon Press, UK 1988.

Edney, A. T. B.: Heredity and Disease in Dogs and Cats. BSAVA & BVA Animal Health Foundation, UK 1988.

Edney, A. T. B.: Companion animals and human health. The Veterinary Record, BVA, UK 1992.

Edney, A. T. B.: Dogs and human epilepsy. The Veterinary Record, BVA. UK 1993.

England, G.: The Use of Diagnostic Ultrasound in Canine Reproduction (Technical Review Nr. 1). The Guide Dogs for the Blind Association, UK 1991.

England, G.: Vaginal cytology in the breeding management of bitches. Journal of Small Animal Practice, BSAVA, UK 1992.

Evans, J. M.: The Henston Veterinary Vade-Mecum (Small Animalls). Henson Ltd., UK 1993.

Fisher, M. A. et al: Efficacy of fenbendazole and piperazine against developing stages of Toxocara and Toxascaris in dogs. The Veterinary Record, BVA, UK 1993.

Fray, M. G., J. H. M. Wrathall und P. G. Knight: Active immunisation against inhibin promotes a recurrent increase in litter size in sheep. The Veterinary Record, BVA, UK 1994.

Gillespie, S. H.: The epidemiology of Toxocara canis. Parasitology Today, USA 1988.

Gunn, I.: The Revolution in Canine Breeding Technology for the 90's, in: The Kennel Gazette. The Kennel Control Council, Australia 1990.

Hanssen, I.: Hip dysplasia in dogs in relation to their month of birth. The Veterinary Record, BVA, UK 1991.

Holmes, R. L.: Reproduction and Environment. Oliver & Boyd, UK 1968.

Johnson, J. V., I. H. Burger und P. Markwell: Survey of bodyweights in adult dogs. Waltham Centre for Pet Nutrition, UK 1993.

Jolly, R. D. et al: Screening for genetic diseases: principles and practice. The Veterinary Record, BVA, UK 1981.

Jolly, R. D. und P. J. Healy: Screening for carriers of genetic diseases by biochemical means. The Veterinary Record, BVA, UK 1986.

Kirk, R. W.: Current Veterinary Therapy III. W. B. Saunders & Co., Philadelphia 1966.

Lane, D. R. (Hrsg.): Jones's Animal Nursing. Pergamon Press, UK 1980.

Leslie, G.: The incidence of Toxocara canis eggs in dog faeces in a survey of regularly wormed dogs. Canine Concern Scotland Trust, Ber. 1994.

Logan, I. (Hrsg.): An Analysis of All Litters Recorded by The Kennel Club in 1987, in: The Kennel Gazette. The Kennel Club, UK 1988.

Logue, D. und A. Greig: Infertility in the bull, ram and boar. In Practice, BVA, UK 1985.

Lytton, N.: Toy Dogs and Their Ancestors. Duckworth, UK 1911.

Macartney, L. et al: Canine parvovirus enteritis 2: pathogenesis. The Veterinary Record, BVA, UK 1984.

Messent, P., S. Horsfield et al.: The Human Pet Relationship. Institute für Interdisciplinary Research on the Human-Pet Relationship, UK 1985.

Miller, P. S.: Pet Therapy Advances: Seizure-Alert Dogs, in Dog World, UK 1992.

Moody, B.: A Programme for Puppy-Rearing (Technical Review Nr. 7). The Guide Dogs for the Blind Association, UK 1993.

Morris, D.: Dog Watching. Jonathan Cape, UK 1986.

Picard, L. et al: Production of sexed calves from frozen-thawed embryos. The Veterinary Record, BVA, UK 1985.

Pitcairn, R. H.: Natural Health for Dogs and Cats. Rodale Press, UK 1989.

Renton, J. P. et al: A spermatozoal abnormality in dogs related to fertility. The Veterinary Journal, BVA, UK 1986.

Robinson, R.: Relationship between litter size and weight of dam in the dog. The Veterinary Record, BVA, UK 1973.

Robinson, R.: Genetics for Dog Breeders. Pergamon Press, UK 1989.

Scott, D. W.: Canine demodicosis. Small Animal Practice, Veterinary Clinics of North America, USA 1979.

Serpell, J.: The beneficial effects of pets ownership on human health and behaviour. Journal of the Society for Companion Animal Studies, UK 1992.

Sreenan, J. M.: Recent developments in embryo transfer and related technologies. The Veterinary Record, BVA, UK 1987.

Stallbaumer, M.: Treatment of helminths in dogs and cats. In Practice, BVA, UK 1993.

Thorne, C. (Hrsg.): The Waltham Book of Dog and Cat Behaviour. Pergamon Press, UK 1992.

Thrusfield, M. V.: Association between urinary incontinence and spaying in bitches. The Veterinary Record, BVA, UK 1985.

Trumler, E.: Understanding Your Dog. Faber & Faber, UK 1973.

Turner, T.: Anthelmintics currently licensed for use in dogs and cats. The Veterinary Record, BVA, UK 1987.

Turner, T. (Hrsg.): Veterinary Notes for Dog Owners. Popular Dogs, UK, 1990.

Wachtel, H.: Private Korrespondenz. Österreich, 1993.

Wansborough, P.: Caring for Brood-Bitches at Home (Technical Review Nr. 6). The Guide Dogs for the Blind Association, UK 1992.

Willis, M.: Practical Genetics for Dog Breeders. Witherby, UK 1992.

Stichwortverzeichnis

Bildnachweis

Fotos:

Adler 28, 55, 246, 247 o.
Anderson 94, 241
Carey 165, 213, 260
Edminson 38, 244
Gunsilius 99, 195, 214
Hörsten von 126
Jackson 27, 29, 31, 53, 66, 83,
   98, 103, 116, 200, 201, 206,
   208, 243, 245, 249, 250
Kernick 240

Lehari 21, 59, 69, 73
Parkinson 51
Pelz 25, 178, 223
Photovogue 237
Rawlings 183, 236
Szobries 2, 7, 149, 153, 179,
   191, 247 u.
Ward-Davies 47, 186
Widmann Titelbild, 43, 68,
   166, 203

Zeichnungen:

Annette Findlay 123, 169, 184,
   187, 188, 189, 193, 197, 198,
   216, 221, 222, 224, 226, 242,
   251

Aileen Hanson 105, 107, 121,
   133, 138, 140, 192, 228

Sachbücher rund um den Hund

Ute Narewski

Welpen brauchen Prägungsspieltage

Oertel + Spörer

Welpen brauchen Prägungsspieltage

Geschwisterersatz mit behutsamer Frühsterziehung

Ute Narewski

Mit einem Vorwort von
Prof. Dr. K. Loeffler,
Uni Stuttgart-Hohenheim

168 Seiten, 30 Farb- und
64 SW-Abbildungen
14,8 × 21 cm, gebunden
ISBN 3-88627-171-4
DM/sFr. 36,– / öS 270,–

Wie kann ich die wichtigen ersten Wochen und Monate im Dasein meines Welpen so nutzen, daß er sich zu einem gelassenen, selbstsicheren und verläßlichen Hund entwickelt?

Ute Narewski, außerordentlich erfahren in der Erziehung von Welpen, setzt auf Prägungsspieltage in einer Welpenspielgruppe. Sie ermöglichen dem heranwachsenden Hund, den selbstsicheren Umgang mit seinen Artgenossen unter menschlicher Anleitung „spielend" zu erlernen und eine Reihe von Fähigkeiten wie beispielsweise Stubenreinheit und Apportieren zu erwerben.

An zahlreichen Beispielen erklärt die Autorin anschaulich, wie die aufeinanderfolgenden Prägungsspieltage aufgebaut sind, welche Voraussetzungen dafür erfüllt sein müssen und wie Welpenbesitzer angemessen auf ihre Schützlinge reagieren können.

Doch auch mit weiteren wichtigen Fragen, die sich beim Umgang mit Welpen stellen, läßt Ute Narewski ihre Leser nicht allein und bietet für alle dabei auftretenden Probleme kompetent und praxisnah Lösungsmöglichkeiten an: ein außergewöhnliches Buch zu einem wichtigen Thema.

Verlagshaus Reutlingen · Oertel + Spörer

Postfach 16 42 · D-72706 Reutlingen
Telefon 0 71 21 / 302-585 · Fax 0 71 21 / 302-558

Sachbücher rund um den Hund

Lehrbuch der Hundesprache

Mit dem Hund auf du und du

Anders Hallgren

3. Auflage, 158 Seiten,
14 Farb- und
60 SW-Abbildungen,
14,8 × 21 cm, gebunden
ISBN 3-88627-165-X
DM/sFr. 28,– / öS 208,–

Hunde haben eine gut entwickelte und reiche Sprache. Sie haben dadurch vielfältige Möglichkeiten, untereinander Botschaften auszutauschen. Sie erzählen sich wesentlich mehr, als man bislang glaubte. Ein Hund kann mit Leichtigkeit einen anderen Hund zu einer Beißerei herausfordern oder dafür sorgen, daß keine Beißerei entsteht. Er kann einem anderen Hund erklären, daß er an einer Kontaktaufnahme interessiert ist oder daß dieser lieber Abstand halten soll.

Die gleiche Sprache, die die Hunde untereinander gebrauchen, verwenden sie auch gegenüber dem Menschen.

Während unsere Hunde aber instinktiv ihre eigene, angeborene Sprache sowohl sprechen als auch verstehen können, müssen wir Menschen sie Schritt für Schritt erlernen. Wie man dabei erfolgreich vorgeht, zeigt uns das Werk von Anders Hallgren.

Verlagshaus Reutlingen · Oertel + Spörer
Postfach 16 42 · D-72706 Reutlingen
Telefon 0 71 21 / 302-585 · Fax 0 71 21 / 302-558